Paul Lowe

DU SELBST SEIN

Paul Lowe

DU SELBST SEIN

VERLAG MARCO ALDINGER
Gartenstraße 18
Freiburg im Breisgau

Übersetzung: Kyala Eva Ewald und Camdeo
Lektorat: Altkam
Umschlaggestaltung: persona chroma, Freiburg
Druck: Fuldaer Verlagsanstalt GmbH
Gedruckt auf chlorfreiem Papier.

ISBN 3-925642-05-6

INHALT

VORWORT

von Roxi McNay und Camdeo D. Feil

In einer großen Villa am Ufer des Lago Maggiore hatten sich Ende 1987 sechzig Menschen aus fünfzehn Ländern unter der Leitung von Paul Lowe für sechs Monate zusammengefunden, um sich, losgelöst von ihrer Alltagssituation, voll und ganz auf die Öffnung und Erweiterung ihres Bewußtseins einzulassen. Dazu lebten sie in offenem, bedingungslos ehrlichem Kontakt miteinander. Sie teilten einander ihre inneren Dialoge mit und unterzogen sich einem umfangreichen Programm von Übungen und Meditationen. Täglich sprach Paul zu ihnen. Die Teilnehmer waren zwischen 22 und 63 Jahren alt und kamen aus den unterschiedlichsten Lebensbereichen und Berufen. So waren beispielsweise Studenten, Schauspieler, Architekten, Geschäftsleute, Hausfrauen und Therapeuten unter ihnen. Jeder Teilnehmer erlebte in dieser Zeit eine tiefgreifende Transformation.

Dieses Buch enthält neunzehn Interviews mit Paul Lowe, in denen Teilnehmer dieses Sechs-Monate-Projekts Fragen zu den wichtigsten Lebensbereichen unseres Menschseins an ihn stellen, auf die Paul aus seinem Sehen, seiner Erfahrung und Weisheit sehr klar, direkt und liebevoll eingeht. Einige der Interviews entstanden während eines Sechs-Wochen-Projekts, das nach dem Sechs-Monate-Projekt im Frühling 1988 im Schwarzwald stattfand, einige entstanden während Zusammenkünften in Frankreich und in den USA. Das Einleitungskapitel »Jetzt ist es möglich« entstand im Sommer 1992 während Pauls neuer Reise um die Erde, die er nach Beendigung eines langen Retreats im April 1992 begonnen hat.

Die Teilnehmer an diesen intensiven Selbsterfahrungs-Projekten mit Paul leben und arbeiten inzwischen über den ganzen Erdball verteilt. Sehr viel ist für jeden von ihnen geschehen, und viele sind in ihrer Bewußtheit heute weit jenseits des Stadiums, in dem sie zur Zeit der Interviews waren. Viele leiten inzwischen selbst Seminare und sind dabei weiterhin auf dem Weg des Lernens und Freilegens ihres Potentials.

Die englische Originalausgabe dieses Buchs mit dem Titel »The Experiment is Over« ist 1989 in New York erschienen, und wir freuen uns, daß jetzt die aktualisierte und erweiterte deutschsprachige Ausgabe vorliegt.

Durch Reaktionen auf die englische Originalausgabe, die wir aus aller Welt erhalten haben – und aus unserer eigenen Erfahrung –, wissen wir, daß dieses Buch vielen Menschen *wirklich* geholfen hat, sehr Wesentliches für sich zu erkennen und ihr Leben zu verändern. Patentrezepte zur Konfliktlösung und Selbstverwirklichung enthalten Pauls Mitteilungen nicht, aber Paul bietet Empfehlungen an, die sehr unmittelbar in ein wacheres und lebendigeres Leben als *ganzer* Mensch umsetzbar sind.

Das Buch wendet sich an dich, den mutigen Leser. Es wendet sich an den Mut, den du hast und brauchst, um dich auf die ganz praktischen Inhalte der Kapitel einzulassen. Dieses Buch ist nicht für Menschen geschrieben, die an ihren Ängsten und Zwängen festhalten wollen. Dieses Buch ist für die Menschen, die *tatsächlich* bereit dazu sind, diese Einladung zu sich selbst anzunehmen, sich und ihr Leben *wirklich* anzuschauen, und sich auf diese Weise selbst die Chance zu einem Quantensprung in das Unbekannte hinein zu geben. Jedes Kapitel erinnert dich auf seine Weise daran:

Du bist nicht, wer oder was du zu sein glaubst,
du bist viel, viel mehr!

Das Reisen und Arbeiten mit Paul – Roxy begleitete ihn bis Herbst 1990 zweieinhalb Jahre lang mehrfach um die Welt, Camdeo besuchte Paul während seines Retreats und reiste im Sommer 1992 mit ihm durch die USA – hat uns auf unserem Weg sehr geholfen und uns gezeigt, daß kaum jemand unbeeindruckt und unverändert aus einer Begegnung mit Paul kommt.

Wir leben in einer sich sehr dynamisch verändernden Zeit, in der ein Wandel zu etwas völlig Neuem sich mit zunehmender Geschwindigkeit und wachsender Intensität vollziehen möchte

– in uns wie in der Welt. Viele Menschen machen Erschütterungen durch, und nicht wenige erleben für sie unerklärliche Bewußt-Seins-Zustände, die zu integrieren dieses Buch zu helfen vermag.

Dieses Buch wendet sich in erster Linie nicht an deinen Verstand. Paul empfiehlt dir, seine Mitteilungen einfach als Hypothesen anzunehmen und zu hören, ob in dir eine Resonanz entsteht. Vielleicht magst du eine Zeitlang regelrecht mit dem Buch *leben*; das scheint uns besonders hilfreich zu sein.

Da dieses Buch aus Interwievs besteht, die *verschiedene* Menschen mit Paul geführt haben und Paul die wesentlichen Erfahrungen jedem von ihnen mitteilt, finden sich manche seiner zentralen Aussagen mehrfach im Buch. Insofern ist auch jedes Kapitel in sich autonom, und wenn du möchtest, kannst du das Buch bei dem Kapitel aufschlagen und zu lesen beginnen, das dich spontan am meisten interessiert.

Wir wünschen dir viel Freude dabei!

London und Freiburg im Februar 1993,
Roxi McNay und Camdeo D. Feil

BIOGRAPHISCHES ZU PAUL LOWE

Paul Graham Lowe – geboren am 16. März 1933 um 12 Uhr 50 in Warwickshire, England – hat sein Leben völlig der Suche gewidmet, herauszufinden, wer wir sind, woher wir kommen, wohin wir gehen und wozu wir hier sind. Und es macht ihm Freude, seine immer weitergehenden Erfahrungen und Ergebnisse anderen Menschen mitzuteilen.

Paul G. Lowe ist ein außergewöhnlicher Mensch, dessen Entdeckungsreise zunächst durch die Labyrinthe von Kindheit, Familien- und Berufsleben führte. Auf seinen frühen Reisen um die Welt befaßte er sich unter anderem mit Photographie und Werbung und verbrachte dann mehrere Jahre als Helfer bei Hungernden und Unterprivilegierten in Afrika und anderen Teilen der Erde.

Nachdem Paul auf seiner Suche dem sich in den USA entwickelnden »Human Growth Movement« begegnete, und er sich davon angezogen fühlte, arbeitete er in den USA mit den meisten der Innovatoren dieser Psychotherapie- und Wachstumsbewegung. Zurückgekehrt nach London, gründete Paul dort 1969 »Quäsitor«, das erste »Growth Centre« außerhalb Amerikas. Viele neue Techniken zum Freilegen von tieferen menschlichen Bewußtseinsschichten wurden von Paul entwickelt und in Europa eingeführt. Paul unterstützte tatkräftig die Gründung der »Association for Humanistic Psychology« in England.

Erkennend, daß der nächste Schritt für ihn bedeutete, tiefer nach innen zu gehen, reiste Paul 1969 nach Indien, wo er sich dreizehn Jahre lang total dem spirituellen Weg widmete. In diese Lebensphase gehörte seine Zeit als Sannyasin unter dem Namen Teertha im Ashram von Shree Rajneesh. Während dieser Zeit wirkte er auch intensiv als Therapeut und entwickelte wiederum viele neue Methoden als Hilfen, das volle menschliche Potential freizulegen. Er kombinierte die traditionellen östlichen Bewußtseinszugänge mit den modernen westlichen psychologischen Erkenntnissen.

Gelöst aus der Ashramphase und zurückgekehrt nach Europa, gründete Paul 1985 die »International Academy of Meditation« in Italien, in der er Workshops und Trainingsgruppen leitete. Eine neue Ebene von Verwirklichung war in ihm geschehen, die ein Arbeiten jenseits aller Techniken und Methoden eingeleitet hatte. Im Sechs-Monate-Projekt – aus dem die Mehrzahl der Interviews dieses Buchs stammt, und das im Rahmen der »International Academy of Meditation« stattfand – begleitete er sechzig Menschen aus fünfzehn Nationen durch ein intensives Aufwachexperiment, das eine unbegrenzte Bewußtseinsöffnung ohne Verwendung von Drogen ermöglichte.

Paul hat auf der ganzen Welt viele Trainingsgruppen und Seminare mit bis zu fünftausend Teilnehmern angeboten. In zahlreichen Vorträgen, Interviews, Radio- und Fernsehsendungen hat er seine Erkenntnisse und inneren Erfahrungen mitgeteilt. Zahlreiche Audio- und Videokassetten wurden dabei aufgenommen. Seine schriftlichen Werke sind: »Inner Vision« (1987), »The Experiment is Over« (1989) und »The Art of Sitting« (1990).

Während einem achtzehnmonatigen Retreat, das Paul im April 1992 beendete, ist in ihm ein weiterer Wandel, eine Art Kristallisierung geschehen, mit seinen Worten: »from doing and knowing into just being«, also: »Vom Tun und Wissen zum einfachen Sein.« Seit er Grace Durga auf Hawaii begegnet ist, hat sich sein Leben auch auf der menschlichen Ebene vom inneren Alleinsein zu einem Erleben von Gemeinsamkeit und Einssein gewandelt.

In seiner Arbeit mit Menschen verwendet Paul weder irgendwelche Techniken oder Methoden noch ist das, was er anbietet, verbunden mit irgendeiner Tradition, Religion oder einem Glaubenssystem. Paul teilt »sich«, oder treffender »etwas«, sehr klar und direkt aus einer totalen Präsenz und umfassenden Weisheit mit. Dies tut er mit großer Lebendigkeit und in einer

Weise, die Menschen ermutigt, sich mit der in ihnen vorhandenen Lebendigkeit und Liebe zu verbinden.

Seit April 1992 reist Paul gemeinsam mit Grace wieder um die Erde, um den Einladungen zu Zusammenkünften, Konferenzen und Workshops zu folgen. Im deutschsprachigen Raum ist Paul bereits vielen Menschen durch eine große Anzahl von Vorträgen, Seminaren und Konferenzen bekannt. Er ist Mitglied des Beirats zur Gründung der Friedensuniversität e.V. in Potsdam, deren Entstehen und Wirken er fördert.

Er ist total verfügbar, wenn sein Beitrag zum Wandel des Bewußseins auf dem Planeten gewünscht ist. Und es ist deutlich spürbar, wieviel in den Menschen ganz unmittelbar und praktisch in der Resonanz mit Paul geschieht und wieviel Freude er und Grace dabei erleben, inmitten der sich verstärkenden Phase des Bewußtseinswandels auf der Erde.

JETZT IST ES MÖGLICH

Es ist möglich, daß, was auch immer innerlich und äußerlich mit Dir geschieht, Du in Liebe leuchten könntest in Deinem Leben.

Es ist möglich, daß Du noch keine Idee von Deinem vollen Potential hast, von Deiner Schönheit, Deiner Kreativität, Deiner Einzigartigkeit.

Es ist möglich, daß Du noch nicht weißt, wer Du wirklich bist.

Und was ist dem im Weg?
Das könnten Deine Einstellungen, Deine Glaubenssysteme, Deine Konditionierungen sein.

Wenn Du Deine gegenwärtigen Hindernisse klar erkennst, werden sie transparent und beginnen, sich aufzulösen.

Wenn Du Dir erlaubst, wirklich JA zu jedem Moment zu sagen, nicht mehr gegen Dich und andere bist, nicht festhältst, Dich nicht eng machst und verkrampfst, ist es möglich, daß Deine Lebensenergie sich so erhöht, daß sie Dich weiter trägt, als Du es Dir in Deinen kühnsten Träumen vorgestellt hast.

JETZT ist es möglich, daß Du Dich nicht weiter durch Deine Vergangenheit mit all ihren Schichten durcharbeiten mußt.

Wenn Du bereit dazu bist, ehrlich mit Dir zu sein, kannst Du die Verwirklichung Deines Freiseins sogar augenblicklich erleben.

Eine Atmosphäre von Offenheit, Liebe und Füreinanderdasein unterstützt und ermutigt Dich, total gegenwärtig zu sein und Deine Wahrheit mitzuteilen.

Du mußt nichts mehr tun, Du brauchst nichts mehr zu wissen, sei einfach DU SELBST und freue Dich daran, zu SEIN.

Gespräch zur deutschsprachigen Buchausgabe zwischen Paul Lowe und Camdeo D. Feil

Camdeo: Das ist ein aktueller Text von dir, Paul, mit dem du während deiner Weltreise 1992/93 die Menschen einlädtst, dir und Grace zu begegnen und an einem Seminar teilzunehmen. Dieser Text deutet an, was du anbietest und worum es in diesem Buch geht, das hauptsächlich aus Interviews während des Sechs-Monate-Projekts und dem nachfolgenden Sechs-Wochen-Projekt von 1988 besteht. Vermutlich waren das die intensivsten experimentellen Trainings, die du bisher angeboten hast. Dann hörtest du im Herbst 1990 mit deiner gesamten Arbeit mit Menschen auf und begabst dich in ein langes Retreat. Diesen Rückzug hast du im April 1992 nach 18 Monaten beendet. Seitdem folgst du wieder Einladungen und teilst dich erneut mit und erreichst sowohl persönlich als auch über die Medien viele Menschen auf deiner jetzigen Reise um den Planeten.

Paul, was ist in dieser stillen Phase mit dir passiert? Teilst du jetzt etwas Neues mit?

Paul: Was ist jetzt anders mit mir? Was ich wahrnehme, hat die gleiche Klarheit; was ich anbiete, ist die gleiche Einladung: *Erkenne deine und die gesamte Situation auf dem Planeten Erde, wach auf zu deinem vollen Potential und hab Freude auf deinem »Heimweg«.* Insofern sind die früheren Aussagen und die Interviews dieses Buchs höchst aktuell. Und doch ist da ein Unterschied aufgrund dessen, was in der Zwischenzeit mit mir geschehen ist. Ich sehe heute die gleichen Inhalte wie zur Zeit der Interviews, allerdings sehe ich sie jetzt auf eine erweiterte Weise.

Für mich war nach den großen Projekten, dem Buch »The Experiment is Over« und nach den Reisen das Gefühl immer stärker geworden, daß irgendwie eine weitere Öffnung in meinem Bewußtsein und meinem System geschehen wollte. (Wenn Paul von »System« spricht, meint er den Körper mit seinen biologischen, emotionalen und mentalen Anteilen.) So zog ich mich schließlich von allem zurück. Das war für mich wirklich ein Ende, keine Ferien und auch kein Forschungsurlaub. So total, wie ich stets alles angehe, war mit diesem Rückzug mein

Nachaußengehen *völlig* zu Ende. Ich ging also zurück in mich selbst, um zu sehen: Ist da eine andere Ebene, ist da etwas anderes, das erkannt oder mitgeteilt werden möchte? Ich ging also ganz nach innen.

Und während dieser 18 Monate ist etwas geschehen, von dem ich nicht recht weiß, wie ich es beschreiben soll. In gewisser Weise war ich nach meinem Rückzug von der Arbeit mit Menschen dem Verlassen meines Körpers sehr nahe. Nichts schien mich mehr hier zu halten. Ich war auch damit einverstanden zu gehen. Und ich wandte mich an das, was ich das Formlose nenne: Wenn es vorgesehen ist, daß ich weiter hierbleibe, brauche ich auf eine neue Weise Unterstützung.

Als persönliche Unterstützung kam Grace. Sie hat eine starke Ausstrahlung von Total-Sein und eine Präsenz, aus der eine umfassende Liebe und ein Dasein für andere fließt. Und aus meinem früheren inneren Allein-Sein ist ein Miteinander-Sein geworden, das außergewöhnlich ist. Wir erleben das so, als habe sich ein Energiekreis geschlossen, was uns und den Menschen, denen wir begegnen, viel Freude macht.

Während dieser Phase des Rückzugs hat sich auch die Verbindung zu einer neuen Energie geöffnet. Aber praktisch ist es so, daß ich im Grunde das gleiche mitteile und das gleiche schreibe wie vorher. »Etwas« scheint sich vom *Tun* und *Wissen* tiefer in ein einfaches *Sein* bewegt zu haben. Neu ist auch, daß jetzt eine andere Vibration, eine intensivere Schwingung auf uns und den Planeten Erde einwirkt. Das ist eine sehr hilfreiche Energie, die jetzt auf dem Planeten verfügbar ist und zunehmend zu einem grundlegenden Bewußtseinswandel anregt.

Einerseits sehen wir alle, was draußen in der Welt geschieht: Mit den Arbeitsplätzen, den Finanzen und dem Klima. Mehr kriegerische Auseinandersetzungen, mehr verhungernde Menschen, mehr Streß, mehr Konflikte, mehr Krebs und Aids, neue Krankheiten, mehr Menschen, die psychisch außer Kontrolle geraten. Und andererseits möchte eine totale Wandlung *in* unserem Bewußtsein geschehen, und wir werden mit diesen Dingen geradezu bombardiert, als Hilfe zum Aufwachen. Und mehr Menschen wachen auf! Es gibt jetzt mehr Menschen, die spontane Aufwacherlebnisse haben, die ihnen helfen, die Welt auf eine völlig andere Weise zu sehen. Gerade auch Menschen, die sich vorher nie mit Esoterik oder Spiritualität befaßt haben. Es ist definitiv so, daß *jetzt* etwas Einschneidendes geschieht.

Camdeo: Diese neue Energie, von der du gerade sprichst, ist auch für mich wirklich spürbar, wenn ich mich auf sie einlasse. Können wir uns auf sie einstellen oder uns darauf vorbereiten?

Paul: Diese Energie ist einfach verfügbar, und da gibt es nichts, was du »tun« kannst. Es läßt sich nichts für sie einüben oder erlernen. Sie ist einfach *da*, steht uns zur Verfügung und wirkt auf uns ein. Bisher »taten« wir. Dann lernten wir, unser Tun mehr zu differenzieren. Dann kam die New-Age-Bewegung, und nun meinten wir zu »wissen«, was wesentlich sei. Und jetzt ist uns beides im Weg. Das Tun und das Wissen sind nun Hindernisse für das, was geschehen möchte. Was jetzt weiterhilft, ist, das verstandesmäßige Tun und Wissen loszulassen.

Und das ist das Schwierigste für den Verstand, besonders für einen mit deutscher Prägung. Denn für den Verstand ist Wissen existentiell wichtig, aber jetzt hilft uns unser Wissen nicht weiter. Und speziell für den männlich-logischen Verstandesanteil – den es natürlich auch in jeder Frau gibt – ist es extrem schwierig, in einem Zustand von Nicht-Wissen zu sein, weil seine gesamte Konditionierung trainiert ist auf Programme wie: »Du hast alles zu *wissen*. Und wenn dich jemand fragt, hast du sofort die richtige Antwort zu wissen«. Dabei wird diese neue Energie, die jetzt »hereinweht«, alles gelernte oder geglaubte Wissen einfach ignorieren. Das intuitive, innere Wissen wird erst nach dem Loslassen des Verstandes-Wissens verfügbar. Ich empfehle, zu dieser neuen Energie bedingungslos ja zu sagen.

Camdeo: Wie geht es dir mit dem Erscheinen der deutschsprachigen Ausgabe deines Buchs »The Experiment is Over« in *diese* Situation hinein?

Paul: Ich freue mich, daß dieses Buch jetzt außer in Englisch und Spanisch auch in Deutsch herausgekommen ist. Durch die Gruppen, die in Deutschland stattgefunden haben ist mit vielen Menschen eine sehr nahe Verbindung entstanden.

Als das englischsprachige Buch 1989 herauskam, wurde

gesagt, es sei seiner Zeit zu weit voraus. Ich sehe darin den Grund, warum es bisher auch nicht in Deutschland verlegt wurde. Erst vor kurzem habe ich das Buch überhaupt zum ersten Mal gelesen, weil ich es vor den Neuauflagen und der deutschen Ausgabe durchsehen wollte. Beim Durchlesen war ich erstaunt, wie aktuell und klar das Buch auch aus meiner heutigen Sicht ist. Vieles von dem, was in den Interviews gesagt wurde, ist inzwischen geschehen und geschieht vor allem *jetzt*. Das Buch beschreibt unser Potential in dieser Wandlungszeit und welche Möglichkeiten sich uns bieten.

Camdeo: Du weist darauf hin, daß das, was du mitteilst, sich nicht primär an den Verstand wendet. Wie empfiehlst du denn, dieses Buch zu lesen?

Paul: Wenn jemand dieses Buch liest, möchte ich nicht, daß er *glaubt*, was da geschrieben steht. Ich empfehle ihm, dieses Buch in einer Haltung zu lesen, die weder aus Zustimmung noch aus Ablehnung besteht. Der Leser sollte auch nicht versuchen, das Gesagte zu *verstehen*. Denn ich verstehe auch nicht, was hier durch mein System fließt und sich durch mich als eine Art »Kanal« mitteilt; was aus dem Formlosen, dem im Grunde Unsagbaren kommt und das mein System benutzt, damit es die Menschen erreichen kann. Ein inneres Wissen kommt aus dieser Verbindung, aber das ist kein Verstehen. Ich empfehle einfach zu hören und dabei auf eine mögliche Resonanz zu achten, denn in jeder Person ist eine Verbindung zur Quelle. Wie immer wir die Quelle auch nennen mögen, ich nenne sie die Existenz oder das Formlose. Sie kann auch Gott oder Universum oder was auch immer genannt werden. Und wir alle haben in uns eine Verbindung zu dieser Quelle. Wenn wir uns von all unserer Konditionierung und unserem erlernten Wissen lösen und einfach hören, wahrnehmen, ohne zuzustimmen und ohne abzulehnen, ohne zu glauben und ohne anzuzweifeln, dann kann ein Erwachen und Erleben dieser Verbindung in uns geschehen. Es macht dann einfach »klick«, und du bist in dieser wissenden Verbindung.

Camdeo: Unsere momentane gemeinsame Arbeit läuft unter dem Kontext: »Jetzt ist es möglich – und was ist dir im Weg, dein volles Potential in jedem Augenblick zu erleben?« Bei dem, was im Weg ist, begegnet mir als Deutschem auch die deutsche Mentalität. Wie sieht die deutsche Mentalität für dich aus?

Paul: Da ist etwas sehr Macht- und Kraftvolles in den deutschsprachigen Menschen. Und zugleich sehe ich, daß sie sehr, sehr straffe Strukturen in ihrem Verstandessystem haben. In ihrer Mentalität liegt die Tendenz, sich fixiert, rigide und hart zu geben, die Frauen ebenso wie die Männer. Und ich sehe, daß die Art, in der die Menschen äußerlich agieren, das Gegenteil von dem ist, wie sie eigentlich sind. Wenn sich jemand hart gibt, tut er das, um zu verbergen, daß er sehr weich, empfindsam und sensibel ist. Wenn sich jemand unberührbar gibt, dann üblicherweise deshalb, weil er so berührbar und verletzlich ist.

Bei den deutschsprachigen Menschen sehe ich, daß sie eigentlich sehr sensitiv und sehr berührbar sind. Aber es ist bei ihnen eine große Angst davor da, sich mit dieser offenen, aber auch verletzlichen Seite zu zeigen. Die tief in der deutschen Mentalität sitzende Härte ist nichts anderes als der Versuch, diesen weichen Teil zu schützen. So gibt sich Deutschland männlich, man spricht vom »Vaterland«, obwohl seine Energie eher weiblich ist. Sie ist sanft und rezeptiv, aber das ist sehr zugedeckt.

So ist mir im Zusammensein mit Menschen aus Deutschland immer diese wunderbar sanfte, liebevolle und fürsorgliche Wesensart begegnet, wenn es der Person möglich war, durch diese harte Schicht hindurchzugehen. Meist fällt dann die betreffende Person erst einmal ins andere Extrem und fühlt sich von ihren kraftvollen Anteilen getrennt. Denn entweder kehrt die Person die aktive, harte männliche Seite heraus, die sagt: »Ich bin« und fühlt sich dabei wichtig, machtvoll und wissend, oder sie gibt ihr Potential weg und sagt: »Ich bin nicht«, und weg ist jegliche Initiative und das Empfinden für den eigenen Wert. Das eine ist die Basis zum Leiten und Führen, bis hin zum dominierenden Herrschen; das andere ist die Basis zum sich Unterwerfen, zum Nachfolgen, zum sich einem Führer oder Guru Überlassen. Zu beiden Extremen besteht eine Tendenz in der deutschen Konditionierung.

Ich habe immer versucht, die Person durch ihre Härte hindurch zu begleiten, bis sie bereit war, sich in ihre Sanftheit hineinfallen zu lassen. Ich habe sie dabei unterstützt, erkennen zu können, daß das, was mit ihr geschieht, weder mit mir noch mit sonst jemandem zu tun hat, sondern nur mit *ihr*. Sie selbst *ist* diese innere Schönheit, diese Offenheit, diese Liebe. Und es war notwendig, gleichzeitig ihren Mut zu stärken, kein Nachfolger, kein Jünger zu werden, sondern die volle Verantwortung für sich selbst zu übernehmen.

Ich halte den Buchtitel »DU SELBST SEIN« für die deutschsprachige Ausgabe von »The Experiment is Over« für sehr sinnvoll. Um du selbst zu sein, ist es not-wendig, nicht mehr *gegen* irgend etwas zu sein. Denn wenn du gegen etwas in anderen und damit eigentlich auch in dir bist, bist du nicht wirklich du selbst. Was ich empfehle, ist, statt gegen etwas anzugehen, dich von allem zu lösen. Denn alles, was dir erzählt und beigebracht wurde, wie du zu sein oder nicht zu sein hast, ist dir im Weg.

Wie wäre es denn für dich, wenn *du* verantwortlich für dein Erleben wirst und dich von einer anderen Ebene aus hypothetisch zu fragen beginnst: »Wer bin ich wirklich? Und was ist meine Wahrheit, jetzt?« Und dann deinen Mut dazu benutzen würdest, deiner persönlichen Wahrheit zu folgen, wie auch immer die gerade ist.

Camdeo: Während der vielen Veranstaltungen, die ich in diesem Jahr (1992) mir dir erlebt habe, hast du immer wieder darauf hingewiesen, daß alle alten Lebenskonzepte, alle Traditionen und Religionen, ja auch das esoterische New-Age-Wissen, nicht mehr weiterhelfen und dem im Weg sind, was jetzt als Bewußtseinswandel auf diesem Planeten geschehen möchte. Du empfiehlst, sich dem maximalen Potential eines jeden Augenblicks zu öffnen, einfach durch die totale Annahme dessen, was ist. Verbunden mit einer bedingungslosen Haltung kläre sich das »System« (Verstand, Emotionen, Körper) wie von alleine und werde transparent für das Erleben weiterer Bewußtseinsebenen.

Ich erlebe, daß das so ist. Für den konditionierten Verstand, wahrscheinlich besonders für einen deutsch geprägten, ist das kaum zu glauben. Was siehst du als Potential hinter der typisch deutschen Konditionierung?

Paul: Wenn eine Person beginnt, hinter ihre Konditionierung zu sehen und sich selbst erkennt und ihr Potential annimmt, dann hat sie auch die Energie verfügbar, dieses Potential in ihrem Leben zu verwirklichen.

Und etwas Enormes könnte dadurch beispielsweise in Deutschland, der Schweiz und in Österreich geschehen, weil die Menschen dort sehr kraftvoll und in mancher Hinsicht »präsent« sind. Wenn sie etwas erkannt haben und etwas erreichen wollen, dann setzen sie sich dafür intensiv ein und machen »Nägel mit Köpfen«. So hat sich Deutschland auch schnell vom Krieg erholt. Überhaupt ist dieses Land durch vieles hindurchgegangen und hat sehr extreme Erfahrungen gemacht. Die Fähigkeit, zu erkennen, daß die alten Systeme und Konzepte nicht mehr funktionieren, daß sie nur in Krankheit und Zerstörung von Natur und Erde und damit in Agonie führen, ist durchaus vorhanden.

Die gleiche kraftvolle Energie, die sich jetzt auf die alte Art eigentlich nicht mehr benutzen läßt, könnte, wenn sie bewußt eingesetzt würde, einen Wandel für die ganze Welt mitbewirken, eben wenn sie aus dem Potential des Selbst, des Du-selbst-Seins, der Liebe, des wirklichen Füreinander-da-Seins verfügbar wird. Deutschland hat Einfluß auf die ganze Welt. Deutschland hatte in der Geschichte einen starken Einfluß, und auch jetzt ist der Blick sehr vieler oft auf dieses Land gerichtet. Wenn dieses große Potential sich dort in immer mehr Menschen befreien könnte, in Männern wie in Frauen, wenn sie sich zu öffnen wagten, könnte das einen sehr kraftvollen Schub für die ganze Erde bewirken, uns Menschen in Richtung Liebe zu bewegen.

Camdeo: Das »Dagegen-Sein« scheint mir ein zentraler Schlüssel für das zu sein, was uns noch im Weg ist, ganz wir selbst zu sein und uns in unseren Möglichkeiten und Fähigkeiten zu ergänzen. Magst du darauf noch etwas näher eingehen?

Paul: Ich empfehle Menschen jetzt besonders, sich ihr Gegen-etwas- und Gegen-sich-Sein bewußt zu machen. Sobald du gegen etwas bist – egal, was es ist – verspannst du dich, und du erlebst dich nicht in dieser wissenden Verbindung zur Quelle. Jedes »gegen etwas sein« ist eine »Re-aktion«, die mit der Konditionierung und dem Verstand zu tun hat, der nicht in dieser

Verbindung sein *kann*. Sei dir einfach bewußt, was in dir abläuft. Sobald sich etwas in dir zusammenzieht, eng wird und du dich verspannst, versuche so wach und präsent wie möglich zu sein und zu akzeptieren, was in dir abläuft. Versuche nicht, deine Empfindungen einfach loswerden zu wollen, indem du sie jemand anderem an den Kopf wirfst. Beschuldige niemanden, auch dich selbst nicht, gehe nicht gegen deine Emotionen an, aber unterdrücke sie auch nicht! Sondern erlaube dir, die Energie in dir total zu erleben und mit ihr zu sein, egal, was gerade geschieht und wie du dich fühlst. Wenn du mit deinem momentanen Erleben total bist, löst du dich nach und nach von deiner automatischen Identifikation mit deinen Reaktionsmustern.

Diese Dimension hier ist nicht dazu da, daß es dir »gutgeht«. Was immer du erlebst, brauchst du. Du hast es auf einer anderen Ebene erschaffen, um deine Erfahrungen hier zu machen und aus deiner Unbewußtheit, deinem Schlaf aufzuwachen. *Denn alles ist für dich, nichts ist gegen dich!* Wenn du beispielsweise ärgerlich bist, sei einfach ärgerlich. Ohne den Ärger zu unterdrücken und ohne ihn zu unterstützen. Wenn du ihn bedingungslos akzeptierst und nichts mit ihm »machst«, verschwindet der Ärger. Dann kann sich deine Wahrnehmung für eine andere Ebene öffnen und von da aus für weitere Ebenen. Deine Wahrnehmung öffnet sich immer weiter, und eine innere Verbindung zu einer anderen Ebene wird möglich, wenn du dein momentanes Erleben nicht mehr vermeidest, wie auch immer es aussieht, wie auch immer es sich anfühlt. Du kannst dein Ankommen enorm beschleunigen, wenn du dich für dein volles Potential öffnest und bereit bist, alles anzunehmen, was dann kommt.

Camdeo: Und das Akzeptieren und Annehmen gilt auch für all das, was noch an Ungelebtem oder Unterdrücktem da ist. Wie siehst du das Verlangen nach Nähe, Geborgenheit, Sexualität und alle Arten von unerfüllten Grundbedürfnissen? Sie scheinen mir innerhalb der Enge und Strenge dieser deutschen Energie nicht leicht ans Licht zu kommen und sich in Lebendigkeit wandeln zu lassen.

Paul: Für die unerfüllten Bedürfnisse – einschließlich der zentralen Energie der Sexualität – verdeutliche ich das gerne so: Wenn du über Wochen nichts gegessen hast und dann etwas zu essen bekommst, ißt du wahrscheinlich nicht sehr vornehm und geziert. Der Hunger ist da und möchte zugreifen und essen. Ein ganz natürliches Verlangen.

Und so ist es auch mit der Sexualität, weil sie so lange und so massiv unterdrückt wurde. Dadurch hat sich eine enorme Energie aufgestaut, und das gilt für die überwiegende Mehrheit der Menschen. Aufgestautes verliert aber die Angemessenheit und Sensitivität, es möchte einfach zupacken. Doch da meldet sich die soziale Konditionierung und sagt das Gegenteil: Du darfst nicht zupacken. Und so bleibt die Energie zurückgehalten.

Es ist hilfreich zu wissen, daß bei lange verleugneten Bedürfnissen das Pendel für eine Weile ganz auf die andere Seite schwingen kann, um einen Ausgleich zu finden. Sei dir also dessen bewußt und laß die Energie fließen. Dadurch erreicht sie ihre angemessene Ebene und Balance; sie wird natürlich. Sei dir also einfach dessen bewußt, daß die Bedeutung der Sexualität für eine Lebensphase sehr viel Raum einnehmen kann, besonders, wenn sie für eine lange Zeit nicht erlaubt war. Das kann Angst machen. Du brauchst aber einen Weg, diese Energie fließen zu lassen, damit sie ihre eigene Balance finden kann. Und das gilt im Prinzip auch für alle anderen gestauten Energien und Grundbedürfnisse.

Camdeo: Was du beschreibst, kann ich gut sehen. Und mir ist bewußt, daß das Nichtbefriedigtwerden der primären menschlichen Bedürfnisse nach wirklicher Nähe, Geborgenheit, Genährtwerden und Getragensein das Mangelerleben in uns und unser meist tiefsitzendes Kompensationsverhalten geprägt hat. Hier scheint mir in jedem neuen Leben die Wurzel für die meisten unserer neurotischen Störungen zu liegen. Selbst bei allem »Wissen« um ein heilsameres und bewußteres Verhalten – wie bei Eßstörungen, suchtartigen Gewohnheiten, Kontakt- und Intimitätsstörungen – halten wir an unseren alten Gewohnheiten oft hartnäckig fest. Aber jetzt möchte das alles wahrgenommen und liebevoll akzeptiert werden. All das übliche Verbergen und Bekämpfen und »daran Arbeiten« scheinen mir jetzt in dieser neuen Phase im Weg zu sein.

Paul: Ja! – Und den Zusammenhang zwischen Mangelerleben und oft neurotischen Störungen so zu sehen ist eine Ebene, eine Erklärung innerhalb unserer kausalen Vorstellungswelt. Auf einer anderen Ebene existiert Kausalität jedoch nicht in dieser Form.

Ich empfehle dir, plage dich mit *nichts* mehr herum. Nimm dich so an, wie du jetzt gerade bist. Sei nicht mehr hart gegen dich selbst, sondern erlaube dir Freude im Leben und auf deinem Weg.

Dieses Buch ist eine Einladung an dich, dich für neue Bewußtseinsdimensionen und für dein unbegrenztes Potential zu öffnen. Und wenn dir das Lesen einmal nicht leicht fällt, leg dieses Buch für eine Weile aus der Hand und mach vielleicht einen Spaziergang.

Und nimm nichts zu ernst!

Erstes Kapitel

DAS EXPERIMENT ERDE IST ZU ENDE

Es interviewt Roxi McNay

Roxi: Ich möchte eine Frage stellen, die so alt ist wie die Geschichte der Menschheit und ihre religiösen Schriften: Woher kommen wir?

Paul: Diese Frage kann innerhalb dieser Dimension nicht beantwortet werden. In dieser Dimension, auf dem Planeten Erde, wo du und ich uns gerade sehen, gebrauchen wir Worte, die vom Verstand gebildet werden. Der Verstand kann jedoch die Antwort zu dieser Frage nicht begreifen. Zu dieser Frage gibt es keine eigentliche Antwort. Es gibt ein inneres Wissen, aber keine direkte Antwort. Es ist nicht möglich, in dieser Dimension eine Antwort zu formulieren zu einem Geschehen, das einer anderen Dimension angehört. Ich glaube, es war Lao-Tse, der sagte: »Die Wahrheit kann nicht ausgesprochen werden. Wenn etwas ausgesprochen werden kann, ist es nicht die Wahrheit.«

Dieser Umstand frustriert uns sehr, denn in unserer Arroganz denken wir, wir wüßten alles, und wenn nicht, daß wir es herausfinden oder berechnen könnten. Und das ist auf einer gewissen Ebene auch wahr. Wir müssen aber diese Dimension hier verlassen, um die Antwort auf deine Frage zu erfahren. Es ist wie in der Mathematik, du kannst nicht ein mathematisches System dazu verwenden, ein anderes mathematisches System zu verstehen.

Die Antwort zu deiner Frage hat eine andere Sprache, eine andere Dimension, eine andere Schwingung. Was ich tun kann, ist, dir eine Geschichte erzählen, die zwar nicht wahr ist, die aber der Wahrheit sehr nahekommt. Du kannst die Wahrheit nur erkennen, wenn du diese Dimension hier losläßt. Das kann in Meditation oder zu Zeiten tiefer Ruhe geschehen. Dann wirst du dir anderer Schwingungsebenen, anderer Wirklichkeiten, anderer Dimensionen bewußt.

Die Geschichte, die ich nun erzählen werde, beruht, wie alle derartigen Geschichten, auf der Adam-und-Eva-Legende und der Urknall-Theorie. All diese Geschichten und Theorien kreisen um die Wahrheit, aber keine von ihnen *ist* die Wahrheit.

Auch Buddha sprach oft über die Frage nach unserer Herkunft. Er formulierte seine Antwort so: »Aus der Einheit entstand die Vielheit – und doch blieb die Einheit bestehen.«

Die Urknall-Theorie besagt, daß alles eine Einheit war, die irgendwann explodierte. Wir können uns diese Einheit als eine Ganzheit vorstellen, die nicht materiell, nicht solide war; es gab keinen großen Planeten und keine große Sonne und kein großes Etwas. Es gab nur reine Bewußtheit. Wir könnten sie Gott nennen, aber nicht Gott als eine Person, eher Gott als eine Vibration, eine Schwingung. In dieser Bewußtheit wurden wir gewahr, daß wir sozusagen nur "automatisch" bewußt waren, uns also unserer Bewußtheit nicht *bewußt* waren. Wir *waren* Bewußtsein, waren uns dessen aber nicht *bewußt*.

Wir waren die Einheit, aber wir erkannten sie nicht. Wenn du immer nur Licht gesehen hast, weißt du solange nicht, was Licht ist, bis du Dunkelheit kennenlernst. Durch den Kontrast siehst du dann, was Licht ist, und kannst das Licht bewußt erleben. Wir waren die Einheit, aber wir wußten uns nicht *bewußt* als Einheit zu schätzen. Da kam uns die Idee, die Einheit aufzulösen, um herauszufinden, was es bedeutet, nicht in der Einheit zu sein, um sie auf diese Weise wirklich kennen- und schätzenzulernen. Wir könnten den Entschluß hierzu den *eigentlichen* Urknall nennen.

Es gab also diesen Urknall, und die Einheit zersprang in Billionen von Teilen; die Einheit blieb jedoch bestehen! Und das ist der Punkt, mit dem der Verstand enorme Schwierigkeiten hat. Wie kann etwas gleichzeitig sein und nicht sein? Ich habe keinerlei Möglichkeit, dir das innerhalb dieser Dimension hier zu erklären. Die Einheit löste sich in Billionen von Teilen auf und blieb zugleich bestehen! Jeder dieser Billionen von Teilen war und *ist* die Einheit, ganz und vollkommen.

Als diese Zersplitterung stattfand, wurde beschlossen, alles zu vergessen. Jedes dieser Billionen von Teilchen war ganz und vollkommen und trug die Einheit in sich, aber es vergaß das, um die Erfahrung und den Spaß zu haben, seinen Weg zur vollen Bewußtheit und Einheit zurückzufinden.

Für den Planeten Erde trafen wir eine der wohl schwierigsten und schwerwiegendsten Entscheidungen. Wir beschlossen die Erschaffung dieses Planeten durch einen Gedanken. Gedanken sind Schwingungen, sie können Berge versetzen und Dinge erschaffen sowie sie auflösen. Es ist eine bekannte Tatsache, daß es Menschen gibt, die kraft ihrer Gedanken Metall verbiegen können und andere, ähnliche Dinge fertigbringen.

Wir beschlossen also, einen Gedanken aufrechtzuhalten, seine Schwingung zu stabilisieren und dann zu verlangsamen. Dadurch bildet sich sogenannte Materie. Sie wirkt solide, wenn wir jedoch durch ein Elektronenmikroskop schauen, sehen wir, daß dies nicht der Fall ist. Alles ist eine Zusammensetzung von sich ständig bewegenden Teilchen, und auch diese Teilchen sind nur scheinbar solide.

Wir erschufen diese Dimension, um Dualität zu erleben, nicht um über sie nachzudenken oder über sie zu intellektualisieren, sondern um sie wirklich zu *erleben* und unsere Erfahrungen mit ihr zu machen.

Wir nahmen die Einheit und teilten sie auf in Dinge wie: Mann und Frau, Gut und Böse, Richtig und Falsch, Licht und Dunkelheit. Wir spalteten alles auf und machten unsere Erfahrungen damit. Wir erlebten Gut und Böse, Richtig und Falsch. Wir waren Mann, und wir waren Frau.

An dieser Stelle muß ich etwas weiter ausholen. Denn das eben Gesagte geht von der Voraussetzung aus, daß jeder weiß, daß wir alle viele, viele Male auf diesem Planeten gelebt haben. Die meisten Leute wissen das nicht. Die Christen wissen es nicht, weil diesbezügliche Aussagen im Laufe kirchlicher Manipulationen aus der Bibel gestrichen wurden. Nur wenige Religionen beziehen das Phänomen Wiedergeburt in ihre »Weltsicht« ein.

Körper sterben und werden wiedergeboren, aber in Wirklichkeit werden wir weder jemals geboren noch sterben wir jemals. Wir *sind* ewig, wir sind Bewußtsein. Wir nehmen einen Körper an, oder ein Körper nimmt uns an, damit wir in dieser Dimension existieren können. Wenn der Körper stirbt, bleibt das Bewußtsein bestehen. Wenn das Bewußtsein weitere Erfahrungen braucht, findet es einen neuen Körper.

Wir haben diese Dimension geschaffen, um alles zu erfahren, was es über Dualität zu erfahren gibt; um zu fühlen, wie es ist, ein

Mann zu sein; um zu fühlen, wie es ist, eine Frau zu sein. Um das erfahren zu können, mußten wir vergessen, wer wir in unserem vorangegangenen Leben gewesen sind. Sonst würden wir alles dort Erlebte mit uns tragen, völlig überladen sein und beispielsweise nie wirklich ein Mann sein, weil die Erinnerung an das Leben als Frau noch in uns lebendig wäre. Wir könnten nie wirklich unsere jetzigen Eltern als unsere Eltern annehmen, wenn wir uns an unsere letzten Eltern noch erinnern würden. Heutzutage erinnern sich manche Kinder an vergangene Leben, aber das war lange Zeit nicht "angemessen". Es war wichtig für uns, zu glauben, daß jedes Leben in sich vollkommen abgeschlossen ist. Das ist auf einer Ebene sogar wahr, jedes Leben ist ein vollkommener Abschnitt, aber das Bewußtsein kann alle diese Abschnitte verbinden.

Inzwischen haben wir in der dualen Dimension alles erfahren, haben jedoch im Laufe dieses Prozesses das Gesetz gebeugt. Die Menschen sprechen von der Erbsünde und davon, daß wir alle Sünder seien, aber das ist nicht wahr. Es ist unmöglich, das Kosmische Gesetz zu brechen, aber wir können es zurechtbiegen. Du kannst dieses Gesetz nicht wirklich brechen, weil das Ewige Gesetz dasjenige ist, worauf alles aufbaut. Du kannst es beugen, und das geschieht, wenn du etwas sehr Unbewußtes tust, was Menschen üblicherweise als etwas Böses oder Grausames bezeichnen. Dies sind *unsere* Worte und Werturteile, sie gehören nicht wirklich zu diesem Universum! Wenn wir also etwas »Böses« tun, beugen wir das Gesetz, und um das auszugleichen, müssen wir in der Folge etwas erleben, was das Gleichgewicht wiederherstellt. In unserer Unbewußtheit schaffen wir ständig neues Ungleichgewicht, und Wiedergutmachung wird erforderlich. Im Osten wird das Karma genannt, aber hier im Westen erkennen wir dieses Gesetz nicht an. In der westlichen Kultur gibt man die Verantwortung ab und sagt: »Gott wird am Ende siegen.« Aber Leben um Leben vergeht, ohne daß dies geschieht!

Aber es gibt das sogenannte Karma, und das bedeutet, daß wir uns im Ungleichgewicht befinden. Im Laufe mehrerer Leben haben wir die eine Seite erprobt und müssen dann auch die gegenteilige Seite erfahren, um Ausgleich zu schaffen. Alles dreht sich um Erfahrungen. Denn allein Erfahrungen erweitern unser Bewußtsein und das des Universums. Da wir alle eins und miteinander verbunden sind, haben alle Erfahrungen eines jeden von uns Wirkung auf alle anderen. Aus diesem Grund stellst du oft nach einer schlaflosen Nacht oder einem schlechten Tag fest, daß Menschen, die du dann triffst, ähnliches durchgemacht haben.

Wir sind alle verbunden, miteinander vernetzt, so daß die Erfahrung eines jeden auch die Erfahrung aller ist, ob wir uns dessen bewußt sind oder nicht. Wir haben diesen Planeten erschaffen, um Dualität zu durchleben. Um Sexualität zu erleben, nicht um sie zu unterdrücken. Um Gefühle zu haben, nicht um ihnen aus dem Weg zu gehen. Um unsere Gedanken zu denken, nicht um sie anzuhalten. Wenn du mit all diesen Erfahrungen *total* bist, durchläufst du einen Zyklus, und dann sind deine Erfahrungen in sich abgeschlossen und vollendet. Wenn sie vollendet sind, kommen sie ganz von selbst zum Stillstand. Der Planet Erde wurde für diesen Prozeß entworfen und hat seine Aufgabe nun erfüllt. Diese Tatsache haben wir bis jetzt noch nicht erkannt.

Statt dessen halten wir an lächerlichen Ideen und Theorien fest. Viele Menschen glauben tatsächlich, die Erde sei der einzige bewohnte Planet des ganzen Universums. Angesichts der vielen Billionen von Planeten, die es alleine in unserem Teil der Milchstraße gibt, erscheint die Möglichkeit, daß es kein weiteres intelligentes Leben geben soll, als viel zu klein, um überhaupt ernsthaft in Betracht gezogen zu werden. Bis vor relativ kurzer Zeit glaubten die Menschen noch, die Erde sei eine flache Scheibe und die Sonne umkreise sie.

Alles, was das Universum von der Erde zu bekommen hatte, hat es erhalten, daher wird dieser Planet bald aufgewertet, in seiner Schwingung erhöht werden.

Nun muß ich noch einmal weiter ausholen. Ich habe von der Erde gesprochen als von etwas von uns Getrenntem, und das ist nicht wahr. So wie Moleküle deinen Körper bilden, so bilden wir alle den Planeten Erde. Dieser Planet Erde ist kein toter Gesteinsklumpen, sondern eine lebendige Bewußtheit, und wir sind Teil von ihr. Genau wie unsere Moleküle Teil unseres Körpers sind, sind wir Teil des Planeten. Das hören wir nicht allzu gerne, weil wir daran hängen und es lieben, Einzelwesen zu sein. Und wir sind *auch* Individuen und insofern einzigartig. Wir haben unseren eigenen Willen – das gehört zum Experiment –, aber wir sind in Wirklichkeit von nichts und niemandem getrennt und können es nie sein, denn wir sind Teil dieses Planeten, und dieser Planet ist Teil von uns!

In Unwissenheit, Gier und Ignoranz – und ich gebrauche diese Worte nicht im geringsten als Werturteil – haben wir den Planeten mißbraucht und ausgeraubt und tun es noch immer.

Der Planet – als Bewußtsein – sagt nun: »Genug! Es reicht jetzt. Ihr werdet mich umbringen, wenn ihr so weitermacht. Ich lasse das nicht zu und gebiete euch Einhalt.« Noch einmal möchte ich betonen, daß der Planet nicht getrennt von uns ist. Wir sind es selbst, die dies auf einer wacheren Bewußtseinsebene zu uns sagen!

Zeit existiert nicht wirklich. Zeit ist eine Illusion, die zu dieser Dimension hier gehört. Einige Wissenschaftler haben uns das bestätigt, und viele Menschen haben flüchtige Einblicke in diese Wahrheit, wenngleich sie diese Wahrheit verstandesmäßig nicht begreifen können.

Der, der du sein wirst, *bist* du bereits in einer anderen Dimension, auf einer anderen Schwingungsebene. Du hast auf jener anderen Ebene beschlossen, die Zerstörung des Planeten zu verhindern. Du, Roxi, bist dir dessen bewußt geworden und bist jetzt achtsam mit deinen Gedanken, Worten und Taten. Du hast dein Bewußtsein geklärt. Du bist dabei, dir nicht nur deiner wahren Individualität, sondern auch deiner Verantwortung dem Ganzen gegenüber bewußt zu werden.

Dasselbe geschieht zur Zeit mit mehr und mehr Menschen, aber viele schlafen noch immer und werden daher nun durch Dinge wachgerüttelt, die meist nicht angenehm sind. Sie bekommen Aids, Krebs, ein Herzleiden, irgendeine in ihr bisheriges Leben einschneidende Krankheit, verlieren ihr Vermögen, haben einen Unfall oder werden von ihrem Partner verlassen. Der Planet schüttelt sich, und ich wiederhole: Der Planet ist nichts von uns Getrenntes, wir schütteln uns selbst von einer anderen Dimension aus. Wir schütteln uns, weil wir uns mitteilen wollen, daß das Experiment der Dualität zu Ende ist. Der Planet Erde ändert momentan seine Schwingungsebene. Die Bibel prophezeit: »Und die Jünger werden auf der Erde wandeln.« Und sie sind bereits da! Wir müssen uns ihrer nur bewußt werden, um sie sehen zu können. Sie stehen uns helfend zur Seite bei der Verfeinerung unseres Bewußtseins. Es wird ein Zeitalter des Friedens auf der Erde geben.

Bisher steht noch nicht fest, ob wir diesen Wandel freiwillig mitvollziehen oder ob wir uns – eventuell sogar bis zum äußersten – gegen ihn wehren werden.

Wenn genug Menschen beginnen, wirklich aufzuwachen, insbesondere Menschen mit Macht und Einfluß in dieser Welt, könnte das ausreichen, einen relativ sanften Bewußtseinswandel auszulösen. Dann wird es zwar auch noch unruhige und unvergnügliche Zeiten geben, aber der Übergang könnte vergleichsweise sanft vor sich gehen.

Sollte es ein Festhalten, einen geballten Widerstand gegen diesen Wandel geben, sollten die Menschen weiterhin diese neue Energie bekämpfen, die in uns allen zum Aufwachen beitragen möchte, dann wird möglicherweise Katastrophales mit der Erde geschehen müssen. Einige Leute haben einen Polsprung vorhergesagt. Das würde bedeuten, die Erde würde vorübergehend stillstehen, sich dann in eine andere Lage neigen und sich in eine andere Richtung weiterdrehen. Erdbeben, Seuchen, Hungersnöte, all diese Dinge sind von den verschiedensten Menschen prophezeit worden. Und sogar etwas noch Dramatischeres, etwas, an das bisher niemand gedacht hat, etwas Unvorstellbares könnte geschehen, wenn wir uns diesem Bewußtseinswandel widersetzen. Es könnte jedoch auch sein, daß wir andere Realitäten wahrzunehmen beginnen, daß Menschen zum Beispiel die Wesen, die uns umgeben, zu sehen beginnen, oder daß Menschen plötzlich verschwinden und woanders wieder erscheinen. Manche könnten durch die Zeitgrenze in die sogenannte Vergangenheit oder sogenannte Zukunft gleiten. Sicher aber ist, es wird nicht länger zugelassen, daß es auf der Erde so weitergeht wie bisher. Es ist dem Planten Erde nicht erlaubt, so weiterzumachen wie bisher.

Das Experiment Erde ist zu Ende. Es liegt an uns, diese wundervolle Energie, die in uns wächst und sich in uns ausdehnen möchte, anzunehmen und zu den inneren wie äußeren Wandlungen – auf allen Ebenen – bereit zu sein. Wenn wir dagegen ankämpfen, wird es sehr unangenehm werden. Wenn wir freudig annehmen, was geschehen möchte, können wir dieses große Abenteuer genießen und viel Vergnügen dabei haben.

Zweites Kapitel

KINDHEIT

Es interviewt Lady Neale Chohan

Neale: Dieses Gespräch ist Teil einer Reihe von Interviews, die zur Zeit mit dir zum Thema »Reise zur Selbstverwirklichung« geführt werden.

Paul: Es gibt gar keine Reise. Es gibt nur dann eine Reise, wenn du eine Reise zu brauchen glaubst.

Neale: Wie ist es mit Etappen oder Stufen?

Paul: Wenn du Stufen wünschst, kannst du Stufen haben. Wenn du eine Reise möchtest, kannst du eine Reise haben. Wenn du jetzt in diesem Moment präsent sein willst, kannst du *jetzt* hier sein. Was immer du willst – du kannst es haben.

Neale: Kannst du über die Etappen sprechen, die du durchlaufen hast in deiner....

Paul: Ich habe keine Etappen durchlaufen. Dieses System hier (Paul zeigt auf sich) hat Etappen durchlaufen, aber nicht ich. Es gibt keine Stufenabfolge, keine Stetigkeit. Versuch's noch mal.

Neale: Ich möchte gerne mit dir über das Thema Kindheit sprechen. Nach dem, was ich über deine Kindheit weiß, mußt du ein ungewöhnliches Kind gewesen sein, vielleicht ein wenig exzentrisch. Hauptsächlich interessiert mich, was es bedeutet, ein Kind auf dem Planeten Erde zu sein. Zuerst jedoch eine persönliche Frage: Woran erinnerst du dich im Rückblick auf deine Kindheit? Wieviel wußtest du als Kind von dem, was mit dir geschah?

Paul: Ich wußte alles, aber dieses Wissen war nicht über das Gedächtnis meines Verstandes abrufbar, so daß ich mit ihm etwas hätte anfangen können. Diese Art Wissen ist nicht für den Verstand vorgesehen. Ich wußte alles, aber ich wußte nicht, daß ich wußte. Jeder weiß alles, jetzt!

In meiner Kindheit machte ich die Erfahrung, an einem sehr fremdartigen Ort zu sein. Ich konnte mich nicht erinnern, darum gebeten zu haben, hierherzukommen. Ich sah eine Menge seltsamer Dinge geschehen, und sie schienen mir fremd im Vergleich zu »Etwas«, aber ich konnte mich nicht erinnern, was dieses Etwas war.

Nichts zählte wirklich. Nichts machte wirklich Sinn für mich. Die Menschen sagten das eine, taten aber das Gegenteil davon. Genau das, wofür sie andere verurteilten, taten sie für gewöhnlich selbst. Autos, Eisenbahnen, Flugzeuge, das Haus, in dem wir lebten, alles erschien mir recht seltsam. Immer wieder dachte ich, daß dies nicht meine Eltern waren und daß ich von woanders hergekommen war, aber damals wußte ich noch nicht, daß es ein »Anderswo« gab.

Ich erinnere mich, daß die ersten Dinge, die ich in der Schule vor mich hinkritzelte, Raumschiffe waren, lange bevor ich überhaupt je etwas über sie gehört hatte. Ich zeichnete Transportgeräte, die überhaupt nicht vergleichbar waren mit dem, was wir Kinder uns zu jener Zeit erträumten. »Etwas« kam von irgendwoher durch, aber ich wußte nicht, daß es ein Irgendwo gab, von dem her dieses Etwas durchkommen konnte. Ich erinnere mich, daß das Leben sehr fremd für mich war und ich nicht wirklich leben wollte. Das Leben schien es nicht wert zu sein, gelebt zu werden. Alles erschien mir zu schmerzhaft zu sein.

Allgemein sehe ich bei einem Kind folgende Entwicklung: Die Erfahrung, im Mutterleib zu sein, ist absolut nicht so angenehm, wie die meisten Menschen glauben. Sie sehen das Baby zusammengerollt bei gleichbleibender Temperatur herumschwimmen, genährt werden und so weiter. Aber im Mutterleib zu sein, ist kein sehr angenehmer Zustand. Ich sage nicht, das sei so für die Seele, denn sie mag in den Fötus noch nicht eingezogen sein, aber für das System ist es nicht so erfreulich.

Im Mutterleib zu sein, ist deshalb nicht angenehm, weil jede Emotion, jeder Gedanke, jede Erschöpfung, *alles*, was die Mutter erlebt, das Kind genauso erlebt. Das Kind ist in keiner Weise von der Mutter getrennt. Beide existieren als *ein* System, daher durchlebt der Fötus die gleichen Dinge wie die Mutter. Das Kind erlebt die Angst der Mutter vor der Geburt, die Angst vor den Schmerzen, die kommen werden. Jeder Streit der Eltern, jedes bißchen Unsicherheit, jede Aufregung, jede Belastung durchläuft das gemeinsame System, und daher ist es kein Vergnügen, im Mutterleib zu sein.

Die Geburt ist ein besonders unangenehmer Vorgang. Es ist ein Schock, plötzlich in dieses grelle Licht, den unglaublichen Lärm und die veränderte Temperatur zu kommen. Während all diese Dinge geschehen, ist das Wesen des Kindes noch nicht mit dem Geschehen identifiziert und kann daher alles beobachten. Das System macht all das durch, das Wesen jedoch kann beobachten.

Dann muß das Wesen sich allmählich selbst vergessen, um sich integrieren zu können, sonst könnte das Experiment, als Mensch auf der Erde zu sein, nicht stattfinden. Der Körper würde geboren werden und heranwachsen, das Wesen aber sich heraushalten und nur beobachten, weil es nicht darin verwickelt wäre. Der Planet Erde ist eine sehr unangenehme Erfahrung. Das Wesen *muß* vergessen, und sobald es vergißt, wird es eins mit dem Körper – und doch bewahrt es sich trotzdem eine gewisse Art der Erinnerung.

Ein sehr kleines Kind kennt keine Getrenntheit, es ist bloßes Sein. Wenn es mit einem Stein spielt, gibt es keinen Stein und kein Kind; es gibt nur dieses Phänomen, das alles enthält. Wann immer ein kleines Kind irgend etwas tut, ist es total und ausschließlich, es erlebt kein Getrenntsein. Es hat keine Gedanken und keinerlei Vorbehalte. Dieses Wesen ist reine Spontaneität. Es ist nicht spontan, es ist die Spontaneität selbst. Was immer es tut, es tut es einfach, wie eine Katze oder ein Hund oder ein Löwe.

Doch bald – oft schon sehr früh nach der Geburt – verändert sich diese ganzheitlich spontane Art, auf die ein Kind sich und die Welt erlebt. Das Kind beginnt, Dinge zu tun, die von seiner Umgebung nicht gebilligt werden. Es fängt mitten in der Nacht zu weinen an, weil es sich alleingelassen fühlt, weil es sich naß gemacht hat oder weil es unbequem liegt, oder es ist hungrig oder beunruhigt, weil es nicht weiß, wo es ist. Es weint, weil es sich unwohl fühlt und dies sein unwillkürlicher Weg ist, Aufmerksamkeit zu erregen und um dadurch zu dem kommen, was es braucht. Die Person, die sich darum kümmern muß, Mutter oder Vater, ist jedoch bereits überlastet und überfordert, und das schon seit der eigenen Kindheit. Die Eltern wurden mit ihrem eigenen Leben nicht fertig. Sie schafften zwar das Überleben irgendwie, aber sie kamen nicht wirklich mit ihrem Leben zurecht. Sie haben eigentlich keine Reserven für ein Kind.

Höchstwahrscheinlich bekamen sie das Kind sogar nur, weil ihr eigenes Leben nicht funktionierte. Wenn ihr eigenes Leben sinnerfüllend verlaufen wäre, hätten sie kein Kind nötig gehabt. Du brauchst kein Kind, wenn jeder Augenblick deines Lebens in sich eine Erfüllung ist. Dann brauchst du überhaupt nichts! Die Eltern bekamen das Kind, weil ihr Leben nicht erfüllt war und weil Kinderbekommen das ist, was »man« tut, wenn man heiratet. Außerdem hat die Frau ihren Mutterinstinkt, einen animalischen Trieb, sich zu vermehren. Und dieser Trieb ist eine sehr starke, grundlegende Kraft.

Diese Frau also, die ohnehin schon überlastet ist, lädt sich ein Baby auf. Sie bringt es zur Welt, muß sich mit dem Vater auseinandersetzen und üblicherweise auch noch mit ihren und seinen Eltern. Sie hat all diese Probleme in ihrem Leben, und dann schreit auch noch das Kind mitten in der Nacht. Sie geht zu ihm und tut ihr möglichstes, liebevoll, verständnisvoll und geduldig zu sein, aber unausweichlich überträgt sie ihre Not, oder gar ihr Chaos, auf das Baby. Schließlich sagt sie irgendwann: »Sei still!«, oder sie läßt das Kind einfach allein.

Eines Tages spielt das Kind herum und entdeckt vielleicht ein Honigglas, dann nimmt es den Honig, gießt ihn auf den Teppich und macht eine hochinteressante, allerdings ziemlich klebrige Erfahrung. Der Honig, das Glas, der Teppich sind alles Bestandteile seines Erlebens. Die Mutter oder der Vater kommen herein, sehen die »Schweinerei« und werden zornig. Beim Baby setzt daraufhin die Überlegung ein: »Denk nach, bevor du etwas tust.« Die Spontaneität verschwindet, und jenes offene, einfach wahrnehmende Wesen zieht sich zurück. Ab diesem Punkt ist sein *wirkliches* Leben schon vorbei! So fängt das Baby an, seine Spontaneität zu kontrollieren, Schlüsse zu ziehen, zu taktieren. Was das Kind vermeidet, dreht sich nicht um richtig oder falsch – was immer das sein mag –, sondern darum, niemanden zu erzürnen, der Macht über es hat. Als Kind braucht es Fürsorge, um zu überleben. Daher muß es vorsichtig sein, die richtigen Dinge tun, sich anpassen und keinen Ärger machen. Sonst wird es mit Liebesentzug und einer Menge unangenehmer Energie bestraft. Hier beginnt der ganze Verdruß.

Neale: An dem, was du gerade gesagt hast, fallen mir zwei Dinge auf. Die Kindheit scheint eine Zeit zu sein, in der alles schiefgeht. Es scheint, als kämen wir als ungeschützte, unschuldige Wesen mit einer Art Klarheit und Durchblick in diese Welt. Dann lernen wir, uns zu verstellen. Wir lernen, nicht der zu sein, der wir sind, wir lernen, unser wahres Wesen zu verbergen, wir lernen zu lügen. Etwas in uns macht »zu«. Ich glaube, genau von diesem Anpassungsprozeß in der Kindheit müssen wir uns bei unserer späteren Suche nach dem wirklichen Zuhause befreien. Stimmt das?

Und wie hast du deine Kindheit, wie hast du diesen unausweichlichen Prozeß überlebt?

Paul: Laß uns erst die allgemeine Frage betrachten. Ein Kind wird geboren in Unschuld. Das ist eine Ebene. Es wird aber auch mit den Auswirkungen all seiner früheren Leben geboren. Also alles, was dieses Wesen in früheren Leben getan oder erlebt hat, muß ausgeglichen werden. Wenn es schöne Dinge getan hat, wird es von schönen Dingen umgeben sein. Hat es Unschönes getan, wird ihm Unschönes widerfahren. Wie du siehst, haben wir auf eine andere Ebene umgeschaltet, betrachten die Sache jetzt aus einem anderen Blickwinkel. Zu Beginn unseres Gesprächs hatte ich das Kind als Opfer dargestellt.

Aber das Kind ist kein Opfer! Das war nur eine Ebene der Betrachtung. Eine andere Ebene ist, daß das Kind, bevor es in diese Welt kam, beschlossen hatte, hierherzukommen, weil es die Erfahrungen hier brauchte. Auf anderen Ebenen konnte dieses Wesen nicht erledigen, was es zu klären hatte. Es mußte in eine materielle Ebene kommen, wo Dinge getan und erfahren werden können, um das Ungleichgewicht aus seinen früheren Leben auszugleichen. Es hatte sich also ausgesucht, genau in die Situation hineingeboren zu werden, die es gerade brauchte. Wenn es Eltern hatte, die sich nicht um es kümmerten, dann brauchte es dieser Erfahrung, möglicherweise zum Ausgleich für eine Zeit in einem früheren Leben, in dem es sich nicht um seine eigenen Kinder gekümmert hatte.

Wir können aber noch eine dritte Ebene betrachten, denn wenn ich sage, ein Ausgleich war nötig, so ist das nicht wahr. Alles, worüber wir reden, hat Ebenen über Ebenen. Es kommt darauf an, welche wir uns anschauen, welche wir als unsere Wirklichkeit annehmen. Die dritte Ebene ist die, daß das Kind in Unschuld geboren ist, weil es seine Unschuld nie verliert. Wir verlieren niemals unsere Unschuld, sie ist immer da. Sie war niemals nicht da. Sie wurde nie geboren und stirbt niemals. Unschuld *ist.* Wir lösen uns durch unsere Unbewußtheit von ihr ab und entfernen uns immer weiter von ihr. Niemand sagt uns, daß sie jederzeit verfügbar ist, daß wir in jedem Augenblick einfach innehalten und nach Hause zurückkehren können. Wir können unser Zuhause jederzeit wiederfinden. Wir brauchen nur ruhig und still zu werden, um den – wie Jesus sagte – »Frieden jenseits allen Verstehens« zu erleben. Du kannst einfach dort ankommen. Aber wir entfernen uns immer weiter von dieser Unschuld, und das gehört zum Spiel. Bis jetzt.

Jetzt hat auf diesem Planeten eine neue Ära begonnen, in der es nicht mehr nötig ist, irgend etwas auf die bisherige Weise "durchmachen" zu müssen. Wir können jetzt sofort und direkt aufwachen!

Wie ich überlebt habe? Während du mich das fragtest, sah ich eine Szene aus meiner Grundschule. Ich saß im Unterricht und hatte sehr schlimme Ohrenschmerzen. Zuerst glaubte mir der Lehrer das nicht, aber ich muß so elend ausgesehen haben, daß er mich schließlich doch nach Hause schickte. Es war früher Nachmittag, als ich mich auf den Heimweg machte. Ich schätze, es waren ungefähr drei Meilen bis zu mir nach Hause. Der Weg führte durch viel offene Landschaft an einer verlassenen Hütte vorbei. Ich lief also diesen Feldweg entlang und war wahrscheinlich etwas benommen von den starken Ohrenschmerzen. Auf einmal sah ich mich auf einem anderen Planeten! Niemand hatte mir je etwas über andere Planeten erzählt. Ich wußte nichts über sie. Der Platz, an dem ich mich plötzlich befand, war wie eine Wüste, und ich wanderte durch diese Wüste, aber meine Füße berührten den Boden nicht wirklich. Ich weiß noch, daß ich das Gefühl hatte, als sei ich nicht wirklich auf diesem seltsamen Planeten, als könnte ich ihn jederzeit wieder verlassen. Ein Teil in mir wollte gerne ganz von der Erde weg, und ein anderer konnte nicht weg.

Ich erinnere mich auch, daß ich immer alles mit Erstaunen betrachtete. Nie war mir etwas selbstverständlich. Das ist heute noch so. Ein Telefon zum Beispiel ist für mich noch immer ein Wunder. Einerseits kann ich den technischen Mechanismus verstehen, andererseits ist es für mich noch immer nicht selbstverständlich, den Hörer abzunehmen und mit jemandem auf der anderen Erdhälfte so zu sprechen, als säße er im Zimmer nebenan. Schon in meiner Kindheit erlebte ich alles auf diese staunende Art.

In meiner Schule, die in einer Arbeitergegend lag, gab es sogannte »Gangs«. Es war recht gefährlich, nicht zu einer Bande zu gehören, aber ich war nie in einer. All das war mir fremd. Ich verbrachte den größten Teil meiner Zeit allein. Viele, viele Meilen lief ich auf Rollschuhen die Straßen entlang. Ab etwa dem dritten Lebensjahr war Singen mein Hauptlebensinhalt. Ich hatte eine sehr hohe, laute und klare Stimme. Wenn ich sang, war ich völlig weg. Heute weiß ich, was »weg sein« heißt, aber damals hatte ich keine Ahnung, was vorging. Ich sang einfach und ging völlig darin auf. Ich sang im Kirchen- und im Nationalchor. Wenn ich sang, war ich blind für alles und jeden um mich herum. In der Tat bekam ich oft zu hören, daß die anderen meinem Gesang folgen müßten. Ich war gewöhnlich der »Chorleiter«. Der Organist folgte mir, weil ich die lauteste Stimme hatte. Gewissermaßen war dies, abgesehen davon, alleine zu sein und in der Natur zu wandern, das einzige, wofür ich lebte.

Neale: Das klingt so, als ob du dich als Kind irgendwie mit einer religiösen oder göttlichen Dimension verbinden konntest.

Paul: Ohne es zu wissen, war die Kirche für mich einer der kraftvollsten Orte. Wann immer ich sang, trug mich der Klang davon, wohl wegen der Intensität des Klangs und des Echos. Inzwischen kann ich mich erinnern, daß ich bereits auf anderen Planeten an ähnlichen Orten Energie auf diese Weise in Bewegung gebracht habe.

Neale: Ich möchte gerne auf die Idee der Eigenverantwortlichkeit zurückkommen. Traditionelle Therapie arbeitet mehr oder weniger an der Auflösung oder am Loslassen kindlicher Traumata. Mir scheint, es gibt nur einen wahren Weg, unsere Traumata zu lösen, nur eine einzige Perspektive: wir haben uns alles *selbst* geschaffen, wir haben uns unsere Eltern und die Situation, in die wir hineingeboren wurden, ausgesucht. Auf diese Weise haben wir die Möglichkeit, von unserer Konditionierung sehr schnell loszukommen. Was sagst du zu dieser Betrachtungsweise? Und wenn du zurückblickst, warum, glaubst du, hast du dir deine Eltern ausgesucht? Warum hast du dir gerade diese Lebensumstände geschaffen? Was hast du für deinen Entwicklungsweg gebraucht?

Paul: Ich glaube, mein Weg war etwas ungewöhnlich. Meine Eltern sind Mitglieder eines »Teams«, das freiwillig hierhergekommen ist, um für mich Sorge zu tragen und sicherzustellen, daß ich möglichst unbeschadet meine maximalen Fähigkeiten entwickeln konnte, obgleich sich meine Eltern an diesen Entschluß nicht erinnern. Insbesondere meine Mutter kam auf die Erde, um für mich zu sorgen. Das tat sie sehr umfassend, sie übertrieb es sogar ein wenig. Sie fühlte, sie hatte da etwas irgendwie Kostbares zu umsorgen. Meine Eltern und ich kamen zusammen, damit dieses System (Paul zeigt auf sich) so unbeschadet und unbeinflußt wie möglich aufwachsen konnte. Und meine Eltern machten das ziemlich gut. Da wir keinen Fernseher, keine Illustrierten und auch keine Bücher hatten und das Radio fast nie eingeschaltet wurde, wuchs ich mit so wenig Konditionierung wie möglich auf. Ich ging nur auf die Grundschule und verließ sie mit vierzehn. Auch deshalb war ich tatsächlich ziemlich unverdorben.

Mit dem, was du über die Idee der Verantwortlichkeit gesagt hast, hast du recht, aber hat beispielsweise deine Mutter diese Idee verstanden? Versteht deine Mutter, daß sie für ihre Eltern und ihre Lebenslage allein verantwortlich war und ist? – Nein!

Wenn wir mit Menschen sprechen, müssen wir das auf eine bestimmte Art und Weise tun, so daß sie selbst beginnen können, ihre Eigenverantwortlichkeit zu sehen. Du, Neale, hast sehr intensiv an dir gearbeitet, und obwohl du dich noch nicht vollständig erinnerst, weißt du auf einer anderen Ebene, wer du bist und zu welchem Zweck du hier bist. Dein ganzes Leben drehte sich nur um das Erwachen. Die überwiegende Mehrzahl der Menschen ist davon weit entfernt, und das ist in Ordnung, denn das war für diesen Planeten so vorgesehen. Es war so gedacht, daß du anfangs absolut wach warst und dann alles zu vergessen hattest, um dir deinen Weg durch alle Bewußtseinsstadien zurück zu dieser Wachheit zu erarbeiten und dabei die dazu nötigen Erfahrungen zu sammeln.

Jetzt aber ist dieses Experiment zu Ende! Wir haben keine Zeit mehr, uns durch diese Schichten hindurchzuarbeiten. Wir haben bisher die Zeit dafür gehabt, aber *jetzt* ist es Zeit, so direkt wie möglich aufzuwachen. Wir müssen jetzt herausfinden, wo wir beginnen können, dies den Menschen klarzumachen. Die meisten Menschen sind sich noch nicht bewußt, daß sie für alles selbst verantwortlich sind. Sie wissen nicht, woher sie kommen. Sie wissen nicht, wohin sie gehen. Wovon wir reden, ist in ihren Augen purer Unsinn. Wir müssen uns also überlegen, wie wir Menschen auf den Weg zu sich selbst bringen können.

Menschen zu therapieren, war hierzu ein Versuch; das Problem dabei ist nur, daß *jede* Therapieart ein Glaubenssystem darstellt, das an sich selbst glaubt. Und in diesem Sinne, indem sie an ihren eigenen Vorstellungen hängt, ist Therapie nicht wahrhaftig. Meist arbeitet lediglich jemand Unbewußtes daran, einem anderen Unbewußten beim Aufwachen zu helfen. Meistens sind die Therapeuten selbst unbewußt, weil, wo immer sie stehen, sie an den Therapieprozeß glauben. Sie haben noch nicht das Stadium erreicht, in dem sie wissen, daß jeder Mensch für sein Leben selbst verantwortlich ist. Wie können sie dieses Bewußtsein erreichen? Wie kann irgend jemand es erreichen? Nun, ich glaube, niemand kann es, wenn nicht irgendwelche Umstände es ihm ermöglichen. Entweder bist du deiner Bewußtheit von Geburt an sehr nahe und ahnst von daher etwas, oder du hast ein Schockerlebnis. Jemand, der dir nahesteht, stirbt, oder vielleicht stirbst du gar beinahe selbst. Oder du machst eine Art spirituelle Erfahrung, möglicherweise durch eine Droge, oder du hast ein spontanes Erlebnis, und plötzlich weißt du, es gibt noch »etwas« anderes.

Die Erfahrung, daß es verschiedene Ebenen von Wirklichkeit gibt, ist ein Gewinn, den LSD vielen Menschen gebracht hat.

Intelligente Menschen haben dann jedoch nicht weiter Drogen genommen. Sie merkten, daß Drogen sie nicht zu wirklicher Bewußtheit führen konnten. Sie hörten auf, sie zu nehmen, und fragten sich statt dessen: »Wie kann ich aus mir heraus zu diesem Bewußtsein gelangen?« Manchmal gelangen Menschen auch durch Langeweile dahin. Sie sind so erfolgreich, und alles läuft für sie so problemlos, daß sie sich schließlich fragen: »Was gibt es noch?« Sie fangen an, Bücher zu lesen, oder sie treffen jemanden, der etwas Besonderes ausstrahlt. Anfangs wollen sie also nur herausfinden, was sie noch erreichen können.

Wenn jemand wirklich total schläft und nicht weiß, daß er schläft, was kannst du da tun? – Nun, der Planet wird etwas tun. Er wird sinngemäß sagen: »Erkenne, du schläfst, und du merkst es nicht. Dies alles hier ist eine Illusion, aber du hast das vergessen. Daher fange ich als dein Lebensraum an, es dir vor Augen zu führen. Dein Leben wird so sein, als ob du einen kräftigen Schluck aus einem Glas getrunken hast, in das dir jemand ohne dein Wissen LSD getan hat. Plötzlich wird das Leben völlig anders sein. Du wirst die Dinge auf völlig andere Weise sehen und erfahren.«

Dann werden die Leute erkennen: »Jetzt ist aber was los hier! Wer weiß mehr darüber?« Und sie werden anfangen, sich umzusehen. Aber solange die Leute schlafen und nicht wissen, daß sie schlafen, verschwende du nicht deine Zeit mit ihnen. Warte auf die Menschen, die anfangen zu erwachen und dich fragen: »Hast du mir irgend etwas zu sagen?« Das sind die Menschen, denen du dich mitteilen kannst.

Neale: Ich würde gern zum Thema Kindheit zurückkommen. Du bist selbst Vater von zwei Töchtern. Was kannst du Eltern jetzt in dieser besonderen Zeit sagen?

Paul: Nun, wenn du noch keine Kinder hast, wäre meine Empfehlung, eher keine zu bekommen. Die Zeit und die Energie dafür sind nicht da. Es könnte gut sein, du brauchst deine Energie, um herauszufinden, wer du bist. Es stellt sich natürlich die Frage, was kannst du tun, wenn du bereits Mutter oder Vater bist?

Neale: Ich meine, du hast einiges anzubieten, wie man Kinder als ganze Wesen in einem noch kleinen menschlichen Körper anerkennt und wie das Potential in jedem Kind erkannt und respektiert werden kann, das in diesem neuen Zeitalter heranwächst. Ich denke an Ryan, deine Tochter, und wie außergewöhnlich sie ist. Ich weiß, sie hatte genau so viele traumatische Erlebnisse wie jedes andere Kind, und doch scheint sie ein besonderes menschliches Wesen zu sein. Es scheint überhaupt, daß die Kinder, die zur Zeit deiner Tochter geboren wurden, irgendwie besonders sind.

Paul: Viele von ihnen ja, aber nicht alle. Erinnere mich daran, und ich werde auch auf die Kinder, die heute geboren werden, noch zu sprechen kommen. Kinder aufzuziehen, ist eigentlich ein Ding der Unmöglichkeit. Ein Kind braucht totale Aufmerksamkeit. Totale! Wenn es geboren wird, hat es seinen Aufwachprozeß gerade erst begonnen. Es braucht also all unsere Aufmerksamkeit. Wir aber haben nicht die Zeit dazu, wir können nicht einmal uns selbst völlige Aufmerksamkeit geben. Wir akzeptieren uns selbst nicht. Wie sollten wir da jemand anderen akzeptieren können? Selbst mit den besten und reinsten Absichten wissen wir nicht, wie wir das anstellen können.

Idealerweise müßtest du folgendes tun: Bei vielen Stämmen in Afrika trägt die Mutter das Kind ständig am Körper. Einige tragen es auf dem Rücken, andere an der Seite und einige vorne. Die Kinder, die vorne getragen werden, sind weniger neurotisch als die, die auf der Seite getragen werden. Die, die auf der Seite getragen werden, sind weniger neurotisch als die, die auf dem Rücken getragen werden.

Wenn ich sage, sie werden vorne getragen, dann meine ich, sie werden *ständig* vorne getragen. Immer! Wenn die Mutter wirklich einmal etwas tun muß, wobei sie das Kind nicht tragen kann, gibt sie das Kind einer anderen Frau. Das Baby hat ständig Körperkontakt, und wann immer es trinken möchte, ist eine Brust verfügbar. Das Baby erlebt keinerlei Einschränkungen. Es scheidet aus, wenn es möchte, es macht alles, was es möchte. Und es wird dabei völlig akzeptiert. Diese Kinder weinen so gut wie nie. Wenn sie anfangen herumzulaufen, lachen sie immerzu, sie lachen und lachen. Nach unserem Lebensstandard haben die

Kinder dort ein sehr hartes Leben, aber sie *sind* ein einziges Lachen, besonders die, die vorne getragen wurden. Sie werden nur heruntergelassen, wenn sie selbst heruntergelassen werden wollen. Dann werden sie zwar beobachtet, aber nie eingeschränkt, nie gestört, sie dürfen tun, was *immer* sie wollen. Wenn sie sich verletzen oder stoßen, lernen sie für sich selbst daraus. Weil ihnen nichts vorgeschrieben wird, können sie alle ihre Erfahrungen machen und in ihr unmittelbares Erleben integrieren.

Dadurch entwickelt sich zwar kein sehr kultiviertes, aber ein sehr sensitives Wesen, ein Kind, das Tiere über viele Meilen hinweg wahrnehmen kann, das Dinge hören kann, die wir nie gehört haben, ein Kind, das Dinge sieht, die wir nie gesehen haben. Es kann einen Fußabdruck oder eine Spur lesen und weiß genau, wann das Tier dort entlangkam. Bei diesen Kindern können sich alle möglichen Fähigkeiten entwickeln, denn nichts hindert sie daran.

Kindern nichts vorzugeben, sie sich erproben zu lassen, fällt uns schwer, aber genau ein Leben ohne Vorgaben braucht ein Kind! Stell dir vor, das Kind nimmt einen Kugelschreiber in die Hand, und weil es dich damit hat zeichnen sehen, will es das auch tun. Natürlich hat es nicht erfaßt, daß du das auf einem Blatt Papier getan hast. Es sieht die Wand als eine große freie Fläche, also malt es auf die Wand. Kinder mögen keine Einschränkungen. Wir aber machen ihnen dauernd Vorschriften, und meistens beschränken wir sie zu Tode. Kinder brauchen Raum, sie brauchen die Freiheit, zu tun, was für sie nötig ist, als Experiment.

Sie lieben es, Dinge *allein* herauszufinden. Alles, was du ihnen beibringst, verhindert bestenfalls einen Lernprozeß. Schlimmstenfalls erzählst du ihnen eine Lüge, weil du eine Lüge übernommen hast und sie einfach weitergibst. Was du ihm mitteilst und worüber du es belehrst, weißt du nicht *wirklich*, denn du hast es nie für dich selbst erfahren. Du hast einfach angenommen, was man dir erzählt hat, was aber nicht deine Wahrheit ist.

Wir konditionieren das Kind ständig mit unseren Konzepten und Lügen. Was wir für die Wahrheit halten, ist gewöhnlich nur, was wir jemand anderem als wahr "abgekauft" haben. Was wir weitergeben ist nicht unsere Wahrheit, weil wir es nicht selbst herausgefunden haben. Es ist nicht wirklich unsere erlebte Erfahrung. Meine Empfehlung ist also: Laß die Kinder in Ruhe, so viel, wie dir das nur irgend möglich ist! Natürlich willst du nicht, daß sie dir das ganze Haus in Unordnung bringen, gib ihnen also einen eigenen Raum, wo sie wie »die Wilden« sein können.

Beim Zusammensein mit Kindern gibt es ein paar Dinge besonders zu beachten. Eines davon ist, Kinder sich nicht ernsthaft verletzen zu lassen. Aber dabei mußt du sehr, sehr bewußt sein. Wenn sie auf einer Mauer entlanglaufen, von der sie sehr tief hinuterfallen können, laß sie das irgendwie *selbst* merken. Hole sie nicht einfach nur herunter, sondern sieh zu, daß die Kinder die Situation selbst wahrnehmen. Wenn nur eine geringe Gefahr besteht, laß sie das selbst herausfinden! Wenn sie mit Kerzen spielen, laß sie spielen. Sei nur da und sei achtsam. Laß sie ihre Finger in die Flamme halten, und sie werden sehr schnell Bescheid wissen. Du brauchst ihnen gar nichts zu erklären. Sie machen eine Erfahrung, die sie brauchen und die sie fortan in ihrem System integriert haben. Wenn sie dich fragen, wer Gott ist oder wo du herkommst, kannst du antworten: »Dies ist, was ich gehört habe. Das ist, wie weit ich selbst bis jetzt mit diesem Thema gekommen bin. Das ist, was ich dazu meine.« Laß den Kindern die Chance, es selbst für sich herauszufinden.

Neale: Ein sehr bekannter Therapeut sagte, daß Kinder keine perfekten Eltern brauchen. Gestern abend sagte Clare, die Mutter deiner Töchter, daß sie und Ryan nun ein Stadium in ihrer Beziehung erreicht haben, in dem sie einander vergeben haben, Mutter und Tochter zu sein.

Paul: Hier sprechen wir wieder über eine andere Ebene, nämlich davon, daß das Kind sich seine Eltern ausgesucht hat, weil es genau durch diese spezielle Erfahrung hindurchzugehen hat. Vorher sagtest du, daß zur jetzigen Zeit besondere Kinder auf die Erde kommen. Auch sie werden zwar in diese Dimension geboren, aber ihre Eltern sind freier und gelöster. Sie wählten diese Eltern, weil sie ihnen mit größerer Wahrscheinlichkeit ermöglichen, sie selbst zu sein.

Aber sieh genau hin, Ryan brauchte eigentlich gar nicht durch all ihre traumatischen Erfahrungen hindurchzugehen. Sie machte diese Erfahrungen durch, weil sie *glaubte*, sie durchmachen zu müssen. Niemand muß heute noch durch irgend etwas hindurch. Es ist möglich, sofort aufzuwachen! Wenn wir von unseren Vorstellungen immer wieder von neuem loslassen, wird alles viel leichter und fließender. Zur Zeit werden viele außergewöhnliche Wesen geboren. Viele kommen hierher, weil dies der »heißeste« Platz im ganzen Universum ist, dies ist der spannendste Platz. Sterne verglühen, neue Sterne entstehen, und es gibt Sterne, die explodieren und auf denen es sehr dramatisch zugeht, aber hier auf der Erde gibt es eine Explosion des Bewußtseins! Dieser Planet ist dabei, aus seinem primitiven Zustand herauszuplatzen in einen erhabenen. Dies ist eine sehr aufregende Zeit. Es sind viele Wesen hier, um zu beobachten und dabeizusein, aber du kannst sie nicht sehen. Andere Wesen sagen: »Ich möchte das wirklich miterleben. Diesmal nehme ich mir einen Körper.« Also schauen sie sich nach Eltern um, die sich von ihrem Bewußtsein her schon ein wenig vorbereitet haben. Eltern und Kind ziehen sich dann gegenseitig an. So werden die Kinder in ihrem Wachstum so wenig wie möglich behindert. Und viele andere Wesen, mit oder ohne physischen Körper, sind nur hier, um in dieser Zeit zu helfen. Einige von ihnen haben sich gesagt: »Wenn du nur als gechanneltes Wesen oder als Energie anwesend bist, kannst du nur begrenzt bei dem Wandlungsprozeß helfen. Wenn du dem Planeten wirklich helfen möchtest, mußt du in eines dieser "Dinger", in so einen Körper, hinein. Dann beginnst du Erfahrungen, zu machen, die leichter vermittelt werden können.«

Einerseits kannst du in einem Körper effektiver wirken, aber andererseits wird dir auf eigenartige Weise nicht diese Aufmerksamkeit zuteil. Die Menschen lassen sich lieber etwas von jemandem, der »channelt«, sagen, denn sie schenken dem Gechannelten sehr große Bedeutung. Sie sagen: »Das ist etwas Magisches. Da kommt etwas aus einer höheren Dimension. Also muß es wahr sein.« Aber es ist viel weniger wahrscheinlich, daß sie die gechannelte Botschaft für sich wirklich umsetzen können, wie wenn sie Entsprechendes durch jemanden mitgeteilt bekommen, der diese Bewußtheit in sich selbst verwirklicht hat und den sie auch physisch erleben können.

Drittes Kapitel

SEXUALITÄT

Es interviewt Lady Neale Chohan

Neale: Du bist der einzige Mensch, von dem ich annehme, daß er seine Sexualität total erforscht hat. Du bist in Regionen vorgestoßen, vor denen die meisten Menschen Angst haben. Du hast Bereiche betreten, in die sich die meisten nicht einmal gedanklich hineinwagen. Es scheint, daß sich jetzt für dich das Thema Sexualität erledigt hat. Kannst du etwas zu dem Prozeß des Total-Seins mit Sexualität sagen und wie es ist, durch sie durchzukommen?

Paul: Interessant ist, daß du von »durchkommen« sprichst. Du betrachtest die Sexualität auf eine Weise, auf die sie von den meisten Menschen nicht gesehen wird. Die meisten Menschen wollen gar nicht »durchkommen«, denn wenn sie mit ihrer Sexualität fertig sind, haben sie nicht mehr viel, für das es sich zu leben lohnt. Dessen sind sie sich nicht bewußt, aber indem sie entweder ihre Sexualität leben oder indem sie – meist insgeheim – die Gelegenheiten hierzu suchen, haben sie einen Grund zu leben. Egal, ob sie ihre Sexualität ausgelebt oder unterdrückt haben, etwas in ihnen meint, daß eines Tages die Sexualität vorbei und daß dann ihr Leben nicht mehr so recht lebenswert sei. Und in gewisser Weise stimmt das. Wenn du mit der Reproduktion aufhörst, bist du in der Tierwelt nichts mehr wert, und dieses Muster haben auch wir Menschen in uns.

Ich sehe in der Unklarheit über das Phänomen Sexualität den Hauptgrund für das Leiden auf der Erde.

Fast alle Gewalt hat ihre Ursache in der Sexualität. Gewalt hat fast immer mit sexueller Unterdrückung zu tun, die auf diesem Planeten noch immer auf allen Ebenen praktiziert wird. Dabei spielt es keine Rolle, ob die Sexualität promiskuitiv ausgelebt oder ob sie unterdrückt wird. Der entscheidende Punkt ist, daß kein *natürlicher* Umgang mit Sexualität stattfindet. Wie es genau dazu kam, ist mir schleierhaft. Ich bin kein Historiker. Aber es sieht so aus, als sei uns auch in bezug auf unsere Sexualität nicht gestattet worden, wir selbst zu sein. Vielleicht fing die ganze Unterdrückung damit an, daß irgend jemand irgendwann begonnen hat, sich ein bißchen für seine sexuelle Lust zu schämen. Oder jemand hat herausgefunden, daß er, wenn Sexualität unterdrückt wird, andere Menschen kontrollieren kann, weil diese sich dann für ihr sexuelles Phantasieren und Tun schuldig fühlen – denn die menschliche Sexualität läßt sich nicht *wirklich* unterdrücken. Du kannst die sexuelle Handlung unterdrücken, aber nicht die sexuelle Energie.

Unsere Sexualität ist eine Tatsache. Wir alle werden mit dieser Energie geboren. Der Mann wird angeblich mit mehr geboren als die Frau, aber das ist nicht wahr. Nur ist das sexuelle Verlangen beim männlichen Geschlecht offensichtlicher als beim weiblichen. Die Sexualität hat für beide die gleiche Bedeutung, denn sie stellt eine absolute Kraft dar. Frauen erleben die Sexualität allerdings etwas anders als Männer.

Bei einem Jungen beginnt in einem bestimmten Alter die sexuelle Energie aufzusteigen. Er kann nichts dagegen machen. Sie steigt mit solcher Macht in ihm auf, daß sein ganzes Erleben durch sie gefärbt wird. Gleichgültig, was er sieht, denkt oder womit er sich beschäftigt, das sexuelle Verlangen ist in seinen Träumen, es ist tagsüber fast ständig in seinen Gedanken. Was immer er sieht, diese sexuelle Energie ist da. Diese Energie sagt nicht: »Liebe!« oder: »Heirate!«, sie sagt: »Tu's!«, tu es einfach, wie es ein Hase oder ein Pferd macht. Im Grunde ist die Sexualität eine animalische Energie, und wir versuchen, sie zu unterdrücken. Ich meine, wenn wir intelligent genug wären, um das Wesen der Sexualität zu erfassen, also ein erleuchtetes Bewußtsein von ihr hätten, wüßten wir, mit dieser Energie umzugehen. Wenn wir wirklich wach und intelligent mit ihr umgingen, könnten wir sie in andere Kanäle leiten, was für unsere Entwicklung sehr hilfreich wäre.

Aber wir lassen uns Schuldgefühle anerziehen, und das führt zur Unterdrückung unserer Sexualität. Diese und jede andere unterdrückte Energie, die nicht fließen durfte, führt schließlich zu Krebs oder Herzinfarkt oder sonst einer tödlichen Krankheit. Häufig wird bestritten, daß dem so ist: »Ich kenne einige Leute, die haben ihre Sexualität ihr ganzes Leben lang ausgelebt und...« Aber sie haben ihre Sexualität eben nicht ihr ganzes Leben lang *wirklich* ausgelebt! Sie haben Sex ausgeübt, aber sie haben sich nie die *totale* Erlaubnis dazu gegeben. Wenn wir uns wirklich völlige Erlaubnis zum Erleben dieser Energie geben, werden wir nicht gewalttätig, wütend, verletzend und krank. Die Energie wird uns einfach durchströmen und uns zu unserem Gott-Sein führen. Dazu ist die Sexualität eigentlich da! Die Unterdrückung der sexuellen Energie ist wahrscheinlich die Hauptursache für die meisten Probleme und Nöte auf der Erde.

Neale: Kannst du ein wenig über deine eigenen sexuellen Erfahrungen sprechen, von deiner Jugend bis heute? Das ist sicherlich ein großes Thema. Wie hast du gelernt, mit dieser Energie umzugehen? Wie konntest du dir die totale Erlaubnis geben?

Paul: Ich erinnere mich daran, wie diese Energie in mir hochstieg und ich nicht recht wußte, was es mit ihr auf sich hatte, denn über Sexualität wurde nicht gesprochen. Zeichnungen an den Wänden der Schultoilette waren das einzige, was ich kannte. Von der weiblichen Sexualität hatte ich keine Ahnung. Ich hatte auf sexuellem Gebiet von nichts eine Ahnung! Niemand sprach mit mir über Sexualität, niemand erklärte mir irgend etwas. An meiner Schule gab es keinen Sexualkundeunterricht, und unter uns Schülern kursierten nur schmutzige Geschichten. Nun, diese Energie wurde in mir immer stärker, und irgendwie kam ich zu der Überzeugung, daß mein sexuelles Verlangen und ganz allgemein die sexuelle Energie nichts Gutes waren, sondern etwas, das man nicht haben sollte.

Eines Tages geschah etwas sehr Ulkiges. Mein Vater gab mir sehr verlegen ein Buch, das aussah, als stamme es aus einer uralten Bücherei. Alle Seiten waren vergilbt, und das Buch löste sich bereits in seine Bestandteile auf. Es muß von Generation zu Generation weitergereicht worden sein. In diesem Buch stand tatsächlich geschrieben, daß man vom Masturbieren blind würde! Und da ich zu jener Zeit täglich masturbierte, erwog ich bereits, mir einen weißen Blindenstock anzufertigen. Diese sexuelle Energie brodelte also in mir, und ich durfte nichts mit ihr anfangen. Sie war falsch und schlecht und führte zu nichts Gutem.

Da ich diese Energie eigentlich nicht haben durfte, begann ich, Fahrrad zu fahren. Ich radelte monatlich etwa tausend Meilen, buchstäblich bis zum Umfallen. Ich verbrannte diese Energie, wo immer ich konnte. Ich heiratete erst mit 23 und hatte bis dahin keine sexuelle Begegnung gehabt. Dann fand ich heraus, daß die Frau, die ich geheiratet hatte, Sex nicht besonders mochte. Und so brannte und brannte diese Energie weiter in mir. Ich war sehr verschämt und schüchtern und gleichzeitig so voller Energie. Ich wollte die Frauen nicht verärgern und mir mein sexuelles Interesse an ihnen möglichst nicht anmerken lassen, denn ich war überzeugt, daß Frauen keinen Sex wollen und ihn als Last empfinden. Ich hatte den Eindruck, ihnen etwas aufzudrängen – also ging ich Frauen aus dem Weg. Die Energie blieb aber so stark, daß ich sie unentwegt mit aller Kraft unterdrücken mußte und auf jede nur mögliche Art zurückzuhalten versuchte. Ich tat das über Jahre hinweg, während in mir ein mächtiges Feuer brannte.

Eines Tages kam ich dann zu dem Schluß, daß ich diesen Zustand nicht länger aushalten konnte. Ich glaubte tatsächlich, ich würde verrückt. Ich sah, wie diese Energie sich an anderen Stellen Luft machte und alles aus dem Gleichgewicht warf. Also sagte ich mir: »Ich muß sie leben.« Wie ich genau zu dem Punkt kam, mir diese Erlaubnis zu geben, weiß ich nicht mehr. Jedenfalls fragte ich von da an jede Frau, zu der ich mich hingezogen fühlte, ob sie mit mir ins Bett gehen wolle. Manchmal war ich entsetzlich verlegen, und oft konnte ich sie nicht einmal fragen, so sehr zitterte ich. Zu meiner Überraschung antworteten viele Frauen mit ja. Also begann ich endlich, meine Sexualität zu leben, wieder und immer wieder. Es schien, als würde es da kein Ende geben. Was ich an den jetzt nicht mehr unterdrückten Gefühlen nicht mochte, war, daß ich eine Frau nicht in ihrem Wesen sehen konnte. Sie war etwas, woran ich diese Energie entladen konnte. Ich empfand zwar Fürsorge und auch Liebe zu diesen Frauen, aber da war auch diese sehr starke animalische Energie, die einfach stärker war.

Viele schöne Dinge geschahen, doch da war auch immer etwas Unschönes. Es war, als *müßte* ich diese sexuelle Lust leben. Und wenn ich es nicht tat, unterdrückte ich sie und hielt sie zurück. Das machte das Ganze unschön. Und es sah so aus, als würde sich das niemals ändern. Inzwischen war mir klar geworden, daß ich für etwas anderes auf diesen Planeten gekommen war, als mich nur mit dieser Energie zu befassen. Aber auf eine merkwürdige Art und Weise beherrschte die Sexualität mein ganzes Leben. Ich entsinne mich, daß ich an einen Punkt kam, an dem ich dachte, ich würde niemals in der Lage sein, irgend etwas anderes zu tun, als mich mit dieser Energie abzugeben. So beschloß ich, mich so total wie irgend möglich auf diese Energie einzulassen.

Mit dieser Entscheidung begann sich meine Sexualität zu verändern. Ich stellte fest, daß ich nun nicht mehr versuchte, *durchzukommen* oder meine Sexualität zu überwinden, sondern ich ging einfach voll in sie hinein. Ich wußte nicht, ob es überhaupt einen Weg durch sie hindurch gab. Ich ging also in sie hinein um des Hineingehens willen und nicht um des Durchkommens willen. Und da veränderte sich meine Sexualität. Sie veränderte sich in ihrem Rhythmus und Verlauf. Mein sexuelles Verlangen wurde langsamer und schöner und weniger triebhaft. Es gab Zeiten, wo das Verlangen ganz verschwand und keinerlei sexueller Trieb vorhanden war.

Ich erinnere mich, daß das eine sehr schöne Zeit in meinem Leben war, und als sie vorbeiging, fühlte ich eine gewisse Traurigkeit. Meine Sexualität war zu einem Vergnügen geworden, weil ich die Wahl hatte. Nun konnte ich auch dem Wesen der Frauen begegnen, weil ich nichts mehr brauchte. Ich konnte die Frauen einfach wahrnehmen als die, die sie waren, ohne irgend etwas zu wollen oder etwas tun zu müssen. Doch auch diese Phase ging vorüber, und diese starke Energie kam zurück. Inzwischen hatte ich aber gelernt, einfach ja zu ihr zu sagen und für diese Energie verfügbar zu sein. Und die Energie wurde immer sanfter, liebevoller, fürsorglicher und immer weniger körperlich, bis sie sich einfach aufzulösen begann. Die Energie hatte sich auf andere Weise verkörpert. Ich bemerkte, daß ich jetzt liebevoller war und die Menschen wirklich liebte. Es schien, als hätte die Liebe neben der Leidenschaft keinen Platz gehabt, und daher war immer eine Spannung dabeigewesen.

Als sich dieses Spannungsverhältnis nun auflöste, geschah

noch etwas anderes. Und das klingt vielleicht etwas entmutigend für diejenigen, die sozusagen auf der anderen Seite dieser Energie sind. Ich fühlte mich wie in einer Art Raumanzug für die Erde, einem »Erdenanzug«. Es gab mich und zugleich jemanden, der den Erdenanzug beobachtete. Wenn ich die Hand von jemandem hielt, war es, als hielten zwei Erdenanzüge sich an den Händen und nicht zwei Wesen, zwei Menschen. Einen anderen Menschen zu berühren, ist etwas Wunderbares, aber zugleich gibt es eine gewisse Derbheit und Roheit der sich berührenden materiellen Körper. Solange der sexuelle Austausch zwischen zwei Menschen nur auf dieser Ebene stattfindet, hält sie dies von dem unendlichen Reichtum der Begegnung ihrer inneren Räume ab. Auf der Ebene der körperlosen Begegnung erleben wir uns als zwei, die wirklich zu *Einem* werden. Zwei »Nichtse« werden zu einem »Nichts«. Ich sehe dies als die Grundlage einer jeden religiösen Erfahrung an. Das Tabu gegen den *ausschließlich* körperlichen Sex also hat einen wahren Kern, aber es wurde pervertiert und verzerrt. Solange wir süchtig nach Sex sind – und ich sage nicht, daß dies etwas ist, was wir willentlich tun, denn es handelt sich hier um eine natürliche Sehn-Sucht –, haben wir so gut wie keine Energie mehr für diese *wirkliche* Vereinigung übrig. Anstatt dem Raum zu geben, versuchen die meisten Menschen ständig, aufgrund von gesellschaftlichen Konventionen, einschlägigen Schuldgefühlen, »heiligen« Lehren und spirituellen Ansprüchen, ihre Sexualität durch Unterdrückung zu überwinden.

Zu einem bestimmten Zeitpunkt dachte ich, mit meinem Leben nichts anderes anfangen zu können, als ausschließlich zu versuchen, mit dieser Energie klarzukommen. Wenn auch du mit dieser Energie *wirklich* klarkommen möchtest, empfehle ich dir: versuche nicht, diese Energie zu überwinden, sondern verliere dich völlig in ihr, gehe in sie hinein, sei total in ihr, dann kann etwas Neues geschehen. Wenn du völlig wertfrei und ohne zu urteilen in die Sexualität hineingehst, gelangst du zu einer ganz neuen Erfahrung. Gehe also nicht in die Sexualität hinein, um durch sie hindurchzukommen, denn das würde bedeuten, daß du noch immer Urteile über Sexualität hast.

Neale: Was du erzählst, berührt mich geradezu schmerzlich. Da existiert in jedem von uns ein wunderschönes Wesen, das Sklave einer Energie wird, mit der nicht natürlich umgegangen wird. Ich kann nachvollziehen, daß du, indem du dich dieser Energie hingabst, deinen eigenen Weg durch sie hindurch nach Hause gefunden hast. Das völlige bedingungslose Einlassen in die Sexualität scheint das Entscheidende an deinem Entwicklungsprozeß gewesen zu sein. Die Hingebung an diese Energie, dieses völlige Dich-ihr-Anvertrauen führte dich nach Hause.

Paul: In meinem augenblicklichen Prozeß weiß ich noch nicht einmal, ob es ein Zuhause überhaupt gibt. »Zuhause«, das ist nur eine Vorstellung, und vielleicht hast du ab und zu einen kleinen Schimmer davon, was es heißt, *wirklich* zuhause zu sein. Ich hatte diese zarte Ahnungen, und zuhause bedeutete mir etwas, aber im Augenblick hat es keine Bedeutung für mich. Ich weiß nicht mehr, was zuhause ist.

Als du gerade sprachst, sah ich, daß die sexuelle Energie für den Körper, der ja eine Art Maschine ist, absolut natürlich ist. Sie gehört nicht zum Wesen der höheren Schwingungsebenen, aber sie muß mit einbezogen werden. Da wir nun einmal beschlossen haben, auf diesen Planeten zu kommen und diese körperliche Form anzunehmen, können wir dieser Energie nicht aus dem Weg gehen. Zwar sind einige Menschen mit einer so hohen Vibration geboren, daß die sexuelle Energie für sie kein Problem darstellt, aber diese Energie muß dennoch mit einbezogen werden. Nichts kann ausgeschlossen werden! Jede neue Schwingungs- oder Bewußtseinsebene, die erreicht wird, schließt alle bisherigen mit ein. Wenn die Hauptschwingung eine neue Ebene erreicht, wird auch die sexuelle Energie transformiert, aber sie existiert nach wie vor.

Zwischen dir und mir fühle ich diese hohe Schwingung. Ich liebe dich und fühle mich von dir angezogen, aber es handelt sich um keine sexuelle Anziehung, um nichts Körperliches. Es ist dein Strahlen, dein inneres Leuchten und deine Schönheit, der du dir selbst wahrscheinlich nur selten bewußt bist, die mich anzieht.

Diese Schwingung zwischen uns ist einfach schön und wunderbar. Eine Verbindung ist da, aber sie kann nicht mehr sexuell sein, weil die Sexualität auf dieser Ebene an Bedeutung verloren hat. Das sexuelle Gefühl weicht vor dieser Schönheit zurück. Dieses Empfinden ist das genaue Gegenteil von dem Gefühl, sexuell angezogen zu sein. Bei diesem Empfinden möchten sich zwei Wesen einfach nur ineinander auflösen.

Es gab eine Zeit, da fühlte ich mich sehr unbehaglich. Damals fühlte ich eine Anziehung zu dir und wollte mit dir zusammen sein, aber wenn wir dann zusammenkamen, wußte ich nicht, was ich tun sollte, denn etwas Animalisches war noch da. Etwas Sexuelles war noch immer in mir, und es wollte sexuell mit dir zusammensein. Aber wenn wir dann sexuell zusammen waren, war das völlig unangemessen. Ich war ratlos. Ich steckte in einer Übergangsphase, und das ist sehr unangenehm, weil du dann einen Fuß auf jeder Seite hast, und dann ist keine Seite vollständig und keine funktioniert richtig. Und ich kann es nur immer wieder betonen: Was auch geschieht, es ist heilsam, immer vollkommen präsent und so wach wie möglich zu sein. Und was ich aus meiner eigenen Erfahrung heraus auch wieder und wieder sage: Wenn du auch nur im geringsten im Zweifel darüber bist, ob du mit jemandem näher zusammensein möchtest oder nicht, sei mit ihm! Benutze nicht deinen Verstand, um etwas zu vermeiden. Habe einfach den Mut, deiner Energie zu folgen, selbst wenn sie sich schon abschwächt. Wenn du das tust, wird sie sich verwandeln, wenn nicht, geschieht keine Transformation. Du kannst dieses Gefühl unterdrücken, du kannst es verdrängen, du glaubst es wegstecken zu können, aber es wird zurückkommen. Es wird in deinen Träumen wiederkehren. Es wird an dem Tag zurückkommen, an dem deine Abwehrkräfte nicht mehr stark genug sind, es zu unterdrücken.

Genau das geschieht mit vielen Menschen, wenn sie alt werden. Sie haben sexuelle Gefühle und Bedürfnisse unterdrückt und unterdrückt, und irgendwie wurde Sex für sie »bedeutungslos«, aber nur, weil sie ihre sexuelle Energie zurückgehalten hatten. Dann werden diese Menschen alt und haben nicht mehr länger die Kraft dazu. Also beginnt die sexuelle Energie in ihnen hochzusteigen, und zwar zu einem völlig unangebrachten Zeitpunkt, denn jetzt sind sie körperlich nicht mehr dazu in der Lage. So sind sie in der unangenehmen Situation, sexuelle Bedürfnisse zu haben, die nicht mehr befriedigt werden können. Und das kann sehr krank machen. Du kannst die sexuelle Energie nicht unterdrücken, und du kannst sie auch nicht festhalten. Sie wird immer wieder hochkommen und sich einen Weg bahnen.

Neale: Ich habe zwei Fragen bezüglich der sexuellen Energie und dem ihr Nachgeben, gleichgültig wo und wie immer sie entfacht wird. Wie kann ich ein Gleichgewicht finden zwischen sogenannter Promiskuität auf der einen und dem Verbergen sexueller Gefühle auf der anderen Seite und zugleich dem Bedürfnis nach der Geborgenheit einer Zweierbeziehung? Wo können wir die Balance finden zwischen dem Abenteuer der Erkundung unserer Sexualität und dem Erreichen echter Intimität? Wo ist da die Verbindung?

Paul: Beziehungen sind das Zweitdestruktivste auf diesem Planeten – an erster Stelle steht die Unterdrückung der Sexualität. Beziehungen bringen diesen Planeten um, weil sie Beziehungen des Verstandes und nicht der Energie sind. Möglicherweise gibt es einen natürlichen Rhythmus von etwa vier Jahren in uns, mit jemandem zusammenzubleiben. Das hat wahrscheinlich mit dem Kinderkriegen zu tun. Bleibst du mit jemandem zusammen, bis das Kind etwa vier Jahre alt ist, dann kann die Mutter mit dem Kind leichter alleine leben. Wir sind nicht ehrlich. Wenn ihr alle ehrlich auf eure Beziehungen zurückblickt, werdet ihr herausfinden, daß ihr nie dann gegangen seid, wenn die Beziehung im Grunde vorbei war. Ihr habt festgehalten und eure Beziehungen noch mehr heruntergewirtschaftet, oft über Jahre hinweg. Manche sind über fünfzig Jahre lang verheiratet, und ihre Beziehung war eigentlich schon nach zwei Jahren vorbei. Diese Menschen hatten nicht den Mut aufgebracht, sich von ihrem Partner zu trennen.

Wir haben nicht den Mut, ehrlich mit uns selbst zu sein und uns einzugestehen, wenn eine Beziehung vorbei ist.

Es gibt Entwicklungsstufen in einer Beziehung, und wenn du ihnen folgst, entwickelst du dich weiter. Wenn nicht, kannst du nicht wachsen. Die erste Beziehung findet meist im Teenageralter statt, wenn die Energie noch sehr flatterhaft ist und es relativ egal ist, mit wem du zusammen bist. Du verknallst dich in jemand, »für immer und ewig« – und dieses Gefühl kann drei oder vier Tage oder vielleicht drei oder vier Wochen lang anhalten. Die

Energie nimmt dich total in Anspruch, und dann ist es vorbei. So und nicht anders sollte es immer sein! Beziehungen sind lediglich als Experiment gemeint, als ein energetisches Sichverbinden und wieder Lösen. Lernt euch kennen, nehmt euch wahr und geht weiter und weiter.

Wenn wir dann in uns hineinhorchen, werden wir wahrnehmen, daß Beziehungen nicht mehr so bedeutsam sind. Vielleicht gilt es dann, mit jemandem für eine längere Zeit zusammenzusein und mit ihm zu leben, aber nicht für immer und nicht, um zu heiraten oder all diesen unbewußten Unsinn weiterzupraktizieren. Es geht darum, zusammenzukommen und zu entdecken, was es bedeutet, ein Mann oder eine Frau zu sein, und wie es ist, mit jemandem auf engem Raum zusammenzuleben. Du brauchst diese Erfahrung, aber du darfst nicht an ihr festhalten. Du mußt auch in unpassende Beziehungen geraten, um zu lernen, wer zu dir paßt, was für deine Entwicklung hilfreich ist und was nicht. Du mußt experimentieren und dann loslassen. Dann erlebst du schließlich eine Beziehung, in der eine andere Ebene erreicht wird, wo ihr euch tiefer begegnet, aber du solltest auch dann noch mit anderen Menschen zusammensein. Du brauchst diese Erfahrungen auf den verschiedenen Ebenen, mit verschiedenen Menschen, und jeder muß auch durch die Eifersucht hindurch. Du mußt die ganze Häßlichkeit deiner Eifersucht kennenlernen. Dann löst du dich auch von ihr.

Geh weiterhin durch alle Stufen und Arten von Beziehungen, halte nie fest, sei rückhaltlos ehrlich, gestehe dir ein, wenn eine Beziehung vorbei ist, und laß dann los. Wenn du auf diese Art und Weise immer weitergehst, erreichst du ein Stadium, in dem du keine Beziehung mehr brauchst, weil du so erfüllt bist und vollständig in dir selbst ruhst. Du suchst niemanden mehr zum Anlehnen oder jemanden, der den unerfüllten Teil in dir ausfüllen soll. Du bist vollständig, du bist eine Einheit geworden. Wenn du nun jemanden triffst, der genauso weit ist, kann etwas Wunderschönes geschehen.

Die meisten Beziehungen sind zu neunzig Prozent unschön. Entweder weil die Partner gegeneinander kämpfen oder weil sie sich zurückhalten und sich nicht die Wahrheit sagen. Die meisten Menschen haben einfach nicht den Mut, in einer Beziehung sie selbst zu sein.

Neale: Was wäre, wenn sich die Menschen in ihren Beziehungen tatsächlich die Wahrheit sagen würden?

Paul: Zunächst würde ein wundervolles Chaos herrschen. All die Lügen kämen ans Licht. Die Leute würden durchdrehen und mit Tellern um sich werfen oder Fensterscheiben einschlagen, einfach um sich abzureagieren. Es wäre gut, wenn dann jemand dabei wäre, der sagt: »Schau dir an, was passiert. Sieh, wie deine ganze Welt zusammenbricht, weil du die Kontrolle aufgegeben hast. Laß uns jetzt herausfinden, wer du wirklich bist.«

Stell dir einmal vor, du als Frau gehst auf eine Party und triffst dort deine Chefin. Sie hat ihren Mann dabei, und der ist sehr attraktiv. Du erlaubst dir wahrscheinlich noch nicht einmal, daran zu *denken*, dich zu ihm hingezogen zu fühlen, denn seine Frau ist ja deine Chefin. Wenn du dir etwas anmerken läßt, wird sie dir mit ziemlicher Sicherheit Schwierigkeiten bereiten. Du unterdrückst also deine Gefühle und deine Wahrheit. Das ist es, was dich krank macht und eines Tages umbringt! Wenn du du selbst sein würdest, gingst du einfach zu dem Mann und sagtest: »Ich finde dich attraktiv.« Dann wäre auch was los zwischen deiner Chefin und ihrem Mann. Auch ihre Wahrheit könnte ans Licht kommen!

Wenn du zu einer Party gehst, siehst du nichts als Lügen, Lügen über Lügen. All diese Lügen sind Gift. Lügen vergiften die Menschen, sie vergiften alles um sie herum, sie vergiften den Planeten. Es ist zwar schwer zu verstehen, aber sie vergiften das Wasser, die Luft, die Erde. Es sind *unsere* Lügen, die alles vergiften! Wir machen für die Umweltverschmutzung die Industrie oder die Abgase verantwortlich, aber sie sind es nicht, es sind unsere Lügen. Wenn wir nicht lügen würden, würden wir auch nichts verunreinigen, würden wir in Wahrheit leben. Wenn wir den Partyraum in Wahrhaftigkeit beträten, gäbe es eine Explosion weißen Lichts. Vieles würde in Stücke gehen, aber das würde Heilung bedeuten. Wir würden anfangen, uns ehrlich zu begegnen und unsere Konditionierungen in Frage zu stellen.

Wir tun das jedoch nicht, weil wir Menschen ein sehr starkes System haben, das nur aufs Überleben ausgerichtet ist.

Und wie überlebst du? – Nun, eine Frau überlebt dann, wenn sie einen Mann hat, der sie beschützt. Und wie überlebt ein

Mann? – Er überlebt, wenn er eine Frau zu versorgen hat und sie wiederum ihn versorgt. Wir versuchen alle, dadurch zu überleben, indem wir uns an etwas oder jemandem festhalten. Das ist völlig unnötig! Wir werden überleben, wenn wir loslassen. Dann werden wir nicht nur »über-leben«, sondern wir werden wachsen und im Licht leben. Aber das Loslassen erfordert großen Mut. Wenn du anfängst loszulassen, die Wahrheit zu sagen, du selbst zu sein, wird sich dein Leben völlig verändern. Es wird ein gewisses Maß an Chaos um dich herum geben, aber du wirst dich allmählich zu dem lichtvollen Wesen entwickeln, das du bist.

Neale: Die Welt wäre sicher ein völlig anderer Ort, wenn wir anfingen, auf dieser Bewußtseinsebene zu leben.

Paul: Nun, du hast es hier ein Stück weit während des Sechs-Monate-Projekts erlebt. Eine Beziehung nach der anderen, eine Lüge nach der anderen kamen ans Licht. Wir haben erlebt, wie die Lügen mit den Beziehungen verstrickt waren. Partnerschaften und zwischenmenschliche Beziehungen sahen aus, als ob sie sich auf Liebe gründeten, aber oft beruhten sie fast vollständig auf Lügen. Der erlaubte und freie Umgang mit Sexualität verwirrte zudem alles noch mehr. Wir sagten zueinander: »Hör auf, an irgend etwas festzuhalten, und sage die Wahrheit!« Und die Wahrheit kam ans Licht: »Ich mag dich nicht, wenn du dies tust. Ich mag dich nicht, wenn du jenes tust. Hiervon fühle ich mich angezogen, davon fühle ich mich abgestoßen.« Alles löste sich auf, und es entstand das absolute Chaos. Inzwischen haben die meisten Beziehungen wieder zusammengefunden, aber auf völlig andere Weise. Diejenigen, die sich echt zueinander hingezogen fühlen, sind wieder zusammen, aber sie kamen in Licht und Wahrheit zusammen. Die unechten, falschen Beziehungen haben sich aufgelöst. Dadurch, daß Menschen ermutigt und dabei unterstützt wurden, von ihrer bisherigen Lebensweise loszulassen, ist etwas sehr Schönes geschehen.

Neale: Eine andere Frage zur Sexualität: Es gibt viele verschiedene spirituelle Lehren und Traditionen, die unter die Bezeichnung »Tantra« fallen. Wie siehst du die Funktion des Tantras, das für gewöhnlich die Transformation sexueller Energie bedeutet?

Paul: Alle tantrischen Schulen, die ich kennengelernt habe, bieten nur die Möglichkeit, eine Ahnung davon zu bekommen, was du mit der Sexualität »machen« kannst, um sie dann unter Kontrolle zu bringen. Auf gewisse Weise ist Tantra sogar schädlich, weil dich die kontrollierte Energie nirgendwo hinführt. Zuerst mußt du zur sexuellen Energie als solcher ja sagen. Ich kenne die Einzelheiten nicht, aber ich vermute, daß in den alten tantrischen Schulen die Schüler ein jahrelanges Training durchlaufen mußten, um ein Stadium zu erreichen, das sie befähigte, diese Techniken richtig anzuwenden. Die tantrischen Techniken an sich sind nur eine Form der Unterdrückung.

Die sexuelle Energie ist eine unglaublich starke Energie und kann durchaus zur Transformation verwendet werden, falls sie sanft in andere Richtungen kanalisiert wird. Aber um das auf dem tantrischen Weg zu erreichen, braucht es einen Meister oder eine Meisterin und jahrelanges Training.

Während der sechs Monate hier ist für viele auch eine Transformation der sexuellen Energie geschehen, ohne Training, ohne Techniken, ohne Anleitung. Die einzige Empfehlung war: »Wenn du im Zweifel bist, ob du mit jemandem sexuell zusammenkommen möchtest, tu es und tu es einfach immer wieder.« Wenn du das machst, findet der animalische Kanal seine Befriedigung und hat schließlich seine Aufgabe erfüllt, und alles beruhigt sich. Tantra *geschieht* hier für viele Menschen, aber wir nennen es nicht Tantra, und die meisten wissen noch nicht einmal, daß das Tantra ist.

Was geschieht eigentlich beim Tantra? – Wenn die sexuelle Energie aufsteigt und sich ausdehnen möchte, braucht sie nicht in diesen animalischen Zustand zu kommen. Sie bleibt einfach, wie sie ist, sehr sanft und liebevoll. Im animalischen Zustand baut sich eine Spannung auf, die sich steigert und steigert und schließlich explodiert. Und das hat mit Fortpflanzung zu tun. In diesem anderen Energiezustand geschieht dies nicht. Die Energie bleibt sanft und führt auch zu einer Art Orgasmus, aber nicht durch Spannung. Die Energie steigt ganz andere Kanäle hinauf. Sie steigt sehr weich und sanft hinauf und dehnt sich aus. Es gibt keinen Höhepunkt, weil sich eine kontinuierliche Höhe einstellt. Das geschieht auf ganz natürliche Weise und ist daher sehr schön. Viele empfinden, daß ein Orgasmus sie herunterzieht, er bläst nur etwas Energie weg und vergeudet sie. Hingegen ist das sehr sanfte Verharren in diesem Empfinden wie ein fortgesetzter Orgasmus, denn du erlebst einen kontinuierlichen wundervollen Energiestrom. Du kannst dich dann in diesem Zustand von deinem Partner lösen oder auch in Verbindung mit ihm einfach einschlafen. Eine Entladung ist unnötig. Das ist Tantra. Tantra führt die Energie in anderen Energiekanälen hinauf, so daß auf diesem Wege – ganz nebenbei – die Chakren sanft geöffnet werden.

Neale: Was du beschreibst, ist so völlig anders als die Art Sexualität, die gewöhnlich in Frauenmagazinen beschrieben wird, wo viel mehr Wert auf die Suche nach dem Orgasmus und auf gewisse Arten physischen Wohlergehens gelegt wird. Mir scheint, was wir hier entdecken, ist etwas völlig anderes. Es ist nichts Dramatisches, und doch handelt es sich um etwas sehr Feines und Subtiles, was in anderen Arten von Sexualität nicht vorkommt. Was du sagst, hat sehr viel mit dem Weg der Bewußtheit, dem Weg der Entspannung, dem Weg der Sensitivität zu tun. Ich frage mich, ob alle Menschen daran interessiert sind?

Paul: Bevor du in einem Orchester die Triangel spielen kannst, mußt du kräftig auf die Pauke hauen. Du mußt die Trommeln richtig heftig schlagen und die Energie herauslassen, denn wenn du all diese Energie zu einer Triangel mitnimmst, wirst du sehr enttäuscht werden. Das ist also ein vorher notwendiger Teil – und so ist es auch mit der Sexualität. Du mußt zuerst total animalisch sein, besonders als Frau, denn Männer hatten eher die Erlaubnis, ihre Sexualität auszuleben, Frauen hatten diese Erlaubnis nie wirklich. Frauen hatten nicht nur keine Erlaubnis dazu, die Männer bekommen sogar Angst und ergreifen die Flucht, wenn die Frauen wirklich loslegen. Auch Frauen müssen die Erlaubnis haben, diese animalische Energie zu sein, sie wirklich zu leben, sich loszulassen, hemmungslos und wild zu sein. Sie müssen einen Partner finden, der mutig genug ist, in dieser Situation mit ihnen zu sein, so daß sie diese Energie wirklich leben können.

Sie müssen sich bewegen und auch durch Laute ihrer Lust Ausdruck verleihen und ihre Orgasmen haben und einfach geschehen lassen, was auch immer geschehen will. Wenn das geschehen darf, verändert sich etwas in einer Frau. Und wenn eine Frau einen tollen Orgasmus hatte, siehst du es ihr an. Sie glüht regelrecht, weil alle Energiekanäle in Fluß sind. Sie hatten die nötige Erfüllung. Wenn du versuchst, Tantra zu praktizieren, bevor das geschehen ist, verwickelst du nur alles, bringst du alles durcheinander. Es ist also notwendig, diese Erfahrungen zuvor zu machen.

Um einigen wenigen Menschen gerecht zu werden, die dies vielleicht auch lesen werden, muß ich sagen, daß dies nicht bei allen Frauen so ist. Manche Frauen werden in einer sehr hohen Schwingungsebene geboren, und sie brauchen nie einen Orgasmus – aber das sind sehr wenige. Es handelt sich bei ihnen um ganz spezielle Wesen, die nur auf diesen Planeten gekommen sind, um zu helfen. Die meisten Frauen müssen diese sowohl wunderbare als auch schreckliche Energie ausdrücken.

Wenn sich eine Frau die totale Erlaubnis zu ihrer Sexualiät gibt, dann kümmert sie sich kaum um das, was auf der anderen Seite los ist, wie der Mann heißt oder wer er ist. Wenn das einmal geschehen durfte, wird deine Sexualität von immer größerer Feinheit und Sanftheit, vorausgesetzt, du hast weiterhin den Mut, mit passenden Partnern zusammenzusein. Eine Frau ist dann vielleicht mit einem Mann zusammen, der diese Energie zwar zur Verfügung hat, aber auf eher grobe Art. Aber dann will er nicht weitergehen, wenn sie weitergehen möchte. Er will nicht wachsen, er will so weitermachen wie bisher. Dann sollte sie sich von ihm lösen, denn sonst bleibt sie auf diesem Niveau stecken.

Du sprichst von Illustrierten und den Ratschlägen, die sie geben. Das Problem ist, daß sie Sexualität als ein Symptom und nicht als Ursache behandeln. Sie versuchen, sie zum Funktionieren zu bringen. Aber Sexualität ist nicht dazu gemacht, zu funktionieren. Sexualiät ist etwas Verwandelndes, wenn du dich total auf sie einläßt.

Neale: Eine Frage, die natürlich aufkommt, wenn wir über Sexualität und das Experimentieren mit verschiedenen Partnern sprechen, ist die Tatsache, daß wir Aids auf dem Planeten haben. Mir scheint Aids gewissermaßen eine Botschaft oder eine Lehre zu sein. Ich habe das Gefühl, es gibt etwas, was wir aus dieser Krankheit lernen sollen. Es muß einen Weg der Tranformation geben, wo wir unsere Sexualität mit mehr Bewußtheit ausdrücken können, ohne sie zu unterdrücken. Vielleicht gibt es Möglichkeiten, in die Sexualität hinein loszulassen, die wir noch nicht entdeckt haben?

Paul: Wie ich schon sagte, wenn du ein gewisses Stadium erreichst, kann die Sexualität zu etwas Peinlichem werden. Sie wirkt dann eher grob, beinahe hätte ich gesagt, unmenschlich, dabei ist das Problem, daß Sexualität so menschlich ist. Sie ist animalisch. Der Weg, dieses Stadium, über das du gerade sprichst, zu erreichen, ist, innerlich loszulassen und eine Ebene der Reinheit zu erreichen.

Aids ist eine Einstellung, keine Krankheit. Wir bezeichnen es als Krankheit, aber wir haben es durch eine Einstellung geschaffen. Wir haben es geschaffen durch unsere Schuldgefühle. Wir haben Aids geschaffen durch unser Nicht-leben-Wollen, weil wir diese Welt nicht mehr aushalten können, wie sie ist. Ich habe kein medizinisches Fachwissen, aber ich glaube, daß jeder im Prinzip Aids hat, was immer Aids sein mag. Es ist entweder aktiviert oder nicht. Es ist wie eine Erkältung oder Herpes, es ist entweder latent oder aktiv, und es ist nur eine Einstellung, durch die es aktiviert wird. Und dann sagen wir, wir hätten uns durch einen speziellen Kontakt infiziert.

Allgemein betrachtet, haben wir nun eine gesteigerte Art von Energiedruck auf dem Planeten, der die Dinge, die wir bisher festgehalten haben, zur Explosion bringt.

Ich kenne viele Menschen, die Intimkontakt mit geschlechtskranken Leuten hatten. Sie fanden das erst später heraus, und sie selbst bekamen die Krankheit nicht. Ich habe das auch selbst erlebt. Ich hatte nie eine Geschlechtskrankheit, und ich kenne viele, die trotz Kontakt mit Infizierten auch nie eine Geschlechtskrankheit hatten.

Andererseits kenne ich auch viele Leute, die ständig irgendwelche Krankheiten haben. Wir könnten sagen, das habe mit körperlichen Widerstandskräften zu tun, doch der Körper reflektiert nur unsere Einstellungen. Dennoch rate ich jedem *unbedingt*, jede nur mögliche Vorsichtsmaßnahme bezüglich Aids zu treffen. Das heißt nicht nur, Kondome zu verwenden, sondern solche, die für diesen bestimmten Zweck empfohlen sind, denn manche Kondome sind offensichtlich durchlässig. Du mußt sichergehen und jede Vorkehrung treffen, denn das Phänomen Aids ist viel größer, als wir glauben, viel, viel größer. Die Explosion steht noch bevor.

Aber es ist immer noch besser, an Aids zu sterben und bewußt zu sterben, als die Sexualität zu unterdrücken! Denn sonst wirst du in Unbewußtheit sterben und mußt immer wieder und wieder geboren werden, bis du erkannt hast, worum es geht. Triff also alle erdenklichen Vorsichtsmaßnahmen, sei bewußt und achtsam, aber diese Energie muß sich und uns bewegen.

Wenn du bereit bist, völlig loszulassen, brauchst du keinen Sex mehr, dann brauchst du überhaupt nichts mehr. Du bist angekommen, du bist in diesem offenen, ausgedehnten Zustand. Es ist möglich, zu meditieren und loszulassen, aber es geht nicht nur um das Loslassen im Sex, es geht auch um das Loslassen von deinem Partner, deiner Arbeit, deinem Geld, deinem Besitz. Ich sage nicht, daß du das alles loswerden oder aufgeben sollst, es geht nur darum, aufzuhören, daran festzuhalten, und dich ehrlich zu fragen: »Was ist jetzt für mich angesagt? Bin ich da, wo ich jetzt zu sein habe? Was sind meine Bedürfnisse?« Und frage nicht irgend jemand anderen, frage dein höheres Selbst, frage den Teil in dir, der weiß.

Es ist möglich, überhaupt keine verschiedenen Stadien durchleben zu müssen. Auch sie sind nur Einstellungen. Alle Stadien sind Ideen, sind Vorstellungen. Es ist möglich, einfach durchzustoßen. Und das ist es auch, was in Zukunft geschehen wird. Wenn einige Wesen in ihrem vollen Potential erstrahlen, werden andere das sehen. Diese werden dann zwar sagen: »Es hat dich dieses und jenes gekostet und Jahre gedauert«, aber der Erwachte wird erwidern: »Das stimmt, aber jetzt weiß ich, daß du das alles nicht zu tun brauchst. Höre mir zu, du brauchst das alles nicht. Dein Erwachen kann jetzt in diesem Augenblick geschehen!« Und die Energie dieser wachen Menschen wird so stark, so wahrhaftig und so real sein, daß Menschen einfach durchstoßen und dieses Stadium auch erreichen.

Neale: Die Perspektive oder Richtung, die ich im Moment sehe, konzentriert sich nicht unbedingt auf Sexualiät. Das Wichtigste scheint mir im Moment zu sein, zu erkennen, wo wir festhalten und welche Form unser Festhalten angenommen hat, und es dann loszulassen. Es scheint sich, was auch immer ich in diesem Prozeß des Experimentierens mit Sexualität entdeckt habe, eigentlich nur um das Erkennen der Strukturen, an denen ich festhalte, und um das Loslassen von ihnen zu drehen. Ist es so einfach?

Paul: Auch wenn dein Loslassen total ist, kann es sein, daß du dich noch immer in den Frühstadien deiner Sexualität befindest und jemanden triffst, den du sehr attraktiv findest. Dein gesamtes System macht dann auch all das durch, was gewöhnlich geschieht, wenn es sehr angezogen wird, und du bist Feuer und Flamme. Du bist zu allem bereit, selbst wenn das heißt, dem Mann deiner Chefin einen Antrag zu machen, während dein Mann dabei ist. Du bist bereit, der sexuellen Energie zu folgen, Aids oder alles mögliche zu riskieren. Du sagst ja, aber du *tust* nichts. Du sagst einfach total ja zu dieser Energie, mit totaler Bewußtheit, mit völliger Offenheit, und die Energie wird eine andere Ebene erreichen, dann die nächste und nächste Ebene. In diesem Augenblick bist du frei!

Neale: Das klingt wie eine wundervolle Möglichkeit, und gleichzeitig scheint es, als müßte den Menschen erst beigebracht werden, was Bewußtheit ist. Wenn du von Bewußtheit sprichst, was genau meinst du damit?

Paul: Die Menschen werden zur Bewußtheit erzogen werden, weil die Welt in ein so großes Durcheinander geraten wird, daß die Leute eine Erziehung zur Bewußtheit brauchen. Die Menschen werden gewahr werden, daß sie eine völlig neue Art von Erziehung brauchen. Und dann werden all die Menschen, die sich zur Zeit vorbereiten, wie zum Beispiel die Menschen hier, die sechs Monate lang Tag und Nacht dieser Bewußtseinsentwicklung gewidmet haben, zur Verfügung stehen. Nach den sechs Monaten werden diese Menschen in ihrem Entwicklungsprozeß weitergehen und diese Bewußtheit in die Welt hinaustragen. Sie werden dann wiederum andere Menschen ausbilden, und wenn die Zeit kommt, in der die Erde Hilfe braucht, werden überall auf dem Planeten diese Menschen auftauchen und zur Verfügung stehen.

Alles, was sie tun werden, ist, etwas Anleitung, Hilfe und Ermutigung anzubieten. Dann können es die Menschen alleine schaffen. Jeder hat die Möglichkeit in sich, sich auf andere Wesenheiten und andere Bewßtseinsebenen einzustimmen. Jeder kann sich auf seine geistigen Führer und sein inneres Selbst einstimmen, alle seine Fragen auf diese Ebene bringen und lösen. Es gibt so viele Wesen, in Körpern oder ohne Körper, die nur darauf warten, daß wir sagen: »Ja, ich will es jetzt erfahren.«

Viertes Kapitel

BEZIEHUNGEN

Es interviewt Lady Neale Chohan

Neale: Welche Funktion haben Beziehungen?

Paul: Zu lernen, keine Beziehung unbewußt einzugehen.

Neale: Bitte erkläre das etwas näher.

Paul: Die meisten Beziehungen sollen die Leere in uns ausfüllen. Wir gehen Beziehungen ein, weil wir uns nicht erfüllt fühlen und uns als unvollständig empfinden. Da wir dieses Unausgefüllte in uns spüren, suchen wir nach jemanden, der diesen Teil in uns ausfüllen soll. Wir suchen jemanden, der diese Aufgabe übernimmt, damit wir uns nicht mit dem auseinandersetzen müssen, was sich in uns so unerfüllt anfühlt. Aber fast alle Menschen tragen die gleiche Unerfülltheit in sich, und so versuchen schließlich zwei unerfüllte Partner gleichermaßen, vom anderen zu nehmen und sich aneinander anzulehnen. Weil das natürlich nicht wirklich funktionieren kann, bauen sich Frustration und Verdruß auf. Auch wenn eine solche Beziehung eine Zeitlang gutgegangen ist, irgendwann kommt die Angst auf, der Partner könnte einen verlassen wollen. Ein Mißstimmung entsteht, und jeder der beiden Partner gibt seine negative Energie an den anderen ab.

In jeder Beziehung gibt es unterschwellig Angst, Aggression und Eifersucht. Nur spielt sich das alles im Verborgenen ab, weil sich jeder darauf verläßt und darauf hofft, daß die eigene Leere durch den Partner ausgefüllt wird.

Neale: Ich glaube, die intensivsten Lernerfahrungen machen wir in Beziehungen. Wir müssen Beziehungen eingehen, um zu erfahren, wer wir wirklich sind, um eigene Aspekte im anderen gespiegelt zu sehen, die erkannt, angenommen und gelöst werden möchten. Das beinhaltet auch, Eifersucht zu erfahren und die Fähigkeit zu entwickeln, Konflikte zu lösen, ganz allgemein gesagt: jemanden lieben zu lernen.

Paul: Beziehungen sind Lernprozesse. Aber die meisten Menschen sehen Beziehungen nicht als Lernprozesse an und gehen sie auch nicht als solche ein, und deswegen funktionieren sie nicht. Wenn du eine Beziehung als Lernprozeß annimmst, verläuft deine Entwicklung schneller, als wenn du allein lebst.

Der natürliche, ganz sich selbst überlassene Verlauf einer Beziehungsentwicklung wäre etwa folgender: Wenn bei einem Jugendlichen die sexuelle Energie aufzusteigen beginnt, möchte er spielerisch auch das andere Geschlecht erkunden. Das Spiel wird sexuell und führt schließlich zum Geschlechtsverkehr. Die Beziehung ist dann für einige Zeit sehr intensiv und bricht dann ab. Das ist der natürliche Verlauf: die sexuelle Energie folgt einem natürlichen, animalischen Fluß. Sie ist sehr stark, sehr intensiv, und sie möchte sich unkonditioniert erproben. Aber dieser natürliche Verlauf ist gesellschaftlich nicht zugelassen, und das führt zu einem erzwungenen Kreislauf monagamen Verhaltens. Von diesem Kreislauf werde ich später noch sprechen. Wenn in den natürlichen Verlauf jedoch nicht eingegriffen wird und es absolut keine Tabus gibt, beginnt die sexuelle Energie auf natürliche Weise auszuströmen, und der Jugendliche möchte dann schließlich mehr Zeit mit ein und derselben Person verbringen, aber nicht auf Dauer mit ihr zusammenbleiben.

Die menschliche Natur sucht nach einem geeigneten Partner, weil der Mensch ein auf Fortpflanzung ausgerichtetes biologisches System ist. Wenn sie erlaubt und zugelassen wird, finden einige experimentelle Beziehungen statt, die meist bald wieder auseinandergehen, bis irgendwann eine tiefere Liebesbeziehung beginnt. Dann gibt es eine Zeit der Partnerschaft, in der die Menschen zwar in einer Paarbeziehung zusammen sind, aber auch noch mit anderen Partnern experimentieren möchten. Jeder durchlebt seine Eifersucht und seine Verstimmungen. Eine bestimmte Reifestufe wird schneller erreicht, wenn es Menschen erlaubt ist, sich auf mehrere Partner beziehen zu können. Aber die eigentliche Reife ist erst dann erreicht, wenn du erkennst:

Du bist allein.

Im Grunde bist du allein. Wenn du das erkannt hast, hörst du auf, außerhalb von dir zu suchen. Dann entsteht ein innerer Friede. Du bist vielleicht in dir selbst noch nicht *ganz*, noch nicht vollständig, aber dir ist klar, daß du deine Vervollkommnung nicht außerhalb deiner selbst finden kannst. Sie ist in dir. Du beginnst, in deinem Inneren nach ihr zu suchen, und dadurch vertieft sich dein Reifeprozeß.

Wenn du in dieser Phase einen Menschen triffst, der auch erkannt hat, daß er im Grunde alleine ist, kann etwas sehr Fruchtbares geschehen. Wenn auch er erkannt hat, daß mit dem Suchen im Außen nichts erreicht werden kann und auch er in sich nach Ganzheit sucht, dann könnt ihr ein wundervolles Leben miteinander teilen. Es wird dann keinerlei Besitzansprüche geben, weil beide wissen, daß niemand den anderen besitzen kann.

Es ist so, wie du gesagt hast: Beziehungen sind Lernprozesse. Führt jemand keine Partnerschaft, dann meist deshalb, weil er nur kurze Zeit mit jemandem verbringen kann. Er fühlt sich bald von seinem Partner genervt, oder es stört ihn etwas an ihm. Er sucht und findet Argumente, um sich von dem Partner zu trennen, sucht einen neuen, trennt sich dann über kurz oder lang auch wieder von ihm und macht immer so weiter. Ohne zu erkennen, daß alles, was er im anderen sieht, eine Reflexion seiner selbst ist. Wenn du jedoch wach »in Beziehung« bleibst, erlebst du dich gespiegelt. Das wahrzunehmen, erfordert ein gewisses Maß an Bewußtheit, das die meisten Menschen noch nicht haben.

In praktisch jeder Gesellschaftsform ist das Beziehungsmuster so aufgebaut, daß du diese gesellschaftliche Konditionierung immer weiter fortzusetzen hast. Die Idee hinter dem klassischen Beziehungsmodell ist, möglichst früh jemanden zu finden, einige Zeit mit ihm zu verbringen, dann zu heiraten, Kinder zu bekommen und mit diesem Partner bis ans Lebensende glücklich zu sein. Dieses Programm ist noch immer in jedem von uns lebendig, obwohl eigentlich jeder weiß, daß dieses Beziehungsmuster nicht funktioniert. Aber noch immer existiert die Hoffnung, die Erfüllung im Außen zu finden, wenn nicht in der Beziehung, dann in Geld, in Erfolg oder in Berühmtheit. Aber nichts dergleichen funktioniert wirklich! Eine Partnerschaft ist der schnellste Weg, um das herauszufinden.

Neale: Ich denke gerade darüber nach, daß derzeit die Menschen überall auf der Welt begonnen haben, herauszufinden, daß Beziehungen nicht funktionieren, daß Verheiratetsein sie nicht glücklich macht, daß sogar Eheverträge nicht helfen. Die Scheidungsraten sind höher denn je. Gleichzeitig sind Menschen, die auf der Suche sind, geradezu besessen davon, ihren Traumpartner zu finden. New-Age-Menschen sind fasziniert von der Idee des Seelenpartners, den du ja auch beschrieben hast. Mit dem Seelenpartner soll es möglich sein, diese Aufwachreise als gleichrangige, sich ergänzende Partner zu erleben. Was hast du zu der Idee des Seelenpartners beziehungsweise der Dualseele mitzuteilen?

Paul: Für gewöhnlich ist auch diese Suche eine Flucht. Wieder möchte jemand eine andere Person im Außen finden, die ihr das Leben leichter machen soll. Ich sage nicht, daß es keine Seelenpartner oder Dualseelen gibt, denn das wäre unwahr. Es gibt viele Partnerseelen, die sowohl des gleichen als auch des anderen Geschlechts sein können. Sie sind Wesen, mit denen du viele Male in anderen Leben zusammen warst. Menschen, die dich ganz direkt oder genau widerspiegeln und zu denen du eine deutliche Verbindung fühlst.

Es ist möglich, einen Seelenpartner zu treffen. Das ist jemand, mit dem du auf der jetzt für dich stimmigen Energieebene in Resonanz bist, was deine Energie stimuliert, wodurch du dich klarer erkennen und erleben kannst. Das Problem ist, daß die meisten Menschen das Phänomen Seelenpartner nicht als das sehen, was es ist. Sie wollen eine solche Begegnung geschehen *machen*, dabei ist sie nicht etwas, was du tun oder herbeiführen kannst. Wenn du jemanden in der für dich stimmigen Vibration findest, kann das deine Vibration anregen, aber das muß innerhalb deines eigenen Wesens stattfinden. Wenn mich also jemand fragt: »Ist es möglich, einen Seelenpartner zu haben?«, will er im allgemeinen damit sagen: »Bitte, laß da jemanden sein, damit ich mir nicht selbst ins Gesicht sehen muß.«

Neale: Wenn du bereit bist, diese Suche nach Vervollkommnung im Außen aufzugeben und du dich nicht nach einer Beziehung sehnst, sie dir also auch nicht mehr *wünschst*, ist es dann möglich einen Seelenpartner zu finden?

Paul: Deine Frage zeigt, daß du es dir wünschst. Wenn du *willst*, daß es geschieht, kann es nicht geschehen. Wenn auch nur das geringste Wollen, die geringste Sehnsucht vorhanden ist, wenn du den Wunsch nach einer Beziehung nicht *völlig* aufgegeben hast, dann ist es unmöglich. Solange du noch immer fragst: »Wenn ich den Wunsch danach aufgebe, werde ich dann jemanden finden?«, hast du den Wunsch nicht wirklich aufgegeben. Es muß so sein, daß du sagst: »Ich bin wirklich bereit, alleine zu leben.« Dann ist es möglich. An diesem Punkt bist du bedingungslos, also wunschlos.

Neale: Kannst du beschreiben, wie das Zusammensein mit jemandem auf dieser Seelenpartnerebene ist?

Paul: Es ist, wie mit dir selbst zu sein; du bist »all-ein«. Da ist einfach Harmonie, in der alles zusammen tanzt und nichts zusammenstößt. Alles ist vielmehr ein Fließen, alles bewegt sich leicht und liebevoll. Ihr genießt einander, einfach weil ihr einander genießt. Nicht weil du irgend etwas brauchst, nicht weil du irgend etwas willst. Es gibt keine Erwartungen. Es gibt kein *ich will*. Wenn irgend etwas aufkommt, sprichst du es zwar aus, aber du verbindest damit keine Erwartungen und fällst keine Werturteile. Daher wird alles zu einem wundervollen Fließen.

Du fragtest: »Können Beziehungen Lernprozesse sein?« Sie sind es, aber das Problem dabei ist, daß die meisten Beziehungen zum Verlernen dessen führen, was wir eigentlich als Wichtigstes zu lernen haben, nämlich, daß wir nicht getrennt sind! Es existiert nur eine allesumfassende Einheit. Alles ist in Wirklichkeit eins! Jeder von uns ist mit allem verbunden. In ihrer Unbewußtheit meinen die Menschen, sie könnten das in einer Beziehung lernen, aber das ist nicht möglich. Was sie in einer Beziehung lernen, ist lediglich eine andere Form von Getrenntsein, denn die Partner klammern sich aneinander und isolieren sich von wirklicher Nähe zu allen anderen Menschen. Das ist eine der destruktivsten Strukturen auf diesem Planeten! Und das ist der Kreislauf im Beziehungsverhalten, den ich vorhin angesprochen habe.

Der gesellschaftlich »verordnete« Kreislauf, in dem die meisten Menschen stecken bleiben, ist der Zwang, monogam zu sein. Das ist der Versuch, zu sagen: »Dies ist der Mensch, der mir alles bietet, was ich brauche, und etwas anderes kommt gar nicht in Frage«. Die Menschen versuchen verzweifelt, monogam zu sein, weil sie erwarten, daß es eine Menge Probleme gibt, wenn sie es nicht sind. Und es gibt Probleme, wenn du dich auch anderen Menschen öffnest, weil das dein eigenes System durcheinanderbringt. Und es stört auf jeden Fall deinen Partner, und er macht dir mit Sicherheit eine Menge Schwierigkeiten. Daher versucht jeder, im monogamen Beziehungsmuster zu leben, aber das funktioniert nicht.

Es funktioniert aus zweierlei Gründen nicht: Wenn wir zu der in uns existierenden Ebene des Tieres zurückgehen, sehen wir, daß die Frau den Instinkt hat, einen Mann einzufangen. Es heißt immer, der Mann erobere die Frau, aber das stimmt nicht. Es gibt eine Strophe in einem Lied, die lautet ungefähr: »Der Mann jagt die Frau, bis sie ihn fängt.« *Biologisch* gesehen, muß die Frau den Mann einfangen, weil sie schwanger werden will und dann versorgt werden muß. Das ist das weibliche biologische Überlebensprogramm. Die Energie des Mannes funktioniert anders. Seine grundlegende Energie ist die des Jägers. Er zieht los und streift umher. Das ist einer der fundamentalen Unterschiede zwischen Mann und Frau.

Die Frau versucht instinktiv, den Mann zu halten, und irgendwie möchte er gehalten werden. Denn wenn er sich gehalten und geborgen fühlt, bedeutet das für sein Biosystem, daß für ihn gesorgt wird. Dann kommt aber diese Energie des Jägers in ihm hoch. Es ist bisher so gut wie unbekannt, daß auch die Energie einer Frau, nachdem sie ein Kind hatte und ein bestimmtes Stadium erreicht hat, sich wieder nach draußen orientiert. Der einzige Grund, weshalb sie diesem Trieb weniger folgt als der Mann, ist die soziale Konditionierung.

So kommt ein Paar also zusammen und »hängt« sich aneinander, klammert sich aneinander unter Ausschluß der restlichen fünfeinhalb Milliarden Menschen auf der Erde, und das ist das Gegenteil vom Loslassen der Dualität. Wir sind jedoch hier, um die Dualität zu erkennen und von ihr loszulassen!

Wenn ich in einer festen Beziehung bin und dich auf einer Party treffe, bin ich nicht offen für dich, und du bist nicht offen für mich. Ich habe ein Programm, das mir erlaubt, nur bestimmte Teile von dir zu sehen. Wenn ich zuließe, mich von dir angezogen zu fühlen, würde ich innerlich alles mögliche durchmachen. Wenn ich mich von dir angezogen fühle und dieser Anziehung folge, dann werde ich mehr Zeit mit dir verbringen und wahrscheinlich mit dir schlafen wollen. Dann will ich vielleicht nicht mehr mit meiner bisherigen Partnerin zusammensein. Sie ist womöglich schwanger oder sie hat gerade ein Kind bekommen, oder wir haben gerade ein Haus gebaut. Vielleicht bewirft sie mich mit Töpfen und Pfannen, wenn sie unsere Affäre bemerkt. Also treffe ich mich lieber nicht mit dir und bin am besten gar nicht erst offen für dich. Dir ergeht es wahrscheinlich ähnlich; also begegnen wir einander nicht wirklich offen, nicht bedingungslos. Wir begegnen den Menschen auf der Straße nicht wirklich; wenn wir etwas kaufen, begegnen wir der Person an der Ladenkasse nicht. Wir begegnen niemandem wirklich! Wir öffnen uns kaum jemandem total, weil wir die Konsequenzen fürchten, die unser Leben verkomplizieren könnten. Wenn jemand wirklich seine Freiheit gefunden hat, geht er, wohin er möchte und tut, was angemessen ist.

Wenn du in einer Beziehung bist, unterdrückst du normalerweise den Mann oder die Frau in dir. Traditionsgemäß ist es der Mann, der hinausgeht und die Saat sät, aber dieselbe Energie ist in der Frau und wird nur durch soziale Konditionierung zurückgehalten. Eine Frau möchte auch weitergehen und sich frei bewegen, aber wir lassen das nicht zu. Schon im Teenageralter haben wir uns das nicht erlaubt, also haben wir die sexuelle Energie in uns aufgestaut. Wenn wir jemandem begegnen und eine Beziehung mit ihm eingehen, haben wir gewöhnlich zunächst sehr oft Sex. Sobald wir uns aneinander gewöhnt haben, wird es ein wenig langweilig, und die sexuelle Energie beginnt sich wieder aufzubauen. Sie will, aber kann nicht ausgelebt werden, weil wir uns in einer Beziehung eingesperrt haben. Schließlich »platzt« dann die Beziehung, weil wir den Druck in uns nicht mehr aushalten.

Laß mich hierauf noch etwas näher eingehen: Wenn du jemanden triffst, der annähernd die gleiche Wellenlänge hat wie du oder entsprechend attraktiv aussieht, werden chemische Substanzen in deinem Körper produziert und freigesetzt, um eine Verbindung zu ermöglichen. Das ist ein biologischer Vorgang, um die Fortpflanzung sicherzustellen. Diese chemischen Substanzen wirken so stark, daß du dich »verknallst«. Sie legen dir regelrecht einen Film über die Augen, setzen dir eine »rosa Brille« auf, so daß du den anderen nicht klar siehst. Du denkst, er sei der perfekte Partner, aber das denkst du nur, weil du ihn nicht wirklich siehst. Du bist *blind* vor Liebe, vor dem, was Menschen üblicherweise unter Liebe verstehen. Du siehst ihn nicht wirklich, und daher ist er wundervoll, er ist perfekt, und es gibt für dich nur ihn auf der Welt! Dann werden die chemischen Substanzen allmählich verbraucht, und genau die Dinge, die vorher so reizend an deinem Partner waren, irritieren oder stören dich nun. Du willst eigentlich nicht länger mit dieser Person zusammenbleiben, aber weil du eine Art Vereinbarung getroffen hast, bleibst du bei ihr.

Solange du an jemanden hängenbleibst, nachdem der erste Rausch vorbei ist, vertust du deine Zeit. Eigentlich wäre es notwendig, daß du weitergehst und anderen Menschen begegnest, damit deine aufgestaute sexuelle Energie sich ausgleicht. Wenn das geschehen ist, bist du nicht mehr so zwanghaft, und wenn du jemanden vom anderen Geschlecht triffst, bist du nicht befangen. Wenn du auf diese freie Art in Bewegung bleibst, erreichst du inneres Gleichgewicht und Reife.

Wenn sich deine Partnerschaft auflöst, siehst du dich gewöhnlich sofort nach jemand anderem um – und wieder bindest du dich. Du bewegst dich nicht in dem freien Maß, wie du es bräuchtest. Bewege dich weiter, und du reifst! Du beginnst Menschen zu treffen, die reifer sind als du, und so kann sich deine ganze Energie aufwärtsbewegen, bis du deine Balance gefunden hast. Wenn du dann mit jemandem zusammen bist, ist es schön. Und wenn du dann *nicht* mit jemandem zusammen bist, ist auch das schön! Solange du in einer Beziehung *gebunden* bist, bist du nicht verfügbar für andere Menschen. Du unterdrückst etwas, was sich aufstaut und was sich eines Tages rächen wird.

Immer, wenn du sexuelle Energie angestaut hast, siehst du deinen Partner nicht wirklich. Wenn du in Bewegung bleibst, gleicht sich diese Energie aus. Ich sage damit nicht, daß Sexualität verschwindet, ich spreche von einem natürlichen Gleichgewicht, das nur so eintritt. Wenn ich dich dann treffe, *brauche* ich dich nicht. Wenn ich nichts von dir brauche, kann ich dich *wirklich* sehen. Wenn ich dich *sehen* kann, kann ich *dir* begegnen. Jesus hatte eine sehr schöne Ausdrucksweise dafür: »Wenn du einen Mann als Frau und eine Frau als Mann siehst, wirst du ins Himmelreich Gottes eintreten.« Er meinte damit: wenn du eine Person wirklich siehst, kann dein Blick nie durch Verlangen getrübt werden.

Neale: Was ist die Bedeutung von Intimität in Beziehungen?

Paul: Die meisten Menschen sind nicht wirklich intim miteinander. Auch dann nicht, wenn sie Geschlechtsverkehr miteinander haben, weil sie nicht wirklich präsent sind. Und das ist so, weil sie so voller Spannungen sind und in ihrem Kopf so viel vorgeht. Sie sind beschäftigt mit ihren Gedanken, Ängsten und Hemmungen und dem Festhalten an Konditionierungen.

Tatsächlich sind die meisten Menschen nie *wirklich* präsent. Sie sind ständig mit Denken beschäftigt und fragen sich: »Mache ich es richtig?«, »Bekomme ich auch, was ich will?« Im Kopf der meisten Menschen ist so viel los, daß es zu keiner echten Intimität kommen kann. Wirkliche Intimität ereignet sich nur dann, wenn die Person sich vergißt, sich auflöst. Intimität geschieht, wenn die sexuelle Energie ausgeglichen ist und es nichts gibt, was du brauchst. Du magst dich zwar für den Partner interessieren, dich aus dir heraus oder durch ihn eingeladen fühlen oder einfach Lust haben, dich mit ihm auszutauschen, aber du brauchst es nicht.

Praktisch bedeutet das, wenn du jemanden triffst, zu dem du dich hingezogen fühlst und dir der Anziehung bewußt bist, daß du auch bereit bist, dieser Anziehung zu folgen. Wenn diese Person aus irgendeinem Grund nicht verfügbar ist, gehst du ohne Frustration weiter. Deine Energie ist ausgeglichen, und so bleibt sie auch ausgeglichen. Wenn du aber von dieser Person nicht loslassen kannst und weiterhin an sie denkst, sie dir immer wieder vorstellst oder erotische Phantasien mit ihr hast, zeigt dir das, daß deine Energie nicht ausgeglichen ist. Dann hast du die Person in Wahrheit gar nicht gesehen, du hast nur deine Phantasie von ihr gesehen.

Wenn sich all das gelöst hat und du nichts mehr brauchst, bist du *ständig* intim. Du bist dann auch mit dem Stuhl, auf dem du sitzt, intim. Wenn du ihn berührst, fühlst du ihn *wirklich*. Du bist intim mit jeder Person, die dir begegnet, ob die Person sich dessen bewußt ist oder nicht. Denn du bist absolut präsent, du bist offen, absichtslos und verfügbar. Du trägst keine Bedingungen in dir, wie etwa: »Selbst wenn ich mich zu dieser Person hingezogen fühle, werde ich nicht mit ihr zusammensein.« Vielmehr sagst du: »Ich bin hier. Was ist dieser Situation angemessen? Was ist jetzt hilfreich? Ich bin bedingungslos verfügbar.«

Ich spreche nicht nur von Intimität zu jemandem, den du attraktiv findest, sondern zu jedem Menschen, den du triffst. Ich spreche davon, präsent zu sein, bei *jeder* Art von Begegnung. Du bist *hier und jetzt*, offen und bedingungslos. Du bist so geworden, weil du jedem Energieimpuls gefolgt bist, egal, wohin er dich geführt hat. Du hattest dir erlaubt, weiterzugehen, du hast dich nicht »festgesetzt«. Wenn eine Beziehung zu Ende ist, hältst du nicht fest, kannst sogar dankbar sein und gehst weiter. Du bleibst in Bewegung, und etwas in dir kommt zur Ruhe. Du bist intim, wo immer du bist, und nur so geschieht *Liebe*. Alles andere sind nur Vernarrtheiten, nichts als biochemische Vorgänge. Das ist keine Liebe. Liebe ist total bedingungslos.

Du liebst nicht eine *bestimmte* Person. Es ist keine Liebe, wenn du nur einen bestimmten Menschen liebst! Liebe geschieht, und wenn sie geschieht, strahlt sie überall hin aus und bezieht alles ein. Du *bist* Liebe. Du bewegst dich in Liebe. In Liebe zu sein, ist ein Zustand des Sichverströmens, ähnlich einer Blume, die ihren Duft verströmt. Und das ist Intimität.

Neale: Welche Bedeutung hat Ehrlichkeit, um diese Öffnung und diese Intimität zu erreichen?

Paul: Es gibt keinen anderen Weg: Ohne Ehrlichkeit, ohne Wahrhaftigkeit, kannst du Intimität, kannst du Liebe nicht erreichen. Und die meisten Menschen haben keine Ahnung, was es bedeutet, ehrlich zu sein. Während sie reden, geht bei fast allen auf verschiedenen Ebenen alles mögliche vor. Da ist die soziale Konversation, darunter geht etwas anderes vor, und darunter wieder etwas anderes. Der ersten Schicht mag sich derjenige, der spricht, gerade noch bewußt sein, aber von den darunterliegenden Schichten hat er keine Ahnung. Wie du weißt, haben wir uns hier in unserer Aufwacharbeit darauf trainiert, uns dieser verschiedenen Schichten und unserer verschiedenen inneren Dialoge bewußt zu werden. Da ist zum Beispiel die Ebene der Anziehung und gleichzeitig eine Ebene der Angst vor der Anziehung. Und dann gibt es noch eine andere Ebene und darunter noch eine andere. Es geht darum, alle diese Ebenen wahrzunehmen.

Wir haben hier eine Art von Technik eingesetzt, um uns all dieser Schichten bewußt zu werden und sie uns gegenseitig offen mitzuteilen. Wenn ich zum Beispiel sage: »Ich fühle mich jetzt gerade zu dir hingezogen. Etwas in mir möchte mit dir sein«, dann fühle ich mich da hinein und stelle fest, daß ich Angst habe. Wenn ich mir dann die Angst anschaue, finde ich noch etwas anderes, das darunter liegt. Wir haben hier gelernt, uns diese Wahrnehmungen einander mitzuteilen. Wenn du das tust, schmelzen die Barrieren zwischen dir und anderen, und deine unausgesprochenen inneren Dialoge nehmen ab. Damit beginnt Intimität.

Neale: Meine letzte Frage betrifft deine Vision von der Zukunft. Ich nehme an, du hast eine. Wir erleben zur Zeit auf diesem Planeten einen radikalen Bewußtseinswandel, und ich wüßte gerne, ob du ein Empfinden dazu hast, wie das »Einander-Begegnen« oder das »In-Beziehung-Sein« an diesem Wandel und dieser Öffnung teilhaben?

Paul: Auf dem letzten Planeten, auf dem du und ich waren – eine Dimension, die Venus genannt wird (nicht der Planet Venus) –, existierten wir nirgends und in nichts, bis wir uns danach fühlten zu sein oder wir ins Sein hineingezogen wurden. Wir nahmen dann eine etwas andere Schwingung an, die uns in eine andere Bewußtseinsebene brachte und uns formte. Wenn wir das nicht getan hätten, würden wir nicht die geringste Getrenntheit erleben, es gäbe nur das Einssein.

Aber in der Einheit kann es kein Bewußtsein vom Selbst geben, weil es eben nur die Einheit gibt. In dieser Venusdimension, in die wir immer wieder zwischen unseren Aufenthalten auf diversen Planeten zurückkehren, gehen wir in dieses Stadium des Nichts ein. Ab und zu ziehen wir uns in uns selbst zurück, und manchmal wollen wir das auch mit anderen teilen, einfach zum

Spaß. Diese zwei Energiewesen verschmelzen miteinander und werden zu einer Ekstase, die Wesen auf diesem Planeten hier nicht verstehen. Die Ekstase entsteht durch ein Loslassen von dem, was wir »Ich« nennen, durch ein Loslassen von unserer Persönlichkeit, unserem Charakter. Denn das Ich ist nicht, wer oder was wir *wirklich* sind. Das, was wir von uns zu wissen meinen, ist nur eine sehr grobe Konditionierung, eine Schale, die wir um etwas so viel Feineres herumgebaut haben.

Was auf diesem Planeten hier geschieht, ist, daß sich viele Ebenen unserer sogenannten Realität verändern werden. Im Augenblick wütet hier ein gewaltiger Sturm. Die Klimaverhältnisse verändern sich, die ganze wirtschaftliche Situation ist in Fluß. Aids breitet sich schneller aus, als irgend jemand sich vorstellen konnte, und andere neue Krankheiten kommen auf.

Der Planet hat sinngemäß begonnen zu sagen: »Laßt los von dem, was ihr die Wirklichkeit nennt. Es ist nicht länger nötig, an euch zu arbeiten oder durch Aufarbeitungsprozesse durchzugehen. Laßt einfach los, und ihr werdet woanders sein.« Im Moment steht besonders das Festhalten an Beziehungen diesem Wandel im Weg. In Intimität miteinander zu sein – und das geht nur ohne festzuhalten –, begünstigt diesen Wandel, aber dazu mußt du verfügbar und offen sein. Wir müssen endlich aufhören, an allem und jedem festzuhalten! Es geht darum, deine gesamte sogenannte Realität und die Art, wie du die Dinge siehst, loszulassen. Ein Stuhl ist nur ein Stuhl, weil du das denkst. Ich fordere euch auf, immer weiter loszulassen. Wenn das geschieht, werden die Leute merken, daß sie nicht in den schrecklichen Zustand, den sie erwarten, hineingeraten müssen.

Tatsache ist, daß die meisten Menschen, die nicht in einer Beziehung leben, also »Singles« sind, auch nicht losgelassen und sich geöffnet, sondern zugemacht und sich zurückgezogen haben. Sie leben nicht in einer Beziehung, weil sie sich nicht wertvoll genug fühlen oder weil sie niemanden haben, der sie dazu ermutigt. Wenn du losläßt und in einen Zustand von Expansion und Öffnung gelangst und keine Beziehung mehr brauchst, lebst du in Glückseligkeit. In diesem Wonnegefühl, in diesem wundervollen Zustand, kannst du anderen Wesen bedingungslos begegnen. Du kannst Verbindungen erleben, die nur in einem Augenkontakt bestehen, die aber tiefer und stärker sein können als die meisten leidenschaftlichen sexuellen Erfahrungen, die die Menschen heute haben.

Wie du weißt, ist es ein tiefes Erlebnis, wenn wir hier in diesem Haus aneinander vorbeigehen und uns nur ansehen. Das ist so, weil eine Offenheit und Verfügbarkeit da ist. Das setzt andere Energie- und Schwingungsebenen frei, die darauf nur gewartet haben. Wenn wir immer wieder neu loslassen, wird die Realität, wie wir sie kennen, sich völlig verändern. Geschlechtsverkehr wird nicht mehr eine so grobe Angelegenheit sein, wie das im Moment zumeist der Fall ist. Zwei Wesen werden völlig ineinander aufgehen, »ein-ander« sein. Und ich nehme an, du hast so etwas bereits erlebt. Es gibt Augenblicke, in denen du mit deinem Geliebten so verbunden bist, daß Geschlechtsverkehr dieser Verbindung sogar im Weg zu sein scheint. Dann möchtest du am liebsten im anderen aufgehen und ganz der andere werden, nicht mehr in dieser Getrenntheit sein, denn die Getrenntheit ist schmerzlich. Da ist ein Schmerz, denn du empfindest Liebe für den anderen, und du möchtest ganz der andere werden.

Das gleiche kann auch mit einem Baum, mit einer Katze oder einer Blume geschehen. Du siehst zum Beispiel einen Baum, wie er so ganz sich selbst ist, und fühlst dich frustriert darüber, von ihm getrennt zu sein. Wenn du loslassen gelernt hast und jetzt losläßt, während du wahrnimmst, verschwindet der Wahrnehmende, und du wirst eins mit dem, was du wahrnimmst. Eine andere Schwingungsebene geschieht.

Letztendlich ist das der Weg, das Eins-Sein mit Gott zu erleben. Du hörst auf, Gott als etwas von dir Getrenntes anzusehen. Es ist sehr frustrierend, irgend etwas als getrennt von dir zu sehen.

Halte nicht weiter daran fest, wie du dich definierst und was du von dir zu wissen meinst – und du wirst eins mit deinem Geliebten. Wenn du das immer weiter erlaubst, wirst du schließlich eins mit Gott. Dann ist da nur das Eine.

Und das ist die Möglichkeit, die wir auf diesem Planeten haben.

Fünftes Kapitel

EHE UND KINDER

Es interviewt Monny Curzon

Monny: Die Menschen hier im Projekt reden von Dingen wie »höheres Selbst«, von verschiedenen Dimensionen, und manche von ihnen nehmen plötzlich einen neuen Namen an. Vermutlich ist das für dich nichts Ungewöhnliches, sondern so alltäglich wie Zähneputzen. Teilweise wird über diese Dinge in Rundbriefen berichtet, und wenn dann so ein Brief, vielleicht gleichzeitig mit einer Steuerbenachrichtigung, ein paar Geschäftsbriefen und diversen Ansichtskarten, im Briefkasten landet, so wirkt das für »normale« Menschen ziemlich außergewöhnlich und erzeugt zumindest gemischte Gefühle.

Ich möchte dich über eher weltliche Dinge befragen. Themen, die nicht als so außergewöhnlich erscheinen, wenn Briefe über sie in bürgerlichen Briefkästen ankommen. Ganz alltägliche Themen wie Ehe und Kinder, Erziehung und Beruf. All die Dinge, die Menschen zumindest als vorrangig ansehen. Da du ja zwei wundervolle Töchter hast, können wir vielleicht mit dem Thema Ehe beginnen. Wie paßt das Phänomen Ehe in deine Weltsicht?

Paul: Laß mich zunächst etwas zum Thema »außergewöhnliche Dinge« sagen: Wenn wir die Dinge, mit denen wir uns hier in unserer Arbeit befassen, in der von dir gerade beschriebenen Weise betrachten – nämlich im Vergleich mit Geschäftsbriefen und Steuerbenachrichtigungen –, dann müßten wir alles so betrachten, wie es allgemein üblich ist. Aber die allgemein übliche Sichtweise der Realität hat mit der *wirklichen* Wirklichkeit meist nichts zu tun! Uns ist viel zu oft gesagt worden, wie wir etwas zu betrachten haben. So glaubt die Mehrzahl der Menschen, religiös zu sein; dabei hören jedoch die, die vorgeben, religiös zu sein, überhaupt nicht auf die weisen Menschen, die ihre Religion begründet haben.

Nimm zum Beispiel das Christentum, die Religion, die den meisten westlichen Menschen am nächsten steht. Jesus soll gesagt haben: »Bevor du nicht deinen Vater, deine Mutter, deine Schwestern, deine Brüder, deinen Partner und deine Kinder verlassen hast, wirst du nicht ins Reich Gottes eingehen.« Dieser Ausspruch wird sehr selten erwähnt. Und Jesus hat noch viele andere Dinge gesagt, die von niemandem befolgt werden, obwohl die Menschen vorgeben, ihr Leben beruhe auf einer christlich-religiösen Grundlage. Die Meister – die Menschen, die wirklich wußten – sagten alle, daß das Leben in Wahrheit nicht das ist, wofür du es hältst. Sie alle sagten sinngemäß: »Wach auf! Du bist eingeschlafen. Du bist nicht, der du zu sein glaubst. Du bist viel mehr! Du bist kein unwürdiger Sünder, du bist ein Christus, du bist ein Gott! Aber du hast das vergessen, denn du bist eingeschlafen, und wir sind hier, um dich daran zu erinnern, wer du in Wirklichkeit bist.«

Einige wenige in der Umgebung dieser Meister begannen, diese Wahrheit zu fühlen. Sie fingen an, diese Schwingung in sich selbst wahrzunehmen, und sie erkannten, daß sie mehr sind als das, was ihnen beigebracht worden war. Sie begannen aufzuwachen, aber dann starb der Meister – viele Meister wurden übrigens umgebracht –, und die Menschen fingen an, *ihn*, den toten Meister, zu verehren, und hörten nicht mehr wirklich auf seine Botschaft. Sie waren nicht mehr in der Lage, das Wesentliche aufzunehmen, weil die direkte, präsente Energie des Meisters nicht mehr da war, die ihnen geholfen hatte, sich immer wieder neu zu öffnen und zu erinnern. Also machten sie Rückschritte und wurden wieder zu unmündigen Kindern einer erstarrenden Lehre. Die Mehrheit der Menschheit steht noch immer auf einem unmündigen, kindhaften Niveau.

Das ist sogar offiziell belegt worden, als in England ein Test durchgeführt wurde mit jungen Männern, die zum Militär einberufen wurden. Der Intelligenztest ergab, daß der Intelligenzquotient bei der Mehrzahl von ihnen dem von Zwölfjährigen entsprach. Sie waren auf der Stufe von Zwölfjährigen stehengeblieben, konnten nicht wachsen und sich entwickeln, weil ihnen dazu die Ermutigung und Unterstützung fehlte.

Dieser Planet funktioniert nicht wirklich. Ehen halten immer weniger lange, Kinder werden immer gewalttätiger. Wenn wir ehrlich mit uns selbst sind, wissen wir, daß unsere Gesellschaft und auch *unser* Leben nicht funktioniert. Dieses »Nicht-Funktionieren« spiegelt sich in allem wider, zum Beispiel im Klima, im Artensterben, im Zustand der Atmosphäre, in der Umweltverschmutzung und im Waldsterben. Wir sind im Moment im Schwarzwald, und ich habe gehört, daß hier laut Statistiken 60 Prozent der Bäume krank sind und voraussichtlich sterben (1992 bereits 80 %). Wir bringen den Planeten um mit unserer Ignoranz!

Aber dazu gibt es noch eine andere Ebene. Die Meister sind hier »vorbeigekommen«, um uns auf diese andere Ebene hinzuweisen. Und wenn ihr euch nicht auf diese Ebene einstellt, wird eventuell der ganze Planet zerstört werden.

Laß mich jetzt auf die Ehe, auf das Verheiratetsein zurückkommen. Üblicherweise ist die Ehe eine äußerst unschöne Einrichtung. Normalerweise bedeutet sie nämlich nichts anderes, als daß ein Partner den anderen zu besitzen versucht. In unseren Beziehungen verhalten wir uns oft besitzergreifend, ob wir nun verheiratet sind oder nicht. Wir versuchen, den anderen zu besitzen, weil wir uns alleine so unvollständig und einsam fühlen. Wir haben bisher nicht uns selbst gesucht. Wir haben noch nicht herausgefunden, wer wir sind. Wenn wir uns gefunden haben, erleben wir, daß wir nichts und niemanden brauchen. Wenn wir eine gewisse Reife erreicht haben, spüren wir unser Vollkommensein und können es auch genießen, alleine zu sein. Wenn uns jemand mit dem gleichen Reifegrad begegnet, können wir ebenso genießen, mit ihm zusammen zu sein.

Wenn du aus steuerlichen oder irgendwelchen anderen Gründen heiraten willst, kannst du das natürlich tun, aber eure Herzen sollten in einer echten Verbindung sein. In üblichen Beziehungen kommt es meistens nicht zu einer Herzensverbindung, hier treten eher nur emotional ausgelöste Chemikalien in Verbindung. Es handelt sich also nur um einen elementaren biologischen Vorgang, der in deinem System abläuft. Dieses Programm sagt: »Kommt zusammen und pflanzt euch fort.« Die meisten Menschen sind nicht klar und reif genug, um ihr ganzes System wahrzunehmen. Daher, und weil Menschen das Einanderbrauchen mit Liebe verwechseln, erleben sie zwar zuerst den sogenannten »Honeymoon«, die Flitterwochen, aber dann kommt die große »Ent-täuschung«.

Wenn ein Mensch sich selbst gefunden hat, ist er in der Lage, den anderen wirklich zu sehen, und kann dann viel eher einen geeigneten Partner finden. Dann kann eine »Hoch-zeit« geschehen. Das braucht keine offizielle zu sein, sondern kann einfach eine Hochzeit der Herzen sein. Was wirklich dabei geschieht, ist ein »Einander-Erkennen«. Was wir normalerweise Heirat oder Ehe nennen, ist nur ein Sich-gegenseitig-an-die-Leine-Nehmen. Im Prinzip kommt es zu folgender Vereinbarung: Wenn die Flitterwochen vorbei sind, wenn unsere »guten« Tage vorbei sind, werden wir für immer und ewig zusammenbleiben und um jeden Preis aneinander festhalten.

Monny: Es heißt aber auch, das Zusammenbleiben mit einem Partner biete Wachstumschancen, habe eine gewisse egoabschleifende Kreativität, sei also eine Art Gurdjieffsche Meditation.

Paul: Wenn Menschen bewußt und wach sind, ist *jede* Situation eine Möglichkeit zu wachsen. Die Realität zeigt jedoch, daß die meisten Menschen nicht wach sind. Gerade als du deine Frage stelltest, kam mir eine Geschichte in den Sinn, die ich gerne erzählen möchte.

Es ist die Geschichte von einem sehr berühmten Pferdezüchter. Sein Grundsatz war, nicht die besten Vollblüter miteinander zu kreuzen, sondern sich die Pferde ihre Partner selbst aussuchen zu lassen. Mit anderen Worten, die Pferde verliebten sich. Er wurde zu einem der erfolgreichsten Züchter aller Zeiten. Ungewöhnliche Pferde kamen zusammen und produzierten außergewöhnlich schöne und erfolgreiche Fohlen, weil sie mit ihren Herzen zusammenkamen. Wenn Nachwuchs durch das Herz gezeugt wird, siehst du es ihm an.

Wir sind darauf trainiert, ständig alles zu planen, zu regeln, zu manipulieren und zu kontrollieren. Wir wollen immerzu etwas »tun«, etwas »machen«, und wollen nicht sehen, wieviel Häßliches wir auf diese Art produzieren. Dabei haben wir alle etwas in uns, das wir Intuition nennen. Eigentlich ist Intuition dasjenige in uns, das einfach plötzlich weiß. Wenn wir auf unsere Intuition hören, geschieht Wundervolles.

Monny: Hältst du den Ansatz des Pferdezüchters für künftige Gemeinschaften für den besten?

Paul: Ich sehe, daß derzeit praktisch noch jeder sexuell unterdrückt ist, sogar die jungen Menschen, die in sogenannter sexueller Freiheit leben. Die Konditionierung, Sexualität zu unterdrücken, ist noch immer bei allen Menschen vorhanden. Sie liegt in der Luft, sie ist in unseren Genen, sie ist in unserer Kultur überall gegenwärtig.

Es gibt nur noch einige wenige Naturvölker, die ihre Kinder dazu ermutigen, im geeigneten Alter sexuell zusammenzusein. Wenn wir die sexuelle Energie sich nicht bewegen lassen, staut sie sich in uns. Wir sind vielleicht mit einem sehr schönen Menschen zusammen, aber diese Energie will weiter und beginnt, sich nach anderen Partnern umzuschauen, besonders beim Mann. Der Mann ist im Grunde seines Biosystems ein Jäger. Wenn du dir wirklich die totale Erlaubnis gibst, wenn du zu dir sagen kannst: »Experimentiere und geh, wohin auch immer du dich hingezogen fühlst. Spiele und erlebe Freude im Miteinander-Sein«, dann findet diese Energie ihren Ausgleich.

Diese Ausgeglichenheit bewirkt Reife. Dann triffst du jemanden, mit dem du dich tiefer einlassen kannst, und das ist für dich und ihn sehr hilfreich. Wenn du wirklich und wahrhaftig mit jemandem eine Verbindung eingehen und sie vertiefen möchtest, geschieht das, ohne daß etwas *getan* werden muß. Du suchst nicht mehr ständig woanders nach jemand anderem. Du bist zwar in unbegrenzter Weise offen, aber die Energie treibt dich nicht mehr suchend umher. Dann gehst du tiefer und tiefer in Kontakt, und wenn das geschieht, entdeckst du ungeahnte Tiefen in dir und anderen. Das fördert deinen Reifeprozeß und hilft dir, andere Bewußtseinsebenen in dir zu finden.

Monny: Die Außenwelt und die Leute mit strengeren, konservativeren Ansichten sehen diese Dinge allerdings etwas anders. Sie sehen, daß die jungen Leute ein recht kunterbuntes Leben führen und allerlei verrückte Ansichten vertreten. Würdest du das, was du beschreibst und was wir hier leben, als eine Art Vorbereitungsphase zur Monogamie sehen?

Paul: Ich sehe es als eine Möglichkeit dazu. Das Problem ist, daß das freiere Verhalten der jungen Leute mehr aus einer Trotzreaktion genährt wird und noch nicht aus Bewußtheit. Es geschieht aus Rebellion, weil sie von der Gesellschaft keine Erlaubnis haben, sich zu erleben, sich wirklich auszuprobieren. Sie führen einen Kampf gegen die Enge des Establishments, aber aus einem Kampf *gegen* etwas entwickelt sich keine Bewußtheit.

Mir liegt am Herzen, daß wir niemanden belehren, sondern daß wir Menschen unterstützen, aus sich heraus zu lernen und zu entdecken, so daß sie sich vielleicht zu fragen beginnen: »Wie ist das für mich? Ich setze mich mal still hin und spüre nach, was in mir los ist. Was möchte ich wirklich?« Unsere Aufgabe ist also nicht zu belehren, sondern Menschen dazu zu ermutigen, sich auszudehnen, ihre Einengungen aufzugeben und ihnen zu sagen: »Sieh selbst! Was würdest du jetzt gerne tun? Was fühlt sich für dich natürlich an?«

Wenn Menschen dann beginnen, sich mit dieser Art von Bewußtsein weiterzubewegen, wird auch jeder sexuelle Kontakt ein Liebeskontakt sein und nicht nur ein Abreagieren von Energie, nicht nur Masturbation am anderen, sondern eine wirkliche Wesensverbindung. Dann kommt etwas in Bewegung und bewirkt einen natürlichen Reifeprozeß. Was zur Zeit üblicherweise zwischen Menschen abläuft, bewirkt keinen Reifeprozeß, denn es geschieht vieles noch unbewußt und aus Rebellion.

Monny: Wie ist es mit Kindern? Ein Baby zu bekommen oder Kinder zu haben und den spirituellen Weg zu gehen, das vereinbart sich nicht besonders leicht. Wo siehst du da eine Lösung, wenn es überhaupt eine gibt?

Paul: Für viele ist das ein echtes Problem. In der jetzigen Phase ist es nicht angemessen, Kinder zu bekommen. Möglicherweise wird sich das von selbst lösen. (Paul hat einmal eine »Mitteilung« erhalten, die besagte, daß für den Planeten Erde eine Phase ohne Kinder und ohne Tiere kommen kann. Die zu beobachtende zunehmende Unfruchtbarkeit vieler Menschen infolge biologischer Degeneration und das tägliche Aussterben vieler Tierarten könnten Symptome hierzu sein.) Die Verfassung der meisten Menschen und der Zustand der Welt ist in einem enormen Durcheinander. Die Menschen bringen ihre Kinder heutzutage in eine chaotische Lebenssituation hinein, die ihnen nahezu unüberwindbare Hindernisse auferlegt. Die meisten Menschen haben ihre Kinder sehr unbewußt. Meist machen sie sich mehr Gedanken über den Kauf eines neuen Autos als darüber, ein Kind zu haben und mit ihm zu *sein*. Eltern denken kaum darüber nach, welche Bedürfnisse ein Kind hat und was ein Kind *eigentlich* ist. Statt dessen laufen völlig unbewußte Konditionierungen und Erziehungsmuster nahezu automatisch ab. Eltern meinen, Kinder zu bekommen, gehöre eben dazu. Und kein Kind zu haben, bedeutet soviel wie gegen den Strom zu schwimmen oder als Paar nicht »normal« zu sein. Bei den meisten Menschen sehe ich, daß es nicht ihre freie Wahl ist, Kinder zu haben oder nicht.

Und ich sehe auch, daß die meisten Menschen Kinder haben, weil sie sich nicht vollkommen fühlen. Wenn Menschen absolut erfüllt sind, brauchen sie kein Kind. Üblicherweise bekommen Menschen Kinder aus einer Art Zwanghaftigkeit heraus. Wenn die Frau unbewußt ist, reagiert sie nur auf ihr biologisches Programm, das sie zur Fortpflanzung drängt. Wenn sie bewußt ist, kann sie die biologischen Vorgänge in ihr Bewußtsein integrieren und so zu einer klareren Wahl kommen.

Wir sind noch sehr ignorant auf diesem Planeten. Ein vergleichsweise klares Wesen kommt auf die Welt, und wir erlegen ihm einfach unsere Ignoranz auf. Wir erlegen ihm beinahe unüberwindbare Behinderungen auf. Ich sage damit nicht, alle Kinder würden als klare Wesen geboren, denn fast jedes kommt mit Karma auf die Welt. Einige wenige kommen ohne, zum Beispiel diejenigen, die beschlossen haben, nur deshalb auf diese Ebene zu kommen, um bei dem globalen Bewußtseinswandel zu helfen. Aber die meisten Kinder kommen aufgrund ihrer früheren Leben auf die Welt und tragen daher Aufgaben in sich, die sie zu lösen haben. Aber was wir ihnen antun, ist schrecklich.

Ich habe dazu, wie wir mit Kindern umgehen und wie sich das auf sie auswirkt, einige Experimente durchgeführt. So setzte ich zum Beispiel Erwachsene in einem verschlossenen Raum auf eine harte Bank und »belehrte« sie über einen längeren Zeitraum über ein für sie uninteressantes Thema. Die meisten Personen konnten das schlichtweg nicht aushalten, sie drehten regelrecht durch. Aber genau dazu zwingen wir unsere Kinder. Wir zwingen auf höchst unerleuchtete Art und Weise und unter äußerst unangenehmen Bedingungen unsere Kinder zu einem bestimmten Verhalten und nennen das Erziehung. Was wir stolz Erziehung nennen, ist in Wahrheit Dressur! Wir foltern unsere Kinder.

Wir erleben Ärger am Arbeitsplatz, weil unser Chef uns wieder einmal frustriert hat, kommen nach Hause und lassen unseren Frust an unseren Kindern aus. Wenn wir noch über einen Rest an Sensibilität verfügen, sehen wir, was wir anrichten, aber dann verschließen wir uns dieser Wahrnehmung aufgrund unserer Schuldgefühle. Unser Kind bekommt zwar alles mögliche, nur nicht die nötige Achtsamkeit und Liebe, die es braucht. Statt Liebe geben Eltern ihren Kindern meist Berge von Spielsachen, ungesundes Essen und Geld.

Wir legen unseren Kindern so viele Steine in den Weg, weil wir selbst unreif sind und aus Ignoranz handeln. Menschen, die wirklich wach und bewußt sind und die das Leben mit eigenen Augen statt mit denen anderer sehen, reifen wie von selbst. Sie erreichen dann einen inneren Zustand, aus dem heraus sie zu einer wirklich klaren Entscheidung darüber, ob sie Kinder wollen oder nicht, kommen: »Möchte ich das, was mit mir geschehen ist, wirklich mit einem anderen Wesen teilen? Möchte ich ihm auf respektvolle und fürsorgliche Art helfen, zu tun, was immer es hier zu tun hat?«

Monny: Aber was würde dein Pferdezüchter dazu sagen, wenn die Pferde beschließen würden, keine Fohlen mehr zu bekommen? Würde er sich nicht auch fragen: »Wer wird die Rennen in vier Jahren gewinnen?« Ist es für die Mitglieder einer neuen Gemeinschaft, in der jeder daran arbeitet, wahre Reife zu erreichen, nicht geradezu eine Verpflichtung, Kinder zu haben, die von diesem Bewußtsein profitieren können und somit hoffentlich viel friedvollere und lebensfrohere Menschen werden?

Paul: Nun, ich weiß, daß du keine Kinder hast. Die meisten, die keine Kinder haben, wissen nichts wirklich über Kinder. Wenn du ein Kind geboren hast, ist es noch lange nicht vollständig. Um zu überleben, saugt es. Es saugt an der Brust, es saugt an deiner

Energie, an deiner Zeit, an deiner Konzentration. Es braucht dich und braucht *alles* um sich herum. Es braucht. Das ist sein Überlebensmuster. Wenn du versuchst, deine Reife zu finden, zu meditieren, zu erkennen, wer du bist, ist dieses Kind gegen dich. Es ist nichts Falsches an dem Kind, weil es das tut. Ein Kind muß so sein, um zu überleben. Und es will nicht nur Nahrung, nicht nur saubergehalten werden, es will deine Liebe und Aufmerksamkeit – und die will und braucht es auch, und zwar total.

Wenn du wirklich auf dem sprirituellen Weg sein möchtest, mußt du voll und ganz für dein Aufwachen da sein und *alles* dafür einsetzen. Weil das nicht leicht ist, haben nur so wenige Menschen ihre Verwirklichung gefunden. »Suche zuerst das Reich Gottes, und alles andere wird dir hinzugegeben werden.« Das sollte dir vorrangig sein. Wenn du einen bestimmten Reifegrad erreichst, hast du ihn durch völlige Hingabe erreicht. Du kannst immer noch heiraten oder Kinder bekommen. Du kannst immer noch deine Arbeit tun, aber deine Suche ist vorrangig. Üblicherweise kannst du dich nicht total deiner Suche widmen, wenn du ein Kind hast. Es ist unmöglich und nicht fair dem Kind gegenüber.

Monny: Ja, aber bei einem so radikalen Wandel von Prioritäten werden die Zwänge und Ziele der normalen Gesellschaft völlig über Bord geworfen. Ich denke gerade an ganz »normale« Stadtmenschen. Er führt ein typisches Männerdasein, geht zur Arbeit, und oft ist auch seine Frau berufstätig. Wie können solche Leute in einer Weise arbeiten, die dem entspricht, was die Buddhisten rechtes Denken und Handeln nennen? Wie soll das gehen, obwohl wir doch alle wissen, daß es in der modernen Arbeitswelt häufig geradezu mörderisch zugeht?

Paul: Wir müssen hier über verschiedene Ebenen dieses Aspekts sprechen. Zunächst einmal, der Buddhist ging für gewöhnlich in ein Kloster. Dort gab es so gut wie keine Frauen, so daß die Männer völlig vom äußeren Leben abgeschnitten waren. Sie zogen sich also von der Sexualität und dem normalen Leben zurück. So wie ich das sehe, wurden sie zu sehr langweiligen Menschen. Selbst wenn sie erwachten, waren sie langweilig. Sie hatten diese freudestrahlende Lebenskraft nicht, und sie verstanden die Menschen nicht, weil sie dem Leben aus dem Weg gegangen waren.

So wie ich unseren Aufwachweg auf diesem Planeten sehe, haben wir uns ausgesucht, diesen Erfahrungsprozeß hier vollständig zu erfahren. Wir sind nicht hierhergekommen, um uns auch nur teilweise von ihm abzuschneiden. Wir wären gar nicht erst hierhergekommen, wenn wir das hätten tun wollen. Wir sind also hierhergekommen, um hier Erfahrungen zu machen und *alles* zu genießen.

Wenn du ein neues Projekt beginnen möchtest, brauchst du einfache Startbedingungen, damit es gelingt. Später ist das anders. Dann macht es dir vielleicht Spaß auszuprobieren, wie viele Hindernisse du dir geben und trotzdem zentriert bleiben kannst.

Gib dir also anfangs so wenig Hindernisse wie möglich. Das mag bedeuten, einige Zeit in einer spirituellen Gemeinschaft zu verbringen, selbst wenn es nur für zwei Wochen in deinen Ferien ist. Vielleicht kannst du ein bißchen länger bleiben, einfach nur, um einen Anfang zu machen. Geh an einen Platz, an dem Menschen leben, die bereits etwas aufgebaut haben. Dort gelangst du in ein Energiefeld, in dem du viel schneller etwas aufschnappst, als das sonst möglich wäre, so daß für dich alles viel schneller in Bewegung kommt.

Meine nächste Empfehlung an dich ist, täglich zu meditieren, ohne Ausnahme. Ich verwende das Wort »meditieren« sonst eher nicht. Ich nenne es einfach »sitzen«. Jeden Tag verbringst du einige Zeit sitzend und tust nichts anderes dabei. Dann gönnst du dir ab und zu ein Wochenende des konzentrierten Sitzens oder Zusammenseins mit Menschen, die sich in einem Aufwachprozeß befinden. Was dann weiter geschehen möchte, ist, daß all die Menschen, die wirklich realisieren möchten, wer sie sind, beginnen, in kleinen Gemeinschaften zusammenzukommen. Ganz auf dich alleine gestellt, kannst du es nämlich kaum schaffen. Der Druck der normalen Gesellschaft, der Druck der Arbeitswelt ist zu groß. Du wirst einfach zu sehr von ihrer Unbewußtheit angesteckt, wenn du in ihr bleibst.

Es wird viel leichter, wenn du immer wieder in einen kleinen Kreis von Freunden zurückkommen kannst, auf die du dich einlassen und mit denen du dich einstimmen kannst. Ihr setzt euch zusammen und teilt einander mit, was ihr am Tag alles erlebt habt. Für jeden von euch wird das Leben viel leichter sein, wie wenn ihr mit allem alleine klarkommen müßtet. Ihr könnt einige Zeit schweigend verbringen. Ihr könnt euch auch bei allen praktischen Aufgaben abwechseln und ergänzen. In einer schönen, liebevollen und einander unterstützenden Umgebung kannst du viel schneller in deine Tiefe gelangen.

Der künftige Weg ist, in kleinen Gemeinschaften zu leben, in denen du diese Unterstützung, diese Liebe und diese Fürsorge bekommst. Dann kannst du aus dieser Gemeinschaft hinausgehen und dir anschauen, wie lange du deine Bewußtheit in der Welt aufrechterhalten kannst. Wenn du sie aufrechterhalten kannst, dann ist sie wirklich dein, dann hast du sie dir wirklich zu eigen gemacht. Wie du weißt, sind wir hier so eine Gemeinschaft. Und etliche Leute waren nach Beendigung des Sechs-Monate-Projekts für einige Zeit »draußen«. Sie sind jetzt hierher zurückgekommen, und wir werden schließlich alle nach dem Sechs-Wochen-Projekt wieder hinausgehen. Es ist nicht gut, *ständig* in einem völlig geschützten Rahmen zu bleiben, denn dann weißt du nicht, ob dein Bewußtseinszustand schon stabil ist, ob du ihn wirklich erreicht hast. Du mußt raus und sehen, ob du dieses Bewußtsein während einiger Stunden in der Stadt aufrechthalten kannst. Hast du deine bewußte Schwingung auch noch nach einigen Tagen in der Welt? Es kann sein, daß sie dir für einige Zeit verlorengeht, und du kommst in die Gemeinschaft zurück und mußt dich wieder »aufladen«. Schließlich wirst du in der Lage sein, diese Bewußtheit zu haben, wo immer du auch bist und was immer du auch tust. In der Welt zu arbeiten, sehe ich nicht generell als dem Aufwachprozeß entgegenwirkend an. Es kann sogar gewissermaßen förderlich sein, denn so wird mehr Hingabe von dir gefordert und mehr Aufmerksamkeit, dir in all den unterschiedlichen Situationen gewahr zu sein, wer du bist.

Monny: Und diese kleinen Gemeinschaften werden andere Menschen nicht bekehren, sondern durch ihr Beispiel wirken. Oder bist du etwa doch Verfechter irgendeines Bekehrertums?

Paul: Wenn jemand andere bekehren will, dann redet er normalerweise über etwas, was er selbst nicht weiß. Er neigt dann dazu zu sagen: »Der Sowieso hat das und das gesagt.«

Bekehren wollen meistens Männer, nur selten Frauen. »Er hat das gesagt, und ich weiß, es ist die Wahrheit. Er ist der Guru, er ist der Meister, daher muß es wahr sein.« Wenn du aber für dich weißt, deine Wahrheit erfahren und erlebt hast, brauchst du niemanden zu zitieren, du kannst sagen: »Das ist meine Erfahrung.« Sobald du die Worte eines anderen als deine Wahrheit zitierst, lügst du. Wenn du jedoch sagst: »Jemand, den ich sehr respektiere und dem ich vertraue, hat das gesagt«, ist es keine Lüge. Du zitierst offensichtlich diese Person. Wenn du aber sagst: »Dies und jenes ist so«, verhältst du dich wie die Leute, die mit der Bibel in der Hand bei anderen an die Türen klopfen – dann lügst du. Die Menschen, die andere bekehren wollen, wissen nicht, daß sie lügen, aber du kannst ihnen das an ihrer angespannten oder gar gewalttätigen Schwingung anmerken. Wenn jemand voller Liebe und Frieden spricht, dann empfindest du keine Gewalt und hast nicht das Gefühl, daß dir etwas aufgedrängt wird. Es ist wie bei einer Blume, die ihre Knospen öffnet; du kannst ihren Duft riechen oder nicht. Jede Art von Druck, den du oder irgend jemand ausübt, geschieht aus Ignoranz.

Sobald du deine Verwirklichung erreicht hast, erkennst du, daß auch der andere verwirklicht ist, er aber noch nicht erkannt hat, daß er verwirklicht ist. Lediglich durch dein Sein, aus deinem Wesen heraus kannst du für andere eine Anregung zum Erinnern sein. Du teilst vielleicht etwas mit, aber du wirst niemals Druck ausüben, denn das wäre etwas Gewaltsames. Jede Gemeinschaft muß sich selbst gegenüber absolut wahrhaftig sein.

Meine Wahrheit mag zum Beispiel sein, daß ich jemandem begegnet bin, der mir wacher zu sein scheint, als ich es bin. Es sieht so aus, als erlebe er mehr in sich als ich in mir. In diesem Fall würde ich alles, was er sagt, als Hypothese annehmen. Wenn dann das, worüber er sprach, auch mit beziehungsweise in mir geschieht, wird es zu meiner Wahrheit, und dann kann ich es auch als meine Wahrheit vertreten.

Ich finde daher jede Art missionarischer Arbeit abstoßend. Ich habe in Afrika gelebt, und ich habe die Arbeit der Missionare in der Praxis gesehen und fand sie sehr unschön. Das heißt nicht, daß es unter den Missionaren nicht einige wundervolle Menschen gibt, die schöne Dinge tun, aber das Gesamtkonzept des Missionierens ist unschön.

Monny: Einem Zeugen Jehovas zuzuhören, ist zweifellos eine eigentümliche Erfahrung. Und der Weg, den du empfiehlst, erscheint mir natürlicher und organischer. Aber steht die Ausweitung oder Verbreitung dieses bewußten, *alles* integrierenden Erlebens nicht im Widerspruch zu der Angst vor all den dunklen Einflüssen, die derzeit in der Gesellschaft ihr Unwesen treiben?

Paul: Da fällt mir ein Telefonanruf ein, den wir gestern von einer Frau bekamen, die das Sechs-Monate-Projekt mitgemacht hat. Als sie zum ersten Mal zu uns kam, war sie eine sehr neurotische Frau. Sie war Schauspielerin, hatte in verschiedenen Teilen Amerikas gelebt und hatte die für Hollywood-Stars typische affektierte Art. Aber sie hat ein sehr schönes Herz und wurde daher für das Projekt akzeptiert. Ganz allmählich fing etwas an, mit ihr zu geschehen. Ohne Therapie, einfach indem sie hier in dieser Atmosphäre, in diesem Energiefeld war. Jetzt ist sie nach New York zurückgekehrt, und alle Leute fragen sie, was denn mit ihr los sei, sie sei auf einmal so völlig anders. Und nun geschehen langsam um sie herum alle möglichen Dinge. Alles, was sie tut, ist, ihre Erfahrungen mit anderen zu teilen. Sie erzählt nicht, was sie gehört hat oder für richtig hält, sondern sie teilt Menschen mit, was mit ihr geschehen ist. Die Leute finden sich bei ihr zusammen, hören ihr zu und »sitzen« in Stille mit ihr. Leute, die nie daran denken würden zu »sitzen«, die nicht im Traum darauf kämen, sich irgendeinem Kult oder einer dieser seltsamen »spirituellen« Gruppen anzuschließen. Sie fühlen sich angezogen, weil diese Frau so verwandelt ist. Sie können sehen, daß der Streß, die Anspannung und diese Triebhaftigkeit, die vorher da waren, von ihr abgefallen sind, und sie wollen das auch für sich erreichen.

Wie sich das neue Bewußtsein nun im großen Stil verbreiten kann, weiß ich im Moment noch nicht. Ich lebe von Augenblick zu Augenblick. Was ich sehen kann, sind die Möglichkeiten, wenn genug Menschen wirklich sagen: »Ich möchte erleben, wer ich wirklich bin.« Dann geht unser Team vielleicht dorthin, und wir bieten ein Seminar an, wodurch mehr Menschen diesen Weg zu gehen beginnen können. Und so kann sich das neue Bewußtsein ausbreiten.

Ein neues Bewußtsein wird sich verbreiten! Es wird sich ausdehnen, denn viele Wesen aus anderen Dimensionen, von anderen Planeten, aus anderen Bereichen sind hier. Sie sind gekommen, weil dieser Planet sich in einer Umwandlung befindet. Für die, die den Wandel wollen und ja zu ihm sagen, wird das Leben leichter werden. Andererseits wird es für die, die diesen Wandel nicht wollen, sehr schwierig werden. Alles wird sich noch mehr aufspalten. Mehr und mehr Leute werden absurde Sachen machen. Immer mehr Menschen werden durchdrehen, werden verzweifelte, sehr aggressive Taten begehen und beispielsweise Amok laufen. Andererseits werden auch mehr Liebe und Fürsorge, mehr Verständnis und wertfreie Annahme aufkommen. Das liegt daran, daß sich das Energiefeld dieses Planeten verändert. Viele völlig unesoterische Menschen, selbst spöttische Ignoranten, beginnen zu spüren, daß sich die Welt verändert. Auch wenn du die momentanen Geschehnisse auf dem Planeten Erde nur auf ganz vordergründige Art betrachtest, siehst du diese Polarisierung: Es gibt mehr Menschen, die meditieren, und es gibt auch mehr Menschen, die gewalttätig sind. Das ist so, weil eine starke Energie auf diesen Planeten trifft. Diese Energie ist neutral, und wenn du offen bist und dich mehr um Liebe und Verständnis bemühst, wird der Übergang sehr leicht für dich geschehen. Wenn du kämpfst und dich wehrst, wenn du die Kontrolle und so deine vermeintliche Macht behalten willst, wird es dir immer schlechter ergehen.

Monny: Aufregende Zeiten!

Sechstes Kapitel

ELTERN, ALTERN UND STERBEN

Es interviewt Clare Soloway

Clare: Ich möchte gerne mit dir über alte Menschen sprechen. Hier in unserer Projektarbeit haben wir nicht sehr viel Kontakt mit Menschen, die an der Schwelle des Altwerdens stehen. Ich möchte in diesem Gespräch zusammen mit dir einen Blick darauf werfen, warum das so ist. Am Ende dieses Jahrhunderts wird über die Hälfte der amerikanischen Bevölkerung fünfundsechzig Jahre und älter sein, und viele davon werden in Altenheimen leben und aufs Sterben warten. Hast du auch Menschen in dieser speziellen Lebensphase etwas Hilfreiches mitzuteilen?

Paul: So, wie ich dich höre, klingt es, als möchtest du dieses Thema so angehen, wie es allgemein üblich ist, nämlich indem man an den Symptomen arbeitet. Du kannst an Millionen von Symptomen arbeiten, aber die Quelle, die all diese Symptome hervorrief, bleibt bei dieser Vorgehensweise unverändert. Und während du dich mit den Symptomen befaßt, produziert die Quelle ständig neue Symptome und damit immer mehr Arbeit für dich. So versuchst du, an der Peripherie eines riesigen Kreises etwas Grundlegendes herauszufinden, anstatt direkt in das Zentrum zu gehen und dort zu sehen, warum Menschen überhaupt alt werden.

Menschen werden alt, weil ihnen beigebracht wurde, daß sie alt werden. Menschen werden alt, weil sie sterben wollen. Sie wollen sterben, weil ihr Leben nicht wirklich erfüllt war. Sie hatten schöne Momente, sie hatten kleine Freuden, aber sie wurden im Grunde nicht dazu ermutigt, *wirklich* zu leben. Sie waren wie in Käfigen eingeengt in ihre Religion, ihre Umgebung, ihr Land und vor allem in unzählige Vorstellungen und Ideen. Üblicherweise leben und bleiben Menschen in diesen Käfigen – und sie verkümmern in ihnen. Solange die Energie alter Menschen noch vital genug ist, sich zu bewegen, ist ihr

Lebensgefühl erträglich. Aber wenn diese Energie sich erschöpft hat, beginnen diese Menschen förmlich zusammenzufallen.

Das geschieht mit ihnen, weil sie alles, was sie unterdrückt haben, all das, was sie gerne tun und sagen wollten, in sich hineingesperrt haben, wo es regelrecht verrottet. Ihr Potential verrottet so sehr, daß sie zu nur noch leeren Hülsen werden.

Wenn die Lebensenergie in Menschen so weit abgefallen oder verfestigt ist, kann ich ihren inneren Funken nicht wieder so weit erwecken, daß der Funke durch sie auch in anderen Menschen wieder zum Erwachen kommen kann. Daher arbeite ich mit Menschen, die jung genug sind oder die noch genug Energie haben, sich selbst aufzuwecken und zu erkennen, wer sie wirklich sind. Denn wenn sie erwacht sind, können sie wiederum anderen beim Aufwachen helfen, indem sie mit ihnen arbeiten. Wenn wir genug erwachte Menschen auf dem Planeten haben, können wir wirklich zu arbeiten beginnen. Und dabei sollten wir direkt an der Quelle beginnen.

Tatsache ist: Wir werden nicht zum Leben, sondern zum Sterben erzogen. Wir lassen uns beibringen, daß wir den Tod bekämpfen müssen, um zu überleben. Die Konditionierung zu überleben heißt, den Tod bekämpfen; dabei kannst du den Tod nicht besiegen. Du wirst sterben, also ist dieser Kampf ein hoffnungsloses Unterfangen! Die meisten alten Leute tun so, als würden sie niemals sterben. Besonders die in den Altenheimen. Warum? – Weil niemand sie ermutigt hat, sich auf das Sterben vorzubereiten.

Wie bereitest du dich aufs Sterben vor? – Indem du lebst! Indem du so total lebst, daß es dir nichts ausmacht, ob du stirbst oder nicht, denn *alles* Erleben ist dir wesentlich. Du lebst total. Wenn du so lebst, spielt es wirklich keine Rolle mehr für dich, ob du stirbst oder nicht. Du hast so vollkommen, so total gelebt, daß du für alles bereit bist, was auch immer als nächstes kommt. Wenn es der Tod ist, *einverstanden*, du bist jederzeit bereit. Um zum Sterben bereit zu sein, mußt du in jedem Augenblick leben. Um zu leben, mußt du in jedem Augenblick zum Sterben bereit sein. Du mußt bereit sein, mit allem zu sterben. Wenn eine Liebesbeziehung vorbei ist, laß sie sterben in dir. Wenn dieser Job fertig ist, laß ihn sterben in dir. Wenn die Phase, mit deinen Kindern zu sein, vorbei ist, laß sie sterben in dir; wirf sie aus dem

»Nest« und laß sie ihr eigenes Leben beginnen!

Dieser ganze Planet ist so sehr verweichlicht, daß die Menschen bereits im Augenblick ihrer Geburt anfangen zu sterben. Die Menschen sind durch Konditionierungen so geschützt, daß sie niemals wirklich leben, sondern fortwährend sterben. Die Menschen leben nicht. Sie dehnen sich nicht aus. Jeder zieht sich im Überlebenskampf zusammen: »Wie kann ich mich und meine Angehörigen am besten absichern?« Die Menschen beschäftigen sich nur damit, wie sie dieses und jenes von sich fernhalten können, anstatt sich zu fragen: »Was bedeutet das alles hier? Worum geht es auf diesem Planeten überhaupt?« Du bist nicht hierhergekommen, um zu überleben. Du bist nicht hierhergekommen, um dich und deine Welt auf »die Reihe« zu bekommen und um viel Geld zu verdienen, bis du schließlich stirbst.

Du wirst sterben. Jeder wird sterben. Wir müssen den Tod in unser Leben integrieren. Genauso, wie wir auch das Abenteuer wieder in unser Leben hineinbringen müssen, denn kaum jemand ist wirklich abenteuerlustig. Über Sexualität muß mehr gesprochen werden, über den Tod muß mehr gesprochen werden, alle Tabus müssen aufgebrochen werden! Die Religionen haben all diese Dinge unterdrückt,weil sie euch auf diese Art kontrollieren können. Sie können euch kontrollieren, weil ihr Angst vor Sex habt. Sie können euch kontrollieren, weil ihr Angst habt zu sterben und nicht sterben wollt. Auf einer Ebene ist es euch ganz recht, daß diese Themen tabuisiert wurden, und lieber laßt ihr euch weiter kontrollieren, als euch diesen Themen zu stellen. Aber wir müssen alle diese Ketten sprengen! Wir müssen alles, was wir uns haben einreden lassen, durchbrechen und sagen: »Ich möchte leben! Und was heißt es zu leben?« Wenn dann das Alter kommt, wirst du nicht alt sein, du wirst noch immer voller Leben sein, bis der Körper sagt: »Jetzt muß ich nach Hause gehen.« Indem du dich niederlegst, sagst du: »Einverstanden, Körper, geh heim, wann immer du dazu bereit bist.« Wenn du *wirklich* lebst, bist du jederzeit bereit zu sterben!

Wenn du bereit bist zu sterben, wirst du feststellen, daß niemand je geboren wird und niemand je stirbt. Geburt und Tod sind Illusionen, sie sind Ideen.

Du bekommst diesen Körper, weil du die Geburts- und Todeserfahrungen dieser Dimension brauchst. Gott wurde nie geboren. Gott wird niemals sterben. Gott *ist*, und du *bist*! In dieser Hinsicht ist jeder Mensch wie Gott. Der Körper wird geboren. Du kommst mit ihm in diese Dimension, und du lebst in ihm. Du lebst in den Begrenzungen des Körpers und kannst dieses Spiel hier spielen und dabei Spaß haben, wenn du willst. Der Körper wird sterben, aber nicht du, als Bewußtsein wirst du einfach aus ihm herausschlüpfen. Wenn du einen anderen Körper brauchst, schlüpfst du in ihn hinein. Wenn nicht, wirst du in der nächsten Dimension deinen Spaß haben.

Clare: Wenn ich dich so reden höre, vergesse ich all meine Fragen, die ich über das Sterben und alternde Menschen hatte. Ich erlebe gerade, wie du mich in diesem Augenblick für das Leben begeisterst und wie sehr das Lebendigsein eigentlicher Inhalt unserer Arbeit ist. Siehst du es als Teil deiner Arbeit, Menschen zum Leben zu begeistern?

Paul: Das ist es, worum es auf dieser Ebene hier geht. Unser Hiersein ist ein Abenteuer. Es wurde als solches geplant. Dieses Abenteuer hat mehrere Auswirkungen: Es amüsiert dich eine Zeitlang, es erweitert dein Potential, es führt in dir zu einer Entwicklung, Reife und Expansion. Der ganze Planet Erde war dafür geplant.

Das Problem mit alten Leuten ist, daß ihnen das niemand gesagt hat. Sie wurden in die Schule gesteckt und bekamen von Leuten, die keine Ahnung hatten, deren begrenzte und unbewußte Lebenssicht vermittelt. Es ist nicht allzulange her, daß es hieß, die Erde sei flach, also eine Scheibe. Dann änderten wir diese Sicht. Jetzt sagen wir, sie sei rund. Alle paar Jahre ändern wir fast alle unsere Ansichten über die meisten grundlegenden Dinge. Tatsache ist, daß wir von nichts *wirklich* eine Ahnung haben.

Die Wissenschaftler beginnen, das zu erkennen. Sie fangen an zu sehen, daß nichts so ist, wie es aussieht, aber dieses neue Wissen hat die Schulen und Universitäten noch nicht erreicht. Man lehrt uns veraltete Dinge und sagt uns, wie es angeblich ist, um uns in Käfige einsperren zu können. Wir müssen nun erkennen, daß wir in der Tat keine Ahnung haben, wie es ist. Niemand weiß, *wie* es ist, und vor allem, *warum* es ist, wie es ist.

Wir nehmen die Dinge auseinander, zerlegen sie in ihre

Bestandteile, betrachten sie durch ein Mikroskop und stellen fest, da sind noch kleinere Bestandteile. So stellten wir fest, daß es da immer weitere, kleinere Teilchen gibt, und wir haben das letzte »Etwas« noch nicht gefunden. Wann immer die Wissenschaftler von einem Durchbruch sprechen, haben sie nur wieder etwas noch Kleineres gefunden.

Wir *wissen* in Wirklichkeit überhaupt nichts. Von den grundlegenden Phänomenen haben wir kaum eine Ahnung. Aber davon wird uns in der Schule nichts gesagt. Uns wird beigebracht, wir wüßten, wie alles funktioniert. Wir halten uns noch immer in diesen Käfigen auf. In ihnen gibt es kein Abenteuer, da ist kein Raum für Expansion. Klar, daß die alten Leute verkümmern, natürlich werden sie senil, sie haben kein eigenes Leben, sie haben nie eines gehabt! Wenn es einen wirklichen Bewußtseinswandel in Menschen wie dir und mir gibt, kann dieses Bewußtsein auf andere, auch auf die alten Menschen, überspringen. Dann werden sie ihre eigenen Heime leiten und werden Ärzte und Krankenschwestern haben, die sich um ihre Körper kümmern, aber sie werden ihr Leben selbst in die Hand nehmen.

Irgendwann wird es Teams von Menschen geben, die die Heime besuchen und sagen: »Euer Alter ist eine Illusion. Ihr seid nicht alt. Ihr seid nicht jung. Ihr seid nie geboren, und ihr werdet nie sterben. Ihr *seid* einfach, und im Grunde wißt ihr das.« Jeder Mensch findet dieses alters- und geburtslose »Etwas« in sich, wenn er still »sitzt« – also meditiert – und wach genug ist.

Wer ist es, der da beobachtet? Wer ist es, der schaut? Wer ist es, der weiß, ob und wie alt er ist? Da ist etwas, das alles beobachten kann. Dieses Etwas in uns, das wahrnimmt, ist nicht alt, es *ist*. Sobald die Person sich mit dem wahrnehmenden Etwas, dem inneren Beobachter, identifiziert, spielt es keine Rolle mehr, was im Körper geschieht. Der Körper ist dann für ihn nur eine Maschine, die in guter oder schlechter Verfassung sein kann. Das Wahrnehmende im Inneren jedes Menschen ist lebendig, es ist ewig, es ist Gott, es ist Liebe. Wir können uns von unseren Konditionierungen loslösen und anderen Menschen helfen, sich davon zu lösen, woran sie sich festhalten. Wenn Menschen sich loslösen, werden sie feststellen, daß sie nicht ihr Körper, nicht ihr Verstand und nicht ihre Emotionen sind. Sie sind Gott.

Clare: Während ich hier sitze, wird mir bewußt, wie unglaublich privilegiert ich bin. Was für ein Glück ich habe, die zu sein, die ich bin, und diese Chance zu haben, mit den Dingen in Berührung zu sein, mit denen ich hier in Berührung bin. Und dann denke ich an meine Eltern ...

Paul: Das hat nichts mit Glück zu tun! Laß uns zuerst folgendes betrachten: Du akzeptierst, daß du bereits mehrere Leben durchlebt hast, aber die meisten Leute haben panische Angst davor, das anzunehmen. Du weißt, daß du andere Leben hattest, und bist jetzt bereit, das zu akzeptieren.

In anderen Leben hast du, wenn du zwischen Licht und Dunkelheit entscheiden mußtest, meistens das Licht gewählt. Das hat nichts mit Glück zu tun, »Glück haben« gibt es nicht. Das Universum lebt im Gleichgewicht, alles ist im Gleichgewicht. Jedes Mal, wenn du dich für das Licht entscheidest, bist du mehr Licht, jedes Mal, wenn du die Dunkelheit wählst, entscheidest du dich dafür, mehr Dunkelheit zu sein. Wenn du über deine Eltern sprichst, betrachtest du sie als Opfer. Niemand ist Opfer. Niemand! Jeder ist in diesem Augenblick nicht nur genau da, wo er sich ausgesucht hat zu sein, sondern er ist genau da, wo zu sein er sich von Augenblick zu Augenblick immer wieder *neu* entscheidet!

Laß es mich dir veranschaulichen. Du erinnerst dich sicher, als wir zusammen in Afrika waren, arbeiteten wir mit dem Roten Kreuz, um verhungernden Afrikanern zu helfen. Wir wollten sie in ein anderes Tal bringen, wo es Wasser gab. Aber sie wollten nicht gehen, weil sie glaubten, ihr Stamm und ihre Traditionen würden dadurch entwertet. Sie beschlossen, lieber zu sterben als dahin zu ziehen, wo sie hätten leben können. Das war ihre Wahl. Jeder Mensch wählt sich sein Leben in jedem Augenblick aus!

Deine Eltern suchen sich ihr Leben aus, und es ist das Ergebnis all ihrer Entscheidungen, nicht im Licht zu sein. Sie entschieden sich für den Überlebenskampf, sie entschieden sich für das Geld. Sie wählten nicht die Meditation oder das Licht. Wenn sie das getan hätten, könnten sie jetzt aufwachen. Das Problem ist, daß sie sich selbst eine solche Bürde auferlegt haben. Mit jeder Entscheidung fürs Überleben laden sie sich eine weitere Bürde auf, und es scheint sehr schwer zu sein, aus diesem eingefahrenen

Zyklus herauszukommen. Aber niemand ist ein Opfer, jeder kann *jederzeit* aus seinem Käfig ausbrechen.

Die Frau, die vergewaltigt wird, ist kein Opfer. Der Mensch, der bei einem Autounfall verletzt wird, ist kein Opfer. Jeder von ihnen hat sich das kreiert. Wir erschaffen uns alles *selbst*, was uns in diesem Moment geschieht, aber wir wollen das nicht wahrhaben, weil wir die Verantwortung dafür nicht übernehmen wollen.

»Es passiert uns.« Nichts passiert uns! Wir kreieren es. Jeder einzelne negative Gedanke, den du hast, kreiert Dunkelheit in deinem Leben. Jedes Mal, wenn du urteilst oder bewertest, veränderst du in einer Weise, die du intellektuell nicht verstehen kannst, deine Moleküle. Du veränderst etwas, das zu dir zurückkommen und dir sagen wird: »Das ist jetzt dein notwendiger Ausgleich für jenen Gedanken.«

Wenn du deine Verantwortung für dich uneingeschränkt übernimmst, wachst du auf. Dann gibt es kein Karma, dann gibt es nichts auszugleichen. Du wirst im Licht leben, weil du in Bewußtheit lebst. Die Leute in den Altersheimen haben sich ihr trostloses Dasein ausgesucht, haben es sich selbst kreiert. Sie haben es kreiert, weil es das ist, was sie brauchten. Jeder wählt gewisse Grundbedingungen seines Lebens, schon bevor er geboren wird. Auch die Menschen in den Altenheimen sagten, bevor sie auf die Welt kamen: »Das ist das Leben, das ich brauche, um zu lernen, was ich lernen muß, und um auszugleichen, was ich ausgleichen muß.«

Das Problem ist, du kommst in dieses Leben und vergißt das alles, und dann glaubst du, das Opfer deiner Lebensumstände zu sein. Du beklagst dich, und wenn du das tust, schaffst du keinen Ausgleich. Du gleichst nicht nur nichts aus, sondern schaffst im Gegenteil nur noch mehr Ungleichgewicht. Dann stirbst du, und im Moment des Sterbens läuft dein ganzes Leben vor dir ab. Du siehst jede einzelne Situation, in der du unbewußt warst, jeden Augenblick, den du in der Dunkelheit warst, und dann weißt du, daß du noch einmal wiederkommen mußt.

Laß mich mit dir über einen weiteren Aspekt hierzu sprechen: Niemand muß irgend etwas richtigstellen. Das einzige, was du tun mußt, ist bereuen. Reue hat nichts mit Schuld und Selbstmitleid zu tun. Reue kehrt die Dinge um, radiert die Situation aus und sagt: »Ja, das und das ist geschehen, sei jetzt aufmerksam und dir dessen bewußt, und damit ist die Angelegenheit erledigt.« Kein Ausgleich ist nötig. Wach auf, und dann gibt es nichts mehr auszugleichen.

Wer heute in einem Altersheim vor sich hinleidet, hat sich das selbst ausgesucht. Diese Menschen haben es sich in einer anderen Dimension bewußt gewählt und haben es hier in dieser Dimension durch ihre Unbewußtheit immer *wieder* gewählt. Wenn sie erwacht wären, also ihre Hauptenergie in den Prozeß des Erwachens hineingegeben hätten, wären sie nicht in diesem Heim, sondern wären von liebevollen Menschen umgeben. Sie würden genau so leben, wie sie leben wollen.

Wir müssen aufwachen zu dem, der wir wirklich sind! Denn dazu sind wir hergekommen. Ein ganzes Team von Wesen, die sich auf vielen Planeten in zahlreichen Leben darauf vorbereitet haben, ist hierher zurückgekommen, um Menschen dabei zu helfen, sich zu erinnern und aufzuwachen.

Buddha hat es versucht, Jesus hat es versucht. Viele haben es versucht. Der Zeitpunkt stimmte jeweils noch nicht ganz. Die Aufnahmebereitschaft war nicht da. Jetzt muß sie da sein! Wenn dieser Planet überleben soll, müssen die Menschen zu dem erwachen, der sie wirklich sind.

Clare: Als du gerade über das Opfer-Sein sprachst, wurde mir etwas über meine Eltern klar. Ich merke, daß ich immer wieder auf sie hereinfalle und mich schuldig fühle. Ich liebe sie sehr und fühle ihr Leid, und es bedrückt mich.

Paul: Leid ist Widerstand. Deine Art zu lieben ist noch nicht Liebe, sie ist einfach nur Sentimentalität. Ich habe meinen Eltern einen »Hammer« nach dem anderen geliefert. Ich war schonungslos und habe ihren Lebensvorstellungen nie nachgegeben. Ich habe ihnen Briefe geschrieben, die sie total erschüttert haben. Ich habe Dinge getan, die ihr ganzes Leben durcheinanderbrachten. Meine Liebe zu ihnen war immer da, aber ich habe mich nie auf ihre Sentimentalität oder ihre unbewußte und beschränkte Lebensart eingelassen. Ich habe gesagt: »Dies ist meine Wahrheit, das ist das Licht, wie ich es sehe, und ich höre nicht auf euch, denn das Beispiel, das ihr mit eurem Leben gebt, kann kein Beispiel für mich sein. Das ist nicht das Licht, das ist

Ignoranz. Ich begegne euch nicht in eurer Ignoranz.«

Jahrelang habe ich diese Haltung meinen Eltern gegenüber beibehalten, obwohl sie mich aus ihrer Sicht für grausam halten mußten. Nun hat etwas »klick« gemacht, meine Eltern sind aufgewacht, und jetzt sehen sie. Meine Mutter versteht wahrscheinlich mindestens so viel von dem, was ich tue, wie irgend ein anderer Mensch auf diesem Planeten, der hören kann, was ich mitteile. Sie versteht mich nicht intellektuell, aber sie weiß, was ich bin und wozu ich hier bin. Zu diesem Verstehen konnte sie nur kommen, weil ich ihrer Schwäche nie nachgegeben habe. Ich habe einfach immer damit weiter gemacht, ihr meine Wahrheit zu sagen, bis es bei ihr »klickte« und sie hören konnte.

Deine Eltern versuchen, dich die ganze Zeit auf ihre Ebene herunterzuziehen. Sie sagen, jeder auf seine Weise: »Ich bin das Opfer. Siehst du denn nicht, wie schlecht es mir geht?« Sie ziehen an dir, packen dich an deiner Empfindsamkeit. Wenn du dieses unbewußte Spiel beenden möchtest, mußt du den Mut haben, »nein« zu sagen. Du mußt mit deiner Wahrheit regelrecht auf sie einhämmern. Vielleicht werden sie dann noch wütender und werden dich wieder einmal enterben. Aber du mußt den Mut haben, ihnen zu sagen: »Das ist nun einmal meine Wahrheit. Und ich habe mich entschieden, nach ihr zu leben. Ihr könnt das akzeptieren oder nicht.« Das mag ihnen noch mehr Schmerz bereiten. Schmerz ist Widerstand. Sie wollen die Wahrheit nicht hören, sie wollen Sicherheit. Sie wollen sicher sein. Sie »wiegen« sich in ihrer vermeintlichen Sicherheit, aber ihr Leben funktioniert ganz offensichtlich nicht. Das Leben der meisten Menschen funktioniert nicht. Den meisten Menschen geht es nur ums Überleben und um Sicherheit. Aber wer oder was ist schon sicher? Niemand fühlt sich sicher. Wie du weißt, haben wir mit Milliardären gearbeitet, und sogar die fühlten sich nicht sicher. Solange dein Leben sich um Sicherheit dreht, wirst du dich nie sicher fühlen können. Gib die Suche nach Sicherheit einfach auf, und du *bist* sicher, du existierst nur hier und nur jetzt!

Clare: Mir ist gerade klar geworden, daß eine deiner so bemerkenswerten Eigenschaften die ist, daß du absolut kompromißlos bist. Kannst du etwas über diesen Teil in dir sagen, der so stark ist und der manchmal als geradezu unbarmherzig erscheint?

Paul: Was du Kompromißbereitschaft nennst, ist nichts als Sentimentalität. Sie ist Betroffenheit und nicht Fürsorge. Es geht dir dabei um dich selbst und nicht um den anderen. Jeder, der das Licht wirklich erreichen will, muß für eine gewisse Zeit in seinem Leben total selbstsüchtig sein. In dieser Phase muß sich dein Leben nur um dich und sonst um nichts und niemanden drehen! Wenn du das tust und weiterhin wach im Prozeß des Erkennens bleibst, dich immer tiefer wahrnimmst, wachst du auf. Wenn du aufwachst, empfindest du Fürsorge statt Sorge. Was die meisten Menschen Liebe nennen, ist in Wahrheit Betroffenheit. Was sie meinen, ist: »Ich möchte nicht, daß du leidest, denn wenn du leidest, geht es mir schlecht.« Sie *sehen* den anderen noch nicht einmal. Wenn du genug Energie für dich selbst einsetzt und dann erkennst, wer du bist und erwacht bist, erkennst du, worum es in jeder Situation eigentlich geht. Du siehst, daß dieser Mensch sein Leid braucht. Ohne sein Leid würde er nicht aufwachen. Er mußte diesen Unfall haben, denn er war so blind, daß er sein ganzes Leben vergeudete. Du empfindest weiterhin Fürsorge für diesen Menschen. Wenn du jemanden leiden siehst, berührt es dich, aber du fühlst dich nicht mehr unwohl dabei – wie die meisten Leute.

Bevor du dich nicht selbst siehst, kannst du niemanden anderen sehen. Was immer du erfährst, bist du selbst. Bis du nicht in dir Klarheit gefunden hast, kannst du einen anderen Menschen nicht einmal andeutungsweise richtig erkennen. Wenn du »draußen« Ärger siehst, ist das nicht der Ärger von jemand anderem, sondern du siehst deinen eigenen Ärger. Wenn du frei von Ärger bist, siehst du einfach Energie. Wenn du draußen Leid siehst, denkst du, du siehst das Leid von jemand anderem, aber das stimmt nicht, du siehst in erster Linie dein eigenes Leid.

Wenn du das gelernt hast, erkennst du, daß alles genau so geschieht, wie es geschehen soll. Alles, was Menschen passiert, ist Teil von dem, was diese Menschen für sich entworfen und geplant haben, um sich selbst beim Aufwachen zu helfen. Es gibt auch Wesen, die hier in dieser Dimension ganz bewußt Leid auf sich nehmen. Sie waren in einer Dimension, in der sie frei waren, frei von einem Körper, frei von allem, und in der sie in ihrer Liebe gewählt haben, noch einmal hierherzukommen, um zur Vollkommnung aller beizutragen.

Fast alles, was du Liebe nennst, ist in Wahrheit Sentimentalität. Du kannst so lange nicht wirklich lieben, bis du dich selbst liebengelernt hast. Wenn du dich selbst liebst, erkennst du, daß *alles* Liebe ist. Sie nimmt nur verschiedene Formen an.

Alles ist Liebe! Wenn du das erkannt hast, ist alles, was du siehst, Liebe. Bis dahin dominieren in dir Sorge und Sentimentalität, und die helfen anderen nicht. Wenn du jemanden genug liebst, wirst du ihm die Wahrheit sagen. Bisher denkst du: »Ich sage ihm die Wahrheit lieber nicht, weil sie ihm wehtun wird.« Dabei ist deine Wahrheit genau das, was der andere braucht. Du aber sprichst nicht offen mit ihm, weil du meinst, er würde dich dann nicht mehr lieben.

Du liebst dich selbst noch nicht, daher brauchst du die Liebe der anderen. Also gehst du Kompromisse ein, wobei Kompromisse nur ein anderes Wort für Lügen sind. Jeder ist ein Lügner, denn jeder lebt in Lüge. Es gibt nur sehr wenige Menschen auf diesem Planeten, die in Wahrhaftigkeit leben. Wenn du ihnen begegnest, wirst du sie erkennen, denn sie strahlen Licht und Klarheit aus. Du wirst diese Menschen erkennen, sobald sie zur Tür hereinkommen.

Du weißt in jedem Augenblick, ob du lügst oder nicht. Damit du jedoch deine Lügen nicht sehen mußt, machst du lieber die Augen zu und gehst in deine Unbewußtheit. Du springst in eine deiner klischeehaften Angewohnheiten oder überläßt dich deinen Süchten. Das hält dich beschäftigt, so daß du nicht zu sehen brauchst, wer du in dieser Situation bist und was du gerade machst. Wenn du wach werden willst, mußt du dich ständig fragen: »Bin ich gerade in meiner Wahrheit? Habe ich den Mut, in diesem Augenblick ich selbst zu sein?«

Clare: Teil meines augenblicklichen Abenteuers ist, daß mir das Thema verlorengegangen ist, über das ich eigentlich mit dir sprechen wollte. Was soll's, im Moment fühle ich mich jedenfalls sehr im Hier und Jetzt mit dir.

Paul: Für die meisten alten Leute ist es zu spät, aufzuwachen. Der größte Teil ihrer Lebenskraft ist verbraucht, und sie wollen sterben, sie wollen lieber gehen und mit allem hier fertig sein. Es gibt einige unter ihnen, die bereit sind zu suchen, aber die wissen nicht, wo sie mit ihrer Suche beginnen sollen. Das Leben, wie es ihnen und uns beigebracht worden ist, funktioniert nicht. Die Religionen und Konfessionen funktionieren nicht. Sie sind leer, sie helfen nicht, ja, noch schlimmer: Sie lehren den Menschen Lügen! Aber das Hiersein ist für niemanden – in welchem Alter auch immer – hoffnungslos. Bis zum allerletzten Augenblick besteht die Möglichkeit aufzuwachen!

Wenn ein Mensch *wirklich* bereit ist zu sterben, hat er nichts mehr zu tun, denn dann hat er alles getan; alles ist geklärt. Sterben ist dann ein Lösen, ein Loslassen, ein reiner Energietransfer. Auch in einem alten Menschen ist dieser Funke, der jederzeit erweckt werden kann. Die Wahrheit ist immer da, das Leben ist immer da, die Ewigkeit ist immer da! Wenn ein Mensch seinen Sterbezustand bewußt annehmen kann, wird diese Energie in ihm wiedererweckt. Wenn jemand im Sterben liegt, hat er eine günstige Situation, in der er diese Energie-Erweckung geschehen lassen kann, indem er sich fallenläßt. Denn bis dahin hatte er nur gekämpft, um zu leben. Wenn er nun zu sterben beginnt, erkennt er, daß jegliches Kämpfen sinnlos ist und daß er keine Kontrolle über Leben und Tod hat. In dem Moment, in dem er aufgibt, kann er das erfassen. Wenn er zu dieser Erkenntnis gelangt, wird er auf völlig andere Weise sterben, was sogar bedeuten kann, daß er nicht noch einmal geboren werden muß. Und wenn er doch wiedergeboren werden sollte, dann unter sehr günstigen Umständen. Das heißt, er muß seine Aufgabe noch einmal auf dieser Ebene hier erfüllen. Denn in anderen Dimensionen ist dies nicht möglich. Auf der nächsten Stufe kannst du keine Erfahrungen machen. Dies hier ist die Ebene der Erfahrungen, daher ist jede einzelne Sekunde deines Lebens so wichtig.

Der gesamte Planet Erde ist dabei, einen gewaltigen Bewußtseinswandel zu vollziehen. Aus diesem Grund haben sich fünfeinhalb Milliarden Wesen so beeilt, zu diesem Zeitpunkt hier auf der Erde zu sein, und noch viel mehr versuchen, hierher zu kommen. Denn jeder möchte hier dabei sein. Das Problem dabei ist, daß du durch den Prozeß der Geburt und durch deine Konditionierungen vergessen hast, wozu du eigentlich hergekommen bist. Wir hier und andere aufwachende Menschen sind auf diesen Planeten gekommen, um Menschen dazu zu ermutigen, sich daran zu erinnern, wofür sie gekommen sind –

das ist alles! Den Rest werden sie selbst erledigen. Wir sind nicht hier, um sie zu belehren oder ihnen etwas zu zeigen. Sobald sie beginnen, sich daran zu erinnern, wer sie sind und warum sie hier sind, werden sie ihre Arbeit *selbst* tun. Sie wissen genau, was zu tun ist. Wir alle wissen das, wir wurden nur sozusagen davon »wegkonditioniert«. Komm zurück zu dem, der du bist, löse dich von all deiner Konditionierung, und du wirst dich erinnern, warum du hierhergekommen bist. Sobald du dich erinnerst, wirst du deine Arbeit tun, du wirst als erstes das Reich Gottes suchen.

Du schulst dich aufzuwachen, denn nur dafür bist du hergekommen. Du machst alle Erfahrungen, die es zu machen gilt, wahlfrei, bedingungslos und offen. Du hältst dich nicht länger auf mit deiner Familie oder deinen Kindern oder deinem Geld; das alles ist jetzt sekundär geworden. Alles wurde zweitrangig gegenüber deiner Entschlossenheit, dich zu erinnern, wer du bist. Weißt du übrigens, was mit Menschen passiert, nachdem sie ein Nah-Todes-Erlebnis hatten? – Sie lieben ihre Kinder mehr. Sie lieben ihre Partner mehr. Sie sind bei der Arbeit gewissenhafter. Sie sind mehr in Frieden mit ihrem Geld und ihrem Besitz. Denn all das ist sekundär geworden, weil sie jetzt die Prioritäten kennen. Sie »suchen zuerst das Reich Gottes, und alles andere wird ihnen hinzugegeben«. Alles kommt in Harmonie.

Unsere Aufgabe ist, aufzuwachen. Als erstes mußt du aufwachen, und das kannst du nur, wenn du das Aufwachen zur wichtigsten Angelegenheit deines Lebens machst. Sobald du aufgewacht bist, erinnerst du dich, wer du bist. Und alles Unwesentliche ist vorbei. Dann weißt du, wer du bist. Von da an ist dein Dasein ein einziges Vergnügen, du hast eine schöne Zeit und viel Freude, und im Laufe dieses Prozesses hilfst du anderen Menschen, ebenfalls aufzuwachen.

Clare: Ich versuche mir gerade darüber klar zu werden, woran ich festhalte. Während ich hier sitze, erscheint mir alles so leicht und klar zu sein. Aber dann sehe ich mich, wie ich vielleicht schon in einer Stunde wieder zu meiner Art des Festhaltens zurückkehre. Ich sehe auch, wie alte Leute an ihren eingefahrenen Gewohnheiten festhalten.

Paul: Das Festhalten rührt daher, daß du in einem Körper steckst, der aufs Überleben programmiert ist. Der Körper ist eine Maschine, die einen Überlebensmechanismus eingebaut hat, und deine Energie verstrickt sich in ihr. Du hast noch nicht erkannt, daß du nicht diese Maschine *bist*. Die Maschine ist ein Teil von dir, aber du bist nicht die Maschine. Du brauchst dich nicht ums Überleben zu sorgen, das ist Aufgabe der Maschine. Deshalb empfindet die Maschine Schmerz, wenn sie sich stößt. Das ist nötig zum Überleben, das muß so sein. Aber du bist nicht diese Maschine. Du bist Gott, du bist frei, du bist etwas, was *in* dieser Maschine ist. Du hast dich freiwillig in diesen Körper, in dieses System eingesperrt, um den Spaß zu haben, dich wieder aus ihm zu befreien und herauszufinden, wer du bist. Viele Menschen sind heute in der Lage, ihren Körper bewußt zu verlassen. Sie verlassen ihn und erkennen: »Mein Körper ist eine Art Maschine. Solange die Maschine lebt, muß sie ernährt und versorgt werden. Vor manchen Dingen bekommt diese Maschine Angst, und manche Dinge genießt sie. Sie mag keinen Schmerz, sie genießt Zärtlichkeit und Sexualität. Ich muß mich um die Maschine kümmern, aber ich bin nicht mit ihr identisch. Ich kann jederzeit meinen Körper verlassen.« Manche Menschen sind inzwischen in der Lage, daß sie nur ihre Augen zu schließen brauchen, und schon sind sie außerhalb ihres Körpers. Sie können jederzeit auf sogenannte Astralreisen gehen. Aber selbst auf einer solchen Reise nimmst du nur einen *bestimmten* Ausschnitt wahr, denn diese Erfahrungen haben noch immer mit der irdischen Dimension zu tun. Wenn du jedoch nicht auf diese Art reist, kannst du andere Dimensionen erleben, die sogar einer höheren Ordnung angehören.

Noch nimmst du deine Bewußtheit zurück, wenn deine Maschine ein Überlebenssignal aussendet. Um aufwachen zu können, mußt du wissen, wer du bist; du mußt achtsam mit dir umgehen und erkennen, daß du nicht die Maschine bist. Erinnere dich immer wieder daran: »Ich *bin* nicht dieser Körper. Ich habe schon viele Male in einem Körper gelebt. Ich habe schon viele Charaktere gehabt, und wenn ich weiterhin in Ignoranz lebe, werde ich noch weiter Persönlichkeiten durchleben müssen.«

Wenn du aufwachst, bist du von den Einengungen deines ganzen Systems mit seinen biologischen, mentalen und emotionalen Teilen befreit. Manche Leute werden dann zu

Heilern, weil das Ausdruck ihres individuellen Beitrags ist. Andere werden Menschen helfen, sich zu befreien, weil das Ausdruck ihres Beitrags ist. Wieder andere werden einfach tanzen, andere werden singen, die nächsten werden malen oder putzen oder Gartenarbeit machen. Aber was immer sie auch tun, allein die Ausstrahlung ihres Wesens wird heilend wirken. Wann immer du so einem Menschen begegnest, wird seine feine Schwingung deine Schwingung erwecken und dir mitteilen: »Wir sind nicht in diesem System gefangen. Wir sind Gott. Wir sind Ewigkeit.« Und du wirst diese Schwingung »wahr-nehmen«. Nicht als Gedanke, nicht intellektuell, du erlebst sie. Sie weckt dich auf, und indem du erwachst, erkennst du: »Das ist es, worum es geht. Ich möchte auf keine andere Art mehr leben.« Und dann fragst du dich: »Wie kann ich ständig in dieser Schwingung, in diesem Bewußtsein leben?« Deine ganze Intention bezieht sich nur noch darauf, in dieser Energie, in diesem Licht, in dieser Freude zu leben. Dann beschließt du, diese Bewußtheit mit anderen zu teilen. Das gehört dazu.

Jedes Wesen kreiert seine Realität. Jeder ist für sein Erleben uneingeschränkt selbst verantwortlich. Es wäre erniedrigend, wäre dem nicht so.

Siebtes Kapitel

DU SELBST SEIN

Es interviewt Salila

Salila: Ich möchte mit dir darüber sprechen, was es für einen Menschen wirklich bedeutet, dieses »Du selbst sein«. Was bedeutet es für mich, ganz ich selbst zu sein? Während wir in den vergangenen Monaten mit dir gearbeitet und gelebt haben, habe ich dich immer wieder sagen hören, das einzige, was wir zu »tun« brauchen, ist, präsent und wir selbst zu sein. Mir wurde klar, daß die meisten von uns davor immer noch viel Angst haben und lieber irgendeine Technik anwenden – sogar eine so intensive wie beispielsweise Bioenergetik –, statt sich direkt mit ihrem Sich-selbst-Sein zu konfrontieren.

Paul: Die allermeiste Zeit sind wir damit beschäftigt, zu vermeiden, wir selbst zu sein. Wahrscheinlich hat das begonnen, als wir Kinder waren und uns gesagt wurde, wir seien nicht in Ordnung, so wie wir gerade waren. Es wurde uns gesagt oder unterschwellig vermittelt, wir seien zu laut oder machten zu viel Unordung, wenn wir Dinge taten, die den Erwachsenen gerade nicht paßten, oder wenn wir beachtet werden wollten, unsere Eltern aber gerade beschäftigt oder müde waren. So wurde uns vermittelt, wir würden ständig alles falsch machen. Also haben wir begonnen, immer aufzupassen und vorsichtig zu sein. Davon steckt noch viel in unserem kontrollierenden Verstand: Die typische Befürchtung aus unserer religiösen Tradition ist die, grundsätzlich alles falsch zu machen, weil wir erbärmliche Sünder sind, die die Sünden der Vorväter in sich tragen. Und so fühlen wir uns unsicher, falsch, schlecht und schuldig. Irgendwo meint diese Stimme in uns ständig: »Du bist nicht in Ordnung. So, wie du bist, bist du schlecht«.

Viele Therapeuten, Lehrer oder Gurus, bei denen du dann Hilfe suchst, sagen dir, was du tun mußt: »Bei deiner miserablen Verfassung mußt du unbedingt Bioenergetik oder Primärtherapie oder Encounter-Übungen machen«. Diese Lehrer vermitteln dir, daß du etwas für dich tun mußt, um dich in Ordnung zu bringen und um ein besserer Mensch zu werden. So schlagen sie dir ihre Methode oder eine Therapie vor, mit der sie dir helfen möchten, dich wenigstens »besser« zu fühlen.

Ich sehe, daß ein sehr viel direkterer Weg existiert. Wenn jemand nämlich *tatsächlich* bereit ist, sich selbst »wahr-zunehmen« und sich bewußt zu begegnen, dann braucht er nur sich selbst anzuschauen, und alles, was er zu erkennen hat, kommt ganz von alleine zum Vorschein. Aber wir sind zu ängstlich oder zu ignorant, um uns zu erkennen. Wir sind faul und suchen ständig nach Abkürzungen, aber bei der Selbst-Entdeckung gibt es keine Abkürzungen – es gibt nur schnelle und langsame Wege.

Der schnellste Weg, den ich kenne, ist der, zu sein, der du bist – jetzt! Wenn du deinen Mut dazu benutzt, dich zu erkennen, kommen all die Dinge hoch, die du dir über dich hast beibringen lassen: »Ich bin es nicht wert, geliebt zu werden. So, wie ich bin, bin ich nicht gut genug ...« *Alles* kommt an die Oberfläche. Aber weil wir all dem nicht unmittelbar begegnen wollen, gehen wir lieber irgendwohin und machen statt dessen eine Therapie, praktizieren alle möglichen Methoden, Techniken und Übungen und durchleben unsere Katharsen. Das einzige, was du aber wirklich brauchst, ist, unmittelbar du selbst zu *sein.*

Salila: Wenn all diese unangenehmen Sachen hochkommen, wenn wir im unpassenden Moment wütend oder eifersüchtig oder sexuell erregt werden, wie sollen wir dann damit umgehen?

Paul: Du weißt, wie das ist, wenn du zum Beispiel ein sehr schweres Gewicht zu heben hast. Du beschließt dann wahrscheinlich, dazu einen Flaschenzug zu benutzen. Du kannst einen ganz einfachen verwenden, bei dem das Seil nur über eine Rolle läuft. So hebst du das Gewicht sehr schnell, weil das Seil ja nur über eine Rolle läuft und du das Gewicht praktisch direkt hebst – du mußt allerdings sehr kräftig ziehen. Das Gewicht auf diese direkte Weise zu heben, könnte dir aber als zu schwer vorkommen. Und so benutzt du lieber einen Flaschenzug mit mehreren Rollen, über die das Seil mehrfach umgeleitet läuft. Dadurch zieht es sich viel leichter am Seil. Du hast zwar viel öfter und länger zu ziehen wie mit dem einfachen Flaschenzug, aber das Ziehen selbst geht wesentlich leichter.

Wenn du zu einem Therapeuten gehst, machst du es dir leichter. Du kannst ziehen und ziehen und ziehen und merkst gar nicht, wie schwer das Gewicht eigentlich ist, aber du mußt sehr oft und lange ziehen, du mußt dich durch vieles hindurcharbeiten und mußt viel Zeit und Geld dafür einsetzen. Du selbst zu sein, bedeutet, keinen komfortablen Flaschenzug zu verwenden. Du gehst unmittelbar zur Quelle. Das mag dir manchmal mühsam oder sogar schrecklich erscheinen. Aber das ist nur so, weil das Ego es haßt, sich zu erkennen und zu fühlen. Es weigert sich, all die dummen Dinge zu sehen, die es geglaubt und getan hat. Dein Ego will nicht sehen, wie unbewußt es gewesen ist. Daher machst du lieber diese Therapien, um jemanden zu haben, der dir sagt, was du zu tun hast, und der dich beruhigt. Und vielleicht hast du irgendwann sogar auf diese Art deine Not überwunden. Aber wenn du jetzt auf diese indirekte Art nicht mehr weitermachst, gelangst du direkt und senkrecht in deine Tiefe.

Laß uns auch hierzu ein Beispiel wählen: Nimm an, jemand verletzt dich. Jede Person hat ihre eigene Art, mit Verletzungen umzugehen. Viele schneiden sich von jeglichem Fühlen ihres Verletztseins ab. Indem sie überhaupt nicht reagieren, versuchen sie, sich totzustellen. Scheinbar ist nichts geschehen. Manche machen total »zu«. Sie sperren ihr wirkliches Empfinden in sich ein. Jemand mit einer anderen Verhaltensstruktur wird auf der Stelle wütend. Nicht wenige fallen in Selbstmitleid. Jeder hat seine spezielle konditionierte Art, mit einer Energie umzugehen, die weh tut. Es schmerzt einfach, aber diesen Schmerz lassen die Menschen nicht zu, und vor allem zeigen sie ihn nicht. Und meistens schmerzt es nur, weil der andere mit dem, was er gesagt oder getan hat, den Nagel *tatsächlich* auf den Kopf getroffen hat. Wenn das, was er sagt oder macht, nichts mit dir zu tun hat, trifft es dich nicht tief und nicht lang anhaltend. Wenn es dich trifft, so bedeutet das, daß es wahr für dich ist, daß die andere Person dir etwas über dich mitteilt, was du nicht wahrhaben willst. Statt dessen benutzt du einen deiner zahlreichen Abwehrmechanismen, um das unmittelbare Fühlen und Erkennen der dich betreffenden Wahrheit zu verhindern.

Laß uns jetzt anschauen, was passiert, wenn du beschließt,

nicht mehr auf deine konditionierte Art zu reagieren: Als erstes triffst du wahrscheinlich auf deinen Ärger, deine Empörung. Wenn du nichts mit dem Ärger »machst«, ihn nicht an der anderen Person ausläßt und ihn auch nicht unterdrückst, erlebst du, daß unter deinem Ärger etwas ganz anderes ist. Wahrscheinlich fühlst du dich nämlich verletzt. Dann möchtest du vielleicht etwas mit deinem Verletztsein »tun«. Wenn du auch damit nichts machst, merkst du, daß darunter wieder eine andere Schicht liegt und darunter noch eine.

So ist eine dieser tieferen Schichten deine Hilflosigkeit. Wenn du das, was geschieht, in die Tiefe gehen läßt und diesen Vorgang aufmerksam wahrnimmst, kommst du zu der Ebene deiner Hilflosigkeit. Da war also jemand der Auslöser dafür, daß du deine Aufmerksamkeit auf etwas in dir gelenkt hast, das sich für dich sehr unangenehm anfühlt. Du kannst diese »Verletzung« eigentlich nicht ignorieren, weil die diesbezüglichen biochemischen Vorgänge, wie zum Beispiel die automatische Produktion und Ausschüttung von Streßhormonen, in deinem System unabhänig von deinem Willen ablaufen, wenn sie aktiviert werden. Du kannst auf der elementaren Ebene deines Systems absolut nichts dagegen machen; nimm einfach wahr, was abläuft. Aus der menschlichen Natur heraus ist vorgesehen, daß du erlebst und fühlst, was dich trifft. Und wir hassen kaum etwas mehr, als uns hilflos zu fühlen. Lieber übergehen wir das unangenehme Gefühl und kontrollieren unser Erleben über unseren Verstand. So schneiden wir uns von unseren Gefühlen ab oder bemitleiden uns. Vielleicht geben wir demjenigen, der dieses Gefühl bei uns auslöste, die Schuld und machen ihm Vorwürfe: »Wer bist du überhaupt, daß du dir erlaubst, so mit mir zu sprechen und mir das zu sagen?« Wir sind sehr erfindungsreich darin, mit unserem Erleben alles mögliche andere zu tun, anstatt einfach zu fühlen, was in uns vorgeht und wer wir in diesem Moment sind.

Nun ist das momentane Erleben natürlich nicht *wirklich* das, was du bist. Es ist aber, was du in diesem Moment erlebst und womit du identifiziert bist. Es zeigt dir nur, wer du gerade in diesem Augenblick bist. Du hast natürlich nicht nur diese Schichten, mit denen du gerade in Berührung gekommen bist, du hast viel mehr Schichten in dir, deren du dir gerade nur nicht bewußt bist. Alles, was für dich »not-wendig« wäre, ist, zu fühlen und zu erleben, wer du gerade in *diesem* Augenblick bist. Das ist wirklich alles! Dann brauchst du keine Psychoanalyse mehr, keine Bioenergetik, keine Primär- oder Encountertherapie, keine Atemarbeit, kein Rolfing oder was auch immer. Dann brauchst du auch keine spezielle Meditationsart mehr, wie zum Beispiel Vipassana oder Zazen. Du brauchst sonst nichts, denn das unmittelbare Wahrnehmen und wache Erleben wird zu deiner Meditation.

Meditation ist nichts anderes, als total präsent zu sein. Aber tatsächlich vermitteln die meisten Meditationstechniken gerade das nicht. Viele Meditationstechniken bestehen aus einer Mantra-Wiederholung oder einer Atemtechnik, die dich vielleicht irgendwohin bringt, dich aber ablenkt von dem, was im Moment in dir geschieht. Das, was du als Angekommensein, als die Verbindung mit deinem Wesen und damit mit dem Göttlichen suchst, geschieht dann, wenn du total gegenwärtig und bewußt bist, wer und wie du in jedem Augenblick bist. Praktisch bedeutet das, daß du dich innerlich ausdehnst und sensitiver wirst, daß du dich nicht weiter eng machst und verkrampfst, dich nicht verspannt hältst und abstumpfst. Du bist einfach so wach und so bewußt wie möglich, du bist, wer du bist, und erlebst, was du erlebst.

Salila: Mir scheint, es gibt da einen Schlüssel, mit dem ich noch nicht ganz klarkomme. Wenn ich eine starke Emotion habe – also beispielsweise sehr ärgerlich oder wütend bin – und diese Emotion nicht am anderen ausagiere, sie aber auch nicht in mich hineinfresse, wie kann ich dann mit ihr auf neutrale Weise präsent sein?

Paul: So, wie du das sagst, fragst du gleichzeitig: »Wie erreiche ich die nächste Stufe?« Die Antwort ist: Suche nicht schon die nächste Stufe! Denn sonst gehst du wieder von dem weg, was gerade jetzt mit dir geschieht. So hörte ich dich eigentlich sagen: »Ich möchte nicht wütend sein, deshalb suche ich einen Weg, meine Wut zu vermeiden.«

Was ich dir empfehle, ist, akzeptiere deine Wut. Wenn du sie hinausschleuderst, akzeptierst du sie nicht, und wenn du sie unterdrückst, erlebst du sie nicht. Wenn du wütend bist, *bist* du einfach wütend. Wenn du das wirklich akzeptierst, wenn du wirklich nichts mit deiner Wut »machst«, sondern sie einfach total spürst und erlebst: »Ja, ich bin gerade total wütend«, wirst du feststellen, daß die Wut bald verschwunden ist. Indem du direkt in die Quelle deiner Wut gehst, in diese kochende, heiße Masse tauchst, wirst du feststellen, daß sie sich auflöst.

Etwas anderes wird dann wahrnehmbar sein – und das kann sich besser oder schlechter anfühlen. Dann laß das gleiche damit geschehen wie zuvor mit deiner Wut. Vielleicht begegnet dir dann etwas wie: »Ich will mich nicht so verletzt fühlen. Wie komme ich aus diesem Schmerz wieder raus?« oder: »Wer bist du überhaupt, du weißt doch gar nicht, worüber du sprichst« oder: »Niemand mag mich, alle sind gegen mich«. Sei einfach mitten in dieser Verletztheit und akzeptiere: »Ja, ich fühle mich verletzt. Es tut weh.«

In deiner Frage ist etwas enthalten, das fragt: »Wie kann ich das Unangenehme vermeiden?« Ich empfehle dir, *vermeide nichts!* Du kannst nicht in das Zentrum deines Ärgers mit dem Ziel gehen, ihn loszuwerden. Du kannst nicht wissen, ob er sich auflösen wird oder nicht. Wenn du willst, daß er verschwindet, gehst du nicht wirklich hinein. Du drehst dich im Kreis um das eigentliche Zentrum und versuchst, ihn loszuwerden. Ich sage, sei in diesem Moment so total, daß du sogar bereit bist, für den Rest deines Lebens ärgerlich zu sein. Und dein Ärger könnte sogar noch schlimmer werden. Der Ärger könnte stärker und stärker werden, aber du sagst dir: »Ich gehe voll in ihn hinein. Ich flüchte jetzt nicht, sondern ich erlebe total, was dieser Ärger ist und wie er sich anfühlt. Wenn ich ihn an dir auslasse, erlebe ich ihn nicht wirklich, sondern versuche, ihn loszuwerden und *dich* mit ihm fertigwerden zu lassen.«

Die Alternative dazu ist das gegenteilige Verhalten: »Ich schneide mich von diesem Gefühl ab. Ich tue so, als sei es gar nicht da. Ich mache einfach dicht und spüre nichts mehr.«

Aber du brauchtest nur zu sagen: »Einverstanden, ich bin ärgerlich. Was ist dieser Ärger? Was geht *wirklich* gerade in mir vor?« Dann, wenn du wirklich völlig präsent und mit deinem Ärger einverstanden bist, löst er sich auf. Wenn du absolut total mit ihm bist, siehst du, was dein Ärger in Wahrheit ist. Du erlebst dann vielleicht, daß eine chemische Substanz in deinem Körper freigesetzt worden ist, und du spürst, wie sie sich auswirkt. Du merkst, wie sie durch deinen Körper jagt und in die Muskeln gelangt, wo sich eine Spannung aufbaut, wie dein Puls steigt und sich etwas in deinem Kopf so verändert, daß dein Sehen verschwimmt. Wie auch immer, du durchlebst deinen Ärger in allen Einzelheiten.

Wenn du dies alles wahrnehmen kannst, *ohne* es zu werten, wirst du sehen, daß das Ganze eigentlich ein starker Energiestrom ist. Wenn du jedoch das, was in dir vorgeht, zu vermeiden suchst oder verurteilst, wertest du es als sogenannten unangenehmen Ärger, der mit allen möglichen gesellschaftlichen Verhaltensregeln und Repressalien belegt ist.

Salila: Laß uns mal kurz die sogenannten »ganz normalen« Menschen betrachten. Eines Tages wachen sie vielleicht auf und erkennen, daß sie mit ihrem Leben nicht glücklich sind. Sie wissen vielleicht noch nicht, was eigentlich genau los ist, sie merken nur, daß etwas nicht stimmt. So fing das nämlich bei mir an. Also machte ich Primärtherapie. Ich wollte an mir arbeiten. Du sagst jetzt, daß das alles unnötig ist. Das einzig Erforderliche ist ständige Aufmerksamkeit, das heißt, bei allem, was geschieht, total präsent zu sein. Und alles weitere ergibt sich von alleine?!

Paul: Nun, laß uns das näher betrachten. Du wachst eines Morgens auf und merkst, daß du mit deinem momentanen Leben nicht glücklich bist. Viel Ungeklärtes hat sich angestaut. Dein Leben besteht aus lauter Kompromissen, die du mit *dir* geschlossen hast, einen nach dem anderen, eigentlich aus einer Unehrlichkeit nach der anderen heraus. Weil deine Eltern dir alles vorgaben und dir sagten, was du tun und was du lassen sollst, hast du kaum eigene Erfahrungen gemacht. Sehr bald hast du aufgegeben, dein Leben selbst auszuprobieren. Nicht, weil du deine eigenen Erfahrungen nicht machen wolltest, sondern weil du zunächst die Anerkennung und Liebe deiner Eltern gesucht hast, später zunehmend aus Angst vor unangenehmen Konsequenzen. Du lerntest, Kompromisse einzugehen, um irgendwie durchzukommen, um zu überleben.

Du hast natürlich nicht wirklich akzeptiert, was die Erwachsenen dir beibrachten. Vielleicht haben sie gesagt: »Faß nicht ins Feuer!« Also hast du deine Hand nicht ins Feuer gestreckt. Du wußtest, sie würden böse werden und dir ihre Liebe entziehen. Du hast es nicht bleibenlassen, weil du wußtest, wie gefährlich es ist, sondern weil »man« es nicht tut. Du hast diese Handlung, dieses Dich-Erproben, dieses Dich-Erleben, unterdrückt. Auf diese Weise hast du eine mögliche Erfahrung nach der anderen unterdrückt.

Später in der Schule hast du schlechte Noten bekommen, wenn du dem jeweiligen Lehrer nicht die Antworten gabst, die *er* hören wollte. Oder du wurdest dafür ausgelacht, was du gesagt hast. Wieder später hast du begonnen zu arbeiten. Und um dir mehr Geld oder eine Beförderung zu sichern, gingst du ständig neue Kompromisse ein.

Kompromisse sind in meinen Augen nichts anderes als Lügen! Wenn du einen Kompromiß eingehst, belügst du dich selbst. Wenn du jedoch absolut präsent und wahrhaftig mit dir bist, erkennst du: »Ich tue das, was mir jemand verboten hat, nur deshalb nicht, weil ich sonst Nachteile riskiere oder bestraft werde«. Das ist Ausdruck einer wacheren Bewußtheit. Du hast die Verantwortung für dein Verhalten übernommen! Die meisten Menschen vermeiden dieses Verantwortlichsein. So gehen wir ständig Kompromisse ein. Und die sind im Grunde Lügen, die zu einem Energiestau führen. Tatsächlich bringt dieser Energiestau, (die Energie, die zunächst nicht fließen *darf* und schließlich fast nicht mehr fließen *kann*) die meisten Leute um. Daher stammen Herzanfälle, Rheuma, Krebs, Arthritis, Depressionen ... und unnötig frühes Sterben! All das entsteht durch Energie, die nicht auf natürliche, gesunde Art ausgedrückt wird.

Der Weg zu deiner Wahrheit steht dir *jederzeit* offen! Das Tor ist nie verschlossen, aber oft ist dir die Richtung unangenehm, in die das Tor aufgeht. Du wachst am Morgen auf und weißt irgendwo in deinem Bewußtsein ganz genau, was du klären solltest. Das kann bedeuten, dich aus deiner Stellung zu lösen oder von deiner Familie oder von deinem Studium. Aber wie üblich sagst du: »Wie kann ich erreichen, was ich will, ohne meine Situation verändern zu müssen?« Mit anderen Worten, du gehst schon wieder Kompromisse ein, du belügst dich weiter. Tatsache ist, daß du vielleicht unter diesem Chef nicht länger arbeiten kannst. Er ist wahrscheinlich dauernd hinter dir her, weil seine Frau hinter ihm her ist, weil die Kinder hinter ihr her sind ... Sie alle geben die Energie weiter, die sie nicht annehmen wollen. Aber du hast eine gute Position, einen guten Job, ein gutklingendes Diplom oder bist auf der Suche nach all dem. Und du hast Angst, einfach alles aufzugeben, vor allem die Sicherheiten, die sich dir zu bieten scheinen. Statt vielleicht einfach dahin zu gehen, wohin deine Energie dich ruft, gehst du Kompromisse ein und sagst: »Wie kann ich unter meinen Bedingungen glücklich werden, ohne etwas verändern zu müssen?« Aber genau das ist höchstwahrscheinlich nicht möglich!

Damit sage ich nicht, es sei nicht möglich, in *jeder* Situation offen und liebevoll zu sein. Wenn du erwacht bist, ist es dein natürlicher Zustand, liebevoll und offen zu sein. Aber zunächst ist es unmöglich, mit all diesen einengenden Kompromissen weiter aufzuwachen. Du siehst genau, was du ändern möchtest und könntest – aber bist du auch bereit, die Konsequenzen zu tragen? Du willst dein Haus nicht verkaufen oder deinen Job *jetzt* nicht aufgeben. Du hängst an deinem schönen Auto. Du willst all die Vorteile und vermeintlichen Sicherheiten behalten und gleichzeitig frei sein. Und ich sage nicht, daß du alles aufgeben mußt, sondern ich empfehle, nicht daran festzuhalten, wenn du merkst, daß dich etwas behindert, *frei* deinen nächsten Schritt zu tun. Dazu sind die meisten Menschen nicht bereit, und deshalb fühlen sie sich ständig so miserabel, besonders, wenn ihre bisherigen Ablenkungensversuche von ihrem wahren Zustand nicht mehr funktionieren.

Was also wäre, wenn du morgens aufwachst und dir *wirklich* eingestehst: »Ich bin mit meinem Leben, wie es im Moment läuft, nicht zufrieden. Was ist zu tun?« Wenn du wirklich bereit bist, alle notwendigen Konsequenzen zu ziehen, bist du bereits aus deinem Gefängnis heraus. Dein Gefangensein ist schon vorbei, du bist frei. Aber nicht, solange du noch überlegst: »Wie kann ich zu mir finden, ohne meinen Partner zu enttäuschen oder zu verärgern? Wie kann ich alles behalten und trotzdem frei sein?« Die Antwort ist: In deinem jetzigen Bewußtseinsstadium ist das nicht möglich!

Am schnellsten befreist du dich, wenn du dich einfach vor ein weißes Blatt Papier setzt und dir sagst: »Gut, ich habe nichts, ich bin an nichts und niemanden in irgendeiner Weise gebunden. Ich bin nur für mich selbst verantwortlich. Es spielt keine Rolle, daß ich sieben Jahre Jura oder Medizin studiert habe. Ich halte es nicht für selbstverständlich, daß ich Anwalt oder Arzt werde. Ich bin jetzt einfach total hier. Ich bin frei. Ich kann tun, was ich möchte, und kann gehen, wohin ich will.« Dann bist du frei, denn dann steht dir ein bewußterer Anteil deines Mensch-Seins plötzlich zur Verfügung.

Wenn du beispielsweise Arzt bist, ist das nicht der Teil in dir, der die Diagnosebücher auswendig kann, sondern der, der die plötzliche Eingebung hat, was der Patient wirklich braucht. Diese Eingebung trifft dich blitzartig, du brauchst sie dir nicht zu erarbeiten. Wenn du Anwalt bist, ist es nicht der Teil in dir, der all die Paragraphen und Gesetze auswendig gelernt hat, sondern der, der plötzlich erkennt: »Das ist der Weg, den Konflikt zu lösen!« Einfach und plötzlich zeigt sich dir, was in der jeweiligen Situation sinnvoll ist. Dieser Teil steht dir spontan zur Verfügung, und er kann dir sagen: »Geh hier raus, bleib hier nicht länger« oder: »Jetzt ist genau das ... zu tun«. Er wird dir aber nur dann ganz genau sagen, was für dich angesagt ist, wenn du bedingungslos offen fragst. Wenn du irgendeine Bedingung stellst, baust du eine Barriere vor diesen intuitiven Teil, vor dieses höhere Bewußtsein, und schon erschaffst du die nächste Barriere und noch eine und noch eine, und dann kann dein höheres Bewußtsein dir gar nichts sagen. Du kannst es nicht hören, weil du nicht wirklich hören willst. Es sagt vielleicht: »Geh weg von hier!« Aber du willst das nicht hören.

Wenn du aufwachst und aufrichtig zu allem bereit bist, wird die Botschaft, die du *wirklich* brauchst, sofort da sein. Sie kann bedeuten, daß du genau dort bleibst, wo du bist, und sich nur deine Einstellung ändert. Sie kann auch heißen, du löst dich ganz aus deiner bisherigen Situation. Wer meint, innerhalb seiner Lebensumstände frei werden zu können, muß vielleicht noch Bioenergetik oder ähnliches machen.

Salila: Jetzt ist es mir endlich klargeworden! Ich habe gerade ein Bild von einer großen Stadt vor mir, zum Beispiel London, und ein Magier kommt und ... paff! Er sendet in die ganze Stadt eine Energie aus, die bewirkt, daß jeder am nächsten Morgen aufwacht und sagt: »Einverstanden, ich bin bedingungslos offen. Was liegt an?« Was, glaubst du, würde mit London oder einem solchen Ort geschehen, wenn jeder sich so öffnen würde? Glaubst du, alle würden sich verändern?

Paul: Das ist weit, weit weg von den jetzigen Möglichkeiten ...

Salila: Stimmt, im Moment scheint es noch weit weg, aber wenn die prophezeiten Störungen wie Erdbeben oder sonstige ökologische und finanzwirtschaftliche Katastrophen eintreten, werden all die Unterstützungssysteme für die Unbewußtheit und die scheinbaren Sicherheiten zusammenbrechen. Früher oder später wird so etwas passieren. Und die Menschen werden sehen können, daß sich auf ihre vermeintlichen Sicherheiten nicht bauen läßt. Sie werden in Bewegung kommen *müssen*. Glaubst du, sie werden dann ihre Familien verlassen oder mit ihnen zusammenbleiben? Oder einfach wie Strandgut umhertreiben? Was, glaubst du, wird geschehen?

Paul: Ich möchte dir eigentlich etwas anderes vermitteln. Ich spreche darüber, morgens aufzuwachen und bedingungslos zu sein. Du sagst dann: »Ich bin bedingungslos offen, und ich weiß nicht, was am besten für mich oder andere oder irgend jemanden ist.« Stell dir diese Situation vor. Nimm zum Beispiel ein Ehepaar, das nicht miteinander auskommt und ständig streitet. So sieht es in vielen Ehen aus. Das Ehepaar hat Kinder, und es hat die Übereinkunft getroffen, sich nur wegen der Kinder nicht zu trennen. Aber üblicherweise ist das nicht die ganze Wahrheit. In Wahrheit wollen sie nicht in Unsicherheit leben, oder derjenige, der die Kinder übernehmen soll, will die ganze Verantwortung nicht allein tragen. Wie auch immer, ihr Verhalten ist nicht ehrlich. Wir wissen nicht, was die Wahrheit ist; niemand weiß, was wahr ist, solange er sich von seinem konditionierten Verstand beherrschen läßt.

Wenn wir uns für unsere Intuition öffnen, ist es wahrscheinlicher, daß wir einen Hauch Wahrheit erhaschen. Sie strahlt einfach durch. Wir »wissen« nicht, was für uns am besten ist. Wir gehen vom Kopf her an die Dinge heran und suchen die Wahrheit mit unserem Verstand, aber auf diese Weise können wir die

Wahrheit nicht erkennen. Unser Bio-Mind-Computer ist dazu unfähig, nicht umfassend genug. Daher beruhen die meisten unserer Entscheidungen auf einer viel zu kleinen Grundlage. Wenn wir das, was wir denken und was wir zu wissen meinen, loslassen und uns eingestehen: »Ich habe keine Ahnung, ob es am besten ist, diese Familie zusammenzuhalten und die Kinder in der Umgebung zweier streitender Elternteile aufwachsen zu lassen. Vielleicht ist es besser, sich voneinander zu lösen. Ich weiß es nicht.« Wenn du dieses »Ich weiß nicht« erlaubst, entfaltet sich etwas, öffnet sich etwas.

Was sich öffnet, ist dein Herz. Es kann sich jedoch nicht öffen, solange du noch ums Überleben kämpfst. Überlebenwollen ist völlig selbstsüchtig. Sogar die Arbeit der meisten Missionare, die ich in Afrika getroffen habe, ging ums Überleben. Es ging ihnen nicht darum, anderen zu helfen, sie waren nur um sich besorgt: »Die einzige Art, mich besser zu fühlen, ist, diesen Leuten zu helfen.« Diese Art des Helfens ist überall üblich, aber dieses Helfen kommt nicht vom Herzen.

»Wenn ich dir nicht helfe, komme ich nicht in den Himmel.« Diese Vorstellung kommt nicht aus Bewußtheit, einem Ort des Weitseins, wo du ehrlich siehst: »Das mache ich, weil ich das für mich will.« Wenn du das einfach ehrlich mitteilst, ist es wunderbar.

Das eigentliche Ziel der Missionare war ihr eigenes Vorankommen. Sie mußten soundsoviele Menschen bekehren, um selbst in den Himmel zu kommen. Das hat nichts mit dem Herzen zu tun. Nur wenn du in diesen Bereich von bedingungslosem Sein und dem »Ich weiß nicht« gelangst, erweitert sich dein Herz.

Wenn dein Herz aufgeht, beginnst du Respekt, Annahme und Liebe für dich zu empfinden. Wenn dies geschieht, tust du nichts mehr automatisch. Du wirst nicht mehr an einem Bettler auf der Straße vorbeigehen, ohne in sein Herz zu blicken. Manchmal wirst du sehen, daß er zu seinem Vergnügen bettelt und nicht wirklich Geld braucht. Manchmal wirst du spüren, daß er wirklich leidet. Du wirst jeden Menschen, jede Katze, jeden Hund, jedes Kind, jedes Blatt *sehen*. Du siehst – und wenn du wirklich siehst, liebst du. Es ist kein Tun, du denkst nicht: »Ich liebe dich.« Liebe *ist* einfach da. Sobald das geschieht, ist alles im Einklang.

Du magst vielleicht denken, daß, wenn dieser Magier mit seinem Stab London verzaubert, keine Taxis mehr fahren werden und die Leute nirgends mehr hinfahren können. Wenn sich jedoch ein Taxifahrer öffnet und fragt, ob er heute sein Taxi fahren will, dann kann alles geschehen. Dann kann er auch frei erkennen: »Oh ja, das mache ich heute liebend gern!« Vielleicht kommt er dann mit den Menschen wirklich in Kontakt, die irgendwohin gebracht werden möchten. Dann hast du einen völlig anderen Taxifahrer, der einfach liebend gerne Taxi fährt, einfach aus Liebe und nicht aus Überlebenszwängen.

Sicherlich würde es dann einen enormen Wandel geben, denn wenn Menschen aufwachen, werden sie ehrlich. Und um dieses Ehrlichsein geht es in unserem heutigen Gespräch. Bist du ehrlich mit dir selbst? Bist du ehrlich mit anderen? Ehrlichkeit hat viele Schichten. Eine Schicht mag sein: »Ja, ich möchte mich um meine Kinder und meine Familie kümmern ... ja, natürlich!« Wenn du tiefer gehst, entdeckst du vielleicht eine andere Ebene. Bleib dran, und du findest immer weitere Ebenen. Wenn du am Grund deines Wesens ankommst, erlebst du, daß du Liebe bist. Du *liebst* nicht nur, sondern alles, was du tust, *ist* Liebe. Nie wieder faßt du unbewußt einen Türgriff an. Du wirfst nie wieder deine Schuhe einfach in die Ecke. Du gehst nie mehr unachtsam mit deinen Kleidern um. Du erkennst, daß alles Bewußtsein hat. Alles, auch jedes Ding! Du behandelst alles liebevoll und natürlich. Du bist dann achtsam und sorgsam – und aus dieser Offenheit in dir geschieht eine Erwiderung von allem. Du bist nicht mehr der, der etwas tut, sondern in jeder Situation entsteht eine Verbindung, und jede dieser Verbindungen ruft eine Resonanz in dir hervor.

Du gehst also an diesem Bettler vorbei und siehst oder fühlst ihn. Wenn du offen bist, brauchst du nicht einmal hinzuschauen, du fühlst und weißt, ob und wieviel Geld er braucht. Und ohne eine Wahl zu treffen, reagierst du stimmig. Vielleicht gibst du ihm deine letzten zehn Dollar, weil du weißt, daß er sie nötiger braucht als du. Das fällt dir dann ganz leicht. Du weißt, für dich wird gesorgt. Wenn du offen bist, bekommst du alles, was du brauchst. Ganz von selbst. Vielleicht spürst du auch, daß dieser Bettler ein Gauner ist und kein Geld braucht. Du weißt es einfach. Wenn ich »wissen« sage, meine ich damit nichts Aktives. Du brauchst nicht zu fragen. Du brauchst überhaupt nichts zu tun. Es geschieht einfach wie von selbst in dir – als eine Verbindung und als eine Antwort – zu allem und jedem um dich herum. Und das hilft den anderen, ebenso auf dich einzugehen.

Salila: Während du gerade vom Herzen sprachst und darüber, wie Menschen aus dieser Expansion des Herzens heraus leben können, war ich sehr berührt von der Sanftheit, die darin liegt. Hast du Menschen, die sich in diese Ausdehnung, Sanftheit und Liebe hinein entfalten wollen, noch mehr zu sagen?

Paul: Wir leben auf einem Planeten, auf dem es enorm viel Brutalität gibt. Das war nicht immer so. Wir haben uns das so geschaffen. Eine Katze ist ein sehr schönes Tier, aber sie kann grausam sein. Sie tötet ihre Beute auf sehr qualvolle Art. Wir sprechen so liebevoll von »Mutter Natur«, aber in der Natur geht es sehr grausam zu. Dort herrscht ein einziges Einandertöten. Wir sprechen so oft vom »Zurück zur Natur«, aber die Natur ist teilweise grausam und zum großen Teil gewalttätig. Es geht sehr grob zu auf dem Planeten, auf dem wir hier leben. Und wir haben es so gewählt, um alles in seine Extreme zu zerlegen und so klarer zu sehen. Wenn alles eins ist, sind wir uns unserer Bewußtheit nicht bewußt. Um sie zu erkennen, müssen wir sie zerteilen, sie aufspalten.

Dieses Experiment der Getrenntheit und Dualität ist jetzt zu Ende. Wir haben all das erprobt, was wir ausprobieren wollten. Und jetzt ist es notwendig, das zu beenden und wieder zurückzukommen. Es ist schon so, daß wir in einer Atmosphäre leben, in der es sehr schwierig ist, liebevoll zu sein, weil es dazu fast keine Unterstützung gibt. Die einzige Ermunterung, die wir haben, kommt aus den »höheren« Ebenen, mit denen wir jedoch den Kontakt verloren haben. Gelegentlich kommt jemand auf diesen Planeten, der diesen Art von Verbundensein verwirklicht hat, jemand wie Jesus oder Buddha. Aber die Ermutigung, dadurch hier und jetzt praktisch in diese Verbindung zu gelangen, ist noch verschwindend klein.

Wir sprechen von der Grausamkeit der Kriege und wie schrecklich sie sind. Und fast alle Menschen sehen das so. Die Mehrzahl der Generäle, Soldaten und Militärangehörigen wollen das jedoch nicht wahrhaben, denn sonst hätten sie nicht diesen Beruf. Sie sind beim Militär, weil sie Gewalt ausüben wollen und nicht, weil sie Frieden suchen. Die meisten Polizisten machen ihren Job, weil sie brutal sein wollen und nicht, weil sie Frieden stiften wollen. Sie sind sich noch nicht einmal bewußt, daß sie diese Gewalttätigkeit in sich haben. Die Menschen schauen sich brutale Filme an, weil wir auf einem brutalen Planeten leben. Und die meisten Filme sind voller Gewalt.

Wir sagen immer, all das ist »da draußen«, außerhalb von uns. Es ist aber nicht außen, es ist in jedem einzelnen von uns, ohne Ausnahme! Diese Dimension hier ist voller Gewalt, und jeder trägt Gewalt in sich – ohne Ausnahme – einschließlich Jesus und Buddha. Mit Bewußtheit, Wachheit und bedingungsloser Offenheit erkennen wir diese Gewalt in uns. Wenn du wirklich offen bist, kannst du in einer entsprechenden Situation erkennen: »Ich könnte dem jetzt den Hals umdrehen. Ich könnte ihn ohne weiteres umbringen. Aber ich brauche das nicht zu tun, ich muß dem nicht nachgeben.« Und indem du diesen gewalttätigen Teil in dir akzeptierst, löst er sich auf, und langsam erscheint deine natürliche Liebe.

Die meisten Menschen, die davon sprechen, Kriege beenden zu wollen, sind selbst ständig mit Teilen in sich im Kriegszustand. Sie führen einen Krieg an ihrem Arbeitsplatz, indem sie versuchen, besser zu sein als ihre Arbeitskollegen. Sie versuchen sie auszustechen, um einen besseren Posten zu bekommen. Und wenn sie dann nach Hause kommen, sind sie im Krieg mit ihrem Partner. Aber das sind lediglich Symptome des Krieges, den jeder mit sich selbst führt. Die Menschen akzeptieren und lieben *sich* nicht.

Wenn du dich selbst nicht annimmst und liebst, kannst du niemals jemand anderen lieben. Du magst dich betört fühlen, ein sentimentales Gefühl für jemanden empfinden, aber du kannst niemanden *lieben*, bis du dich nicht selbst lieben gelernt hast, denn so lange weißt du nicht, was es bedeutet, zu lieben. Du suchst Liebe für *dich*, und du suchst sie außerhalb von dir, aber finden kannst du sie nur in dir. Was immer du auch fühlst und erlebst, bist du selbst und nicht der andere! Wir leben in einer Welt voller Gegeneinandersein und Gewalt, und das resultiert aus dieser Nichtannahme von uns selbst und anderen. Dabei brauchen wir nur damit zu beginnen, uns zu erkennen und zu akzeptieren: »So etwas habe ich *auch* in mir. Und ich mache das so.« Wenn du mit dem, was du wahrnimmst, nichts »machst«, fängst du an, die Einzelheiten klarer zu sehen. Und indem du dich erkennst und akzeptierst, gelangst du von einer Ebene zur anderen, bis zu deinem sogenannten »höheren« Selbst, ins Licht, zu Gott, oder wie immer du es nennen möchtest. Du erreichst einen Bereich absoluter Reinheit.

Manche sehen diesen Bereich als Licht, andere als Dunkelheit oder als Leere, andere als Gott. Wenn du ihn noch als »etwas« siehst, hast du den Grund noch nicht erreicht. Sobald du den Grund erreichst, gibt es nur noch einfaches, reines *Sein*. Wir können es Liebe nennen, aber sogar der Begriff Liebe ist noch eine Verunreinigung, eine Einschränkung. Es ist einfach eine ganz natürlich fließende Sanftheit, Sensitivität, Güte, Aufmerksamkeit, ein Für-andere-da-Sein ...

Um diesen Bereich zu erleben, muß jeder von uns sich selbst wahrnehmen und nicht den »anderen«. Es funktioniert nicht, Partner, Politiker, Polizisten oder Generäle verändern zu wollen. Das ist völlig unmöglich, solange wir den entsprechenden Anteil in uns selbst noch nicht völlig wahrgenommen und *akzeptiert* haben.

In dem Augenblick, in dem du es in dir selbst erkannt hast, erkennst du es auch im anderen. Sobald du die Liebe in dir selbst gefunden hast, erkennst du diese Liebe auch im anderen. Und du kommunizierst mit jedem Wesen auf eine völlig neue Weise. Und diese andere Art der Kommunikation hilft jedem, diesen Teil auch in sich zu sehen.

Wenn genug Menschen aufrichtig in sich gehen, dann wird mit jedem Menschen, der in Liebe aufblüht, der ganze Planet beeinflußt. Es beinflußt tatsächlich das *gesamte* Universum. Und dieses Aufblühen in Liebe kann bei jedem augenblicklich geschehen! Noch erscheint uns das unmöglich zu sein, denn bisher brauchten die Menschen etwa zwanzig bis dreißig Leben bis zur ihrer Selbstverwirklichung. Wir haben diese Konditionierung noch in uns, obwohl sie nicht mehr stimmt. Sie ist nicht mehr wahr, denn das Experiment ist vorbei!

Das Experiment war dazu da, es uns möglichst schwer zu machen, damit wir uns unseren Weg nach Hause erarbeiten mußten. Und unterwegs haben wir vieles erfahren und gelernt, was dem gesamten Universum in seiner Evolution dienen kann. Das Experiment ist nun zu Ende, der Kampf auf der Erde ist vorbei, das Licht ist hier! Es geht jetzt einzig und allein darum, aufzuwachen. Noch sind die meisten von uns gefangen in ihrer Unbewußtheit und Dunkelheit und glauben, sich durch alles noch hindurcharbeiten zu müssen. Und wenn du das weiter fest genug glaubst, wirst du das auch müssen.

Das Experiment ist vorbei, das Licht ist hier, das Himmelreich ist hier! Was wir Engel, aufgestiegene Meister und hohe Wesen nennen mögen, alle strömen in der jetzigen Phase hier ein und teilen sinngemäß mit: »Es ist vorbei. Kommt nach Hause zurück. Laßt einfach alles los, was Teil eures Experiments war. Laßt los und fliegt nach Hause zurück!«

Der Kampf ist vorüber.

Achtes Kapitel

DIE NEUE PHASE

Es interviewt Casey O'Byrne

Casey: Dieses Interview möchte ich gerne mit einigen Bemerkungen zu deiner Vergangenheit beginnen. Du warst zwanzig Jahre im »Human Growth Movement« (einer psychotherapeutischen Wachstumsbewegung) aktiv. Du hast weltweit Tausende von Menschen bei ihrer Suche nach Verwirklichung beraten und unterstützt. Du hattest den Gipfel deiner Karriere erreicht, und dann hast du einfach alles aufgegeben für etwas, das du »die neue Phase« nennst. Kannst du uns sagen, was die neue Phase ist?

Paul: Diese neue Phase hat damit zu tun, daß »etwas« in mir erwacht ist. Ich sehe das Leben jetzt von einer anderen Bewußtseinsebene aus, und von dort sehe ich, daß *jeder* in der Lage ist, auch von dieser Ebene aus zu sehen. Mit diesem Planeten geschieht jetzt etwas Neues. Eine neue Energie kommt hierher, die die Dinge sehr verändert. In der Vergangenheit mußten wir uns durch alles hindurcharbeiten. Wir mußten unser sogenanntes Karma ausgleichen und bestimmte Dinge erledigen. Das ist nun nicht mehr nötig. Wir sind am Ende dieser Phase angelangt und können jetzt – in der neuen Phase – direkt aufwachen zu dem, der wir sind. Die alte Methode, uns durch unsere Traumata und Neurosen hindurchzuarbeiten, weiterhin anzuwenden, ist jetzt nicht mehr notwendig – und dazu ist auch keine Zeit mehr. Es muß jetzt zu einem direkten Aufwachen kommen, und ich weiß jetzt, daß das möglich ist. Es ist in mir geschehen, und es geschieht mit den Menschen um mich herum. Anstatt also jetzt weiter unsere Zeit damit zu vergeuden, uns durch all unsere Schichten Stück für Stück hindurchzuarbeiten, geht es nun darum, uns auf diese alles verwandelnde Energie einzustimmen, ihr zuzuhören und offen zu sein für eine Möglichkeit, die uns vorher nicht verfügbar war – und das, was geschehen möchte, geschehen zu lassen.

Casey: Du sagst, dieses Erwachen sei in dir geschehen. Kannst du sagen, wie das vor sich ging?

Paul: Über das Wie bin ich mir nicht sicher. Das dir einzig Hilfreiche, das ich dazu sagen kann, ist, daß ich die Entfaltung meiner Potentiale, das Herausfinden der maximalen Fähigkeiten meines Systems, zur wichtigsten Angelegenheit meines Lebens gemacht habe. Aus dieser Haltung heraus begann ich die Dinge, nach denen ich suchte, neu zu sehen.

Anfangs beschäftigte ich mich mit meinen Fähigkeiten und Fertigkeiten, und danach wollte ich herausfinden, wie der Verstand arbeitet und was er bewirkt. Dann entdeckte ich das Bewußtsein und wollte herausfinden, wie weit ich mein Bewußtsein erweitern kann.

Dadurch gelangte ich zu der Erkenntnis, daß wir nicht das sind, was wir zu sein glauben. Ich machte selbst die Erfahrung, daß die Weisheiten tatsächlich wahr sind, die uns die östlichen Religionen vermitteln, zum Beispiel, daß die Welt ein Traum, eine Illusion ist und alles hier nur ein winziger Ausschnitt einer Dimension der Einheit ist. Ich bin durch die Intensität meiner Suche zum Bewußtsein dieser Tatsachen erwacht.

Casey: Du hast lange gebraucht, um dieses Bewußtsein zu erreichen. Jetzt hast du sechzig Menschen hier in diese Villa eingeladen und unterstützt sie dabei, innnerhalb von sechs Monaten sich selbst zu verwirklichen. Im Zen geht man davon aus, daß es bis zur Selbstverwirklichung zwanzig Jahre dauert, im tibetischen Buddhismus ein ganzes Leben lang, und auch dann gibt es keine Garantie dafür, daß du sie wirklich erreichst. Wie soll das hier in sechs Monaten möglich sein?

Paul: Auch hier in unserem Projekt gibt es keine Erfolgsgarantie. Was geschehen kann, hängt von jedem einzelnen selbst ab. Ich stehe hier zur Verfügung, und durch mich steht diese erweiterte Energie zur Verfügung. Außerdem steht uns allen eine neue Energie auf diesem Planeten zur Verfügung. Das einzige, was erforderlich ist, ist deine Offenheit. Wenn du aufwachst, erkennst du, daß das Aufwachen keine Zeit benötigt; das Aufwachen ist einfach ein Erkennen.

Nichts muß durchgearbeitet werden. Das einzige, was wir tun können, ist, uns vorbereiten. Das geschieht durch Bewußtheit automatisch. Wenn du dir bei allem, was du tust, bei allem, was du sagst, und bei allem, was du denkst, bewußter wirst, beginnt sich »etwas« in dir von ganz alleine auszudehnen. In dieser Ausdehnung geschieht dann die Realisation, das Erkennen. In der Vergangenheit wurde uns gesagt, daß das soundso lange dauert, also haben wir angenommen, daß es so lange braucht, und haben mit dieser übernommenen Vorstellung an uns und anderen gearbeitet. Jetzt in dieser neuen Ära brauchen wir uns nur vorzubereiten, und es kann augenblicklich geschehen.

Wenn wir uns bei allem, was wir tun, sagen und denken, bewußt sind, werden wir uns auch dessen bewußt, was für uns jeweils am förderlichsten ist. Dann werden wir aufhören zu rauchen, höchstwahrscheinlich aufhören, Fleisch oder Fisch zu essen, und werden unsere negativen und wertenden Gedanken fallenlassen. Mit anderen Worten, es wird ein umfassender Reinigungsprozeß stattfinden. Nichts muß *getan* werden, du brauchst nur bewußt zu sein, und du wirst ganz automatisch anfangen, die für dich und andere notwendigen Dinge zu tun.

Casey: Mir scheint, daß die sechzig Menschen, die hier sind und diesen Reinigungsprozeß mitmachen, ganz gewöhnliche Leute sind, die aus den verschiedensten Lebensbereichen kommen. Ist es für jeden möglich, diese Realisation zu erreichen?

Paul: Es ist möglich, aber es hängt davon ab, wie sehr ihre Bewußtheit verdeckt ist. Wenn Menschen stark konditioniert sind, ist die Verwirklichung schwieriger, wenngleich sie *immer* möglich ist. Die Leute, die hierhergekommen sind, haben bereits – sowohl in diesem als auch in vielen anderen Leben – eine gewisse Menge Arbeit und somit ein gewisses Maß an Vorbereitung geleistet. Daher ist das Aufwachen für sie vergleichsweise einfach. Als Folge davon wird es, nachdem diese Menschen aufgewacht sind, für andere wiederum einfacher sein, auch aufzuwachen, weil sie sehen werden, daß es möglich ist. Es ist wie mit dem Meilenweltrekord: Nachdem Roger Bannister die Meile unter vier Minuten lief, wußten alle, daß es möglich ist, und somit wurde es für die anderen Athleten einfacher.

Casey: Vor einiger Zeit sprachst du von verschiedenen Stufen von Bewußtheit oder verschiedenen Bewußtseinsebenen und davon, daß »bewußt sein«, also Aufmerksamsein, einer der Schlüssel oder Techniken ist, die du angewendet hast, um durchzubrechen. Sind dies Techniken, die jeder anwenden kann, um Selbstverwirklichung zu erreichen?

Paul: Das Entscheidende ist, sich die Bewußtheit wirklich und total zu wünschen. Wenn du deine Bewußtseinserweiterung so nebenbei, sozusagen als Hobby, angehst, ist das nicht genug. Deine Lebensqualität wird sich zwar vielleicht verbessern und dein Leben schöner werden, aber dieses Erwachen kann nur geschehen, wenn du es mehr willst als alles andere. Die Hauptsache muß sein: »Ich möchte erleben, wer ich wirklich bin. Ich möchte aufwachen!« Ein Auslöser dazu kann sein, daß du ein Buch über todesnahe Erlebnisse gelesen hast und du dir dann sagst: »Ich möchte das gleiche erleben, ohne in eine lebensbedrohliche Situation kommen zu müssen. Wenn es irgenwie möglich ist, will ich diese Form von Bewußtsein auch erleben.« Und wenn das wirklich das wichtigste Anliegen in deinem Leben ist, wird alles weitere folgen. Du wirst dir dann in allem, was du tust, bewußt. Es ist im Grunde sehr simpel, allerdings am Anfang nicht leicht. Die Basis ist, alles so bewußt, wie es dir nur irgend möglich ist, zu erleben und dabei eine bedingungslose, wahl- und wertfreie offene Haltung einzunehmen.

Casey: Also, nehmen wir einmal mich, einen Menschen, der in Nordamerika lebt, der Familie, Job, Bankkonto, Auto und all diese Dinge hat. Muß ich das alles aufgeben, um meine Verwirklichung zu erreichen?

Paul: Du mußt deine *Bindung* daran aufgeben. Solange dir deine Familie, Partner, Kinder, Karriere oder dein Geld deiner Verwirklichung gegenüber vorrangig sind, wird das dein Hindernis sein. Du wirst nicht in der Lage sein, weiterzukommen. Bei all diesen Dingen geht es ums Überleben. Wenn du hingegen eine Öffnung zuläßt, dein Freisein zur wichtigsten Sache deines Lebens machst und die Bindung, die Abhängigkeit von diesen anderen Dingen losläßt, wird deine Energie von ganz alleine in

Fluß kommen. Wenn du diese Dinge alle aufgeben würdest – wie das übrigens viele Leute tun –, heißt das noch lange nicht, daß du dann mit ihnen fertig bist. Die Bindung kann auch dann noch da sein, ob du diese Dinge noch hast oder nicht. Es geht nur darum, zu erkennen: »Ich hänge an diesen Dingen.« Schau dir dein Gebundensein genau an, das macht dich unfrei, das hält dich auf.

Auf dem Weg zu dir schaust du dir alle deine Lebensbereiche an. Einerseits muß sich nichts ändern, und andererseits muß alles anders werden. Es kommt ein Punkt, an dem du dir eine bestimmte Zeit ganz für dich nehmen mußt. Hier sind es nun sechs Monate. Das nächste Experiment wird sechs Wochen dauern, vielleicht können wir es sogar einmal auf sechs Tage reduzieren. Jedenfalls muß es eine gewisse Zeit geben, in der der Mensch sich *völlig* diesem Aufwachprozeß verschreibt und sich in eine förderliche Atmosphäre, in ein Energiefeld, begibt, in dem eine hohe Schwingung bereits erreicht ist und wo er völlig frei von jeglichen äußeren Störungen sein kann.

Casey: Gut, der Mensch muß also nichts aufgeben, er braucht sich nur seiner Bindungen bewußt zu werden, seine Aufmerksamkeit auf sein Unfreisein richten, und dann wird die Verwirklichung als Folge dieser Bewußtheit eintreten?

Paul: Sie wird ihm verfügbar sein. Aber ob die Person sie annimmt oder nicht, ist eine andere Frage. Wenn die Person diesen Schritt gemacht hat und in diese Bewußtheit eintritt, wird sie aus der Illusion heraustreten, aus der hier alles besteht.

Casey: Du sprichst darüber, daß die Menschen ihre Realität ständig selbst erschaffen. Warum schafft sich jemand die Realität eines überzogenen Bankkontos und einer Hypothek auf seinem Haus, anstatt sich die Realität der Selbstverwirklichung zu erschaffen?

Paul: Das ist eine Folge von Ignoranz. Alles, was du tust, hat einen Effekt. Jede Wahl, die du triffst, hat einen Effekt. Wenn du diesen Weg wählst, hat es den einen Effekt, wenn du jenen Weg wählst, hat es einen anderen. Wenn du also jemanden beleidigst, wird das eine Auswirkung haben, weil derjenige sich dann möglicherweise gegen dich richtet oder dir irgendwie eins auswischen wird. Du hattest etwas kreiert, das einen Effekt hat. Alles, was du je getan hast, hat seine Auswirkung auf dein Leben.

Auch du bist konditioniert worden und hast dir sagen lassen, wie die Dinge angeblich sind, und es geglaubt. Du hast deine Überzeugungen und Vorstellungen über das Leben nicht selbst herausgefunden, sondern von anderen übernommen und einfach geglaubt. Aber alles, was du glaubst, alles, was du denkst, alles, was du tust, formt ständig dein Leben und dein Bewußtsein.

Wenn du zu jemandem gehst, der seine Verwirklichung lebt, und offen für ihn bist und ihm zuhörst, nimmst du seine Empfehlungen als Hypothesen an und experimentierst mit ihnen. Dann wirst du vielleicht sehen, daß dein Leben sich auf wundersame Weise in kürzester Zeit wandelt, einfach indem du dich von gewissen Dingen löst. Also nicht, indem du sie unterdrückst, sondern indem du dich von der Bindung an sie loslöst.

Es ist nicht leicht zu erklären, aber jeder Gedanke hat einen Effekt. Gedanken sind Schwingungen, und sie beeinflussen die Dinge. Manche Menschen können Metall verbiegen, ohne es zu berühren. Andere können eine Uhr wieder in Gang setzen, indem sie sie in der Hand halten, nur durch Gedankenkraft. Alles, was wir denken und tun, jede Idee, die wir haben, beeinflußt unser Leben. Das Problem ist, wir geraten sehr schnell in negative Muster. Wenn eine unangenehme Situation eintritt, produzieren wir einen negativen Gedanken, der dann wiederum eine andere unangenehme Situation hervorruft. Deshalb sage ich, es ist gut, sich für einige Zeit von allem freizunehmen, um die Dinge klarer zu sehen und zu beginnen, das Rad in eine andere Richtung zu drehen.

Casey: Du sagst also: »Raus aus allem, geh mal aus deiner gewohnten Umgebung für eine Weile weg.« Die Leute hier in dieser Villa sind jetzt schon seit fünf Monaten hier und werden insgesamt sechs Monate zusammensein. Du hast die Informationen angeboten beziehungsweise die Leitlinien aufgestellt, nach denen wir in den sechs Monaten hier an uns arbeiten, und wenn ich dich richtig verstanden habe, wird es nun bald ein Sechs-Wochen-Projekt geben. Die Teilnehmer sowohl des Sechs-Monate- als auch die des Sechs-Wochen-Projekts werden dann diese Zurückgezogenheit von der Welt wieder aufgeben und zurückkehren in ihr Alltagsleben, zum Beispiel nach New York City. Diese Städte sind der reinste Dschungel. Wie kann jemand, der in dieser Abgeschiedenheit so feinfühlig geworden ist, in einem Dschungel wie New York überleben?

Paul: Wenn eine Person aufhört, Widerstand zu leisten, wird sie transparent, durchlässig. Sie wird, wenn sie einem lauten Geräusch ausgesetzt ist, anstatt sich ihm zu widersetzen und dadurch um so mehr erschüttert zu werden, einfach mit ihm schwingen; sie wird bedingungslos bleiben, und die Schwingung wird einfach durch sie hindurchgehen. Dein System wird zwar erschüttert, aber du bist mit dem Teil von dir, der erschüttert wird, nicht identifiziert.

Casey: Um dieses Niveau an Durchlässigkeit zu erreichen, praktizieren wir hier so manches. Wir »sitzen«, wir tun etwas, was wir »Tuning in« nennen. Kannst du erklären, was das ist?

Paul: »Tuning in« ist ein Sitzen, sich Öffnen und ein bestimmtes sich Einstimmen. »Sitzen« ist, was traditionsgemäß Meditation genannt wird. Für mich bedeutet »sitzen«, mit halboffenen Augen dazusitzen und einfach alles wahrzunehmen, was wahrgenommen werden möchte, ohne jede Einschränkung. Aus dem Sitzen entsteht eine Klarheit, eine Ruhe, eine Stille, und du beginnst, dir anderer Bereiche deines Wesens bewußt zu werden. Du kannst diesen Bereich deine innere Stimme oder dein höheres Selbst nennen. Schließlich erkennst du, daß dir *alles* zur Verfügung steht! Du kannst dann Fragen stellen, und du wirst Antworten erhalten.

Wenn du eine gewisse Klarheit erreicht hast, wirst du selbstaktivierend. Du hast durch das Sitzen ein bestimmtes Maß an Reinheit erreicht. Du kannst jetzt bis zu einem gewissen Maß deinem höheren Selbst oder deinen geistigen Führern – oder wie immer du diese Wesenheiten nennen möchtest – zuhören, und du beginnst, deine Antworten zu erhalten. Du bist ruhiger und ausgeglichener geworden und brauchst nichts mehr von außen. Du erkennst, daß du alles, was du brauchst, in dir hast. Alles ist dir in deinem Inneren zugänglich, und du erlebst, daß du auf vielfältige Weise Unterstützung erfährst. Du erkennst, daß diese irdische Dimension, diese Realität, mehr beinhaltet, als du zuvor wahrnehmen konntest. Du erkennst, daß für dich gesorgt ist und daß du geliebt *bist*. Du wirst mit allem versorgt. Das einzige, was du zu tun brauchst, ist, dich nach innen zu wenden, still zu werden und zuzuhören. Stell deine Fragen, und du erhältst deine Antworten.

Wir unterstützen die Menschen hier nur, selbst zu erkennen, was ihnen immer wieder gesagt worden ist: »Du bist Es.« Du bist das Ganze. Aber je mehr du es außerhalb von dir suchst, desto weniger kannst du das erkennen. Folge niemandem, glaube nichts! Höre dir die Empfehlungen, die du bekommst, ruhig an, nimm sie als Hypothese, sieh dann in dir selbst nach und finde heraus, was für dich gilt. Wenn du dann auch diese Erkenntnisse gewinnst, sind sie wirklich deine eigenen. Das hat dann nichts mit Glauben oder Nichtglauben zu tun. Es ist deine Wahrheit. Erlaube dir, dich immer wieder zu erinnern, daß »Es«, was auch geschehen mag, dir immer zur Verfügung steht.

Wenn du ruhiger wirst, still wirst, dich nach innen wendest und dann deine Fragen stellst, sind Antworten da.

Neuntes Kapitel

GELD UND BERUF

Es interviewt Roxi McNay

Roxi: Ich stelle fest, daß ich bis vor kurzem noch den Antrieb hatte, erfolgreich zu sein. Viel Geld zu verdienen, war bis vor ein oder zwei Jahren wahrscheinlich mein Hauptlebensantrieb. Irgendwie wußte ich zwar schon immer, daß ich, auch wenn ich viel Geld hätte, nicht glücklich sein würde, und doch mußte ich erst viel Geld verdienen, um dieses Phänomen für mich tatsächlich zu realisieren. Durch sehr reiche Leute wie Howard Hughes, Jean Paul Getty und andere ist vielfach dokumentiert, daß auch sehr reiche Menschen meist ein sehr unglückliches Leben führen. Obwohl die Menschen im Grunde genommen wissen, daß sie auch dann nicht glücklicher sein werden, wenn sie viel Geld haben, scheint das Geldverdienen für fast alle Menschen ein sehr wichtiger Teil ihres Lebensverständnisses zu sein. Warum ist das so?

Paul: Hier spielen verschiedene Dinge eine Rolle. Wir alle werden mit bestimmten Anlagen und inneren Antrieben geboren. Einer der sehr starken Antriebe in uns ist der Überlebenstrieb. In dieses System mit diesem Körper, diesem Verstand und diesen Gefühlen ist ein starkes Überlebensprogramm eingebaut. Und du nimmst unwahrscheinlich viel auf dich, nimmst alles mögliche in Kauf, um zu überleben. Es gibt unglaubliche Geschichten darüber, was Menschen aufgrund dieses Überlebensprogramms alles durchmachen.

Geld zu haben, gilt bisher als einer der sichersten Wege zu überleben. Wenn du Geld hast, ermöglicht dir das, optimal für dich zu sorgen, so lange du dir nicht vor lauter streßvollen Aktivitäten, um eben dieses Geld zu verdienen, deine Gesundheit ruinierst. Der Überlebensmechanismus ist eine der stärksten Triebfedern, die wir in uns haben. Weitere Triebe sind der Erkundungstrieb, die Abenteuerlust und der Wissensdrang. Oft verbinden sich diese Triebe miteinander. Aber lassen wir das jetzt beiseite und sprechen von etwas anderem.

Menschen werden in diese Dimension, auf diesen Planeten mit verschiedenen Graden von Bewußtheit und Verwirklichung sowie mit unterschiedlichen Fertigkeiten geboren. So waren zum Beispiel musikalische Wunderkinder in früheren Leben berühmte Komponisten, die wiedergekommen sind und sich ihre Fähigkeiten erhalten haben. Viele Menschen werden mit herausragenden Fähigkeiten und großen Möglichkeiten geboren, weil sie in vorausgangenen Leben die entsprechenden Erfahrungen hierzu gesammelt haben. Mir ist klar, daß viele Menschen die Existenz früherer Leben nicht so leicht akzeptieren können, aber für Menschen, die ihre Intelligenz benutzen, für jeden, der sich mit diesem Thema beschäftigt und sich informiert hat, ist Wiedergeburt eine Tatsache, die nicht geleugnet werden kann.

Fast alle Menschen werden also mit speziellen Fähigkeiten und bereits gemachten Erfahrungen geboren. Was können sie nun damit tun? Sie kommen auf diesen Planeten, haben sich eine Situation ausgesucht, die sie durchleben, und sie haben ihr Potential und diesen Überlebensantrieb. Sie drücken den Erkundungsdrang und ihre manchmal enormen Fähigkeiten – jeder auf seine Weise – in ihrem Leben aus. So werden einige große Künstler, andere hervorragende Schauspieler und manche großartige Geschäftsleute.

Wenn du dir die Lebensläufe erfolgreicher Menschen anschaust, stellst du fest, daß sie sich alle ziemlich ähneln: Was immer diese Menschen anpacken, sie tun es mit einer absoluten Zielsetzung, bei der alles andere zweitrangig ist. Ehefrauen, Beziehungen, Besitz, dies alles ist für sie sekundär. Sogar das Bedürfnis, berühmt zu sein, wird sekundär. Allerdings waren diese Menschen noch nicht einer ausreichend starken Bewußtseinsenergie ausgesetzt, um erkennen zu können, daß sie ihre Energie fehlleiten. Sie leiten ihre Energie in eine Richtung, in der sie nicht erfüllend sein kann. Ohne wirkliche Bewußtheit kann ihre Energie nicht erfüllend sein, und das ist von der Existenz so vorgesehen. Das einzig wirklich Erfüllende ist Selbsterfüllung, Selbstverwirklichung, und darin gilt es, total zu sein. Dazu mußt du total sein und dich fragen: »Wer bin ich? Was bin ich? Wo komme ich her? Wo gehe ich hin? Was geschieht in mir in diesem Augenblick?«

Wenn du die gleiche Energie, die du in dein Geschäft investierst, in dein Aufwachen steckst, auf dein Dich-Wahrnehmen lenkst, erkennst du, wer du bist. Wenn du das einmal erkannt hast, kannst du soviel Geld haben, wie du möchtest. Du kannst deinen Ruhm und deine Anerkennung haben. Du kannst haben, was immer du willst – wenn du verwirklicht bist. Denn dann hast du deinen Ursprung gefunden, und dein Ursprung ist der Ursprung von allem.

Roxi: Als ich meine Firma gründete, wußte ich, daß ich Erfolg haben würde, obwohl er sich nicht gleich einstellte. Dann trennte ich mich von meiner Freundin und leitete das Unternehmen ohne die emotionale Unterstützung einer Partnerschaft. Obwohl das einerseits ziemlich hart für mich war, veränderte sich nach dieser Trennung etwas in mir, und auf einmal wußte ich: »Jetzt werde ich Erfolg haben!« Meinen Sexualtrieb und die ganze Energie, die ich in meine Beziehung gesteckt hatte, richtete ich nun ausschließlich auf meine Geschäfte.

Paul: Das illustriert, was ich eben gesagt habe. Du hast den Antrieb, dich als Geschäftsmann zu verwirklichen. Der Sexualtrieb ist übrigens auch ein Überlebensmechanismus; im Grunde ist er aber eine eigene Energie. Er ist ein Trieb, und zugleich ist er eine Energie. Du hast also deine Firma und hast deine Sexualität, vielleicht eine Familie, vielleicht auch noch wertvollen Besitz, kostbare Dinge, um die du dich kümmern mußt. Das alles beansprucht eine Menge Energie. Wenn einer dieser Teile wegfällt, kann die bisher auf ihn gerichtete Energie dem Geschäft zufließen. Wenn du deine Kraft nicht in der Sexualität lebst, richtet sich diese Energie auf etwas anderes.

Wenn jemand nur mittelmäßig intelligent ist, aber dafür *total* sein kann, kann er Multimillionär werden. Das hat nichts mit besonderer Intelligenz, mit Fertigkeiten oder einem außergewöhnlichen Können zu tun, sondern nur mit der Fähigkeit des Total-sein-Könnens. Wenn du mit dem Reich-werden-Wollen total bist, wirst du dich ständig nach Möglichkeiten zum Reichwerden umhören. Du magst vielleicht die dazu nötigen Fähigkeiten nicht selbst haben, aber du wirst von jemandem hören, der sie hat, und du wirst seine Fähigkeiten für dich zu nutzen wissen, weil deine gesamte Energie nur auf deinen Erfolg gerichtet ist. Wenn du dich von allem anderen löst, fließt die ganze Energie in deinen Erfolg.

Roxi: Aber es scheint ebenfalls eine Tatsache zu sein, daß manche Leute erfolgreicher im Geldverdienen sind als andere. Ich höre oft, daß Menschen gerne etwas tun möchten, aber nicht das nötige Geld dazu haben. Sie können sich bestimmte Dinge einfach nicht leisten. Sie haben nur ein mittelmäßiges Einkommen und wollen zum Beispiel die Welt bereisen, oder sie wollen all die Dinge auch haben, die reiche Menschen haben. Du hast eben gesagt, daß manche Menschen mit Fähigkeiten aus früheren Leben geboren werden. Was ist mit denen, die nichts Besonderes in das jetztige Leben mitgebracht haben? Mir scheint, es gibt eine Menge Menschen, die nicht die Fähigkeit haben, reich zu werden.

Paul: Laß es uns genauer sagen, sie haben die Fähigkeit, aber sie haben sie nicht entwickelt. Menschen werden mit unterschiedlichen Begabungen in ihr aktuelles Leben hineingeboren. Daher ist es für manche einfacher, Geld zu verdienen, als für andere. Manche werden niemals ein Segovia oder Jimmi Hendrix sein. Es spielt keine Rolle, wie viele Stunden sie täglich das Gitarrespielen üben, sie werden keine Meister des Gitarrespiels werden. Aber sie könnten dennoch sehr, sehr gute Gitarristen werden. Jeder könnte das, wenn er die Neigung hätte, genug zu üben. Das Problem ist, wenn jemand nicht *total* bei dem ist, was er macht, wird es nicht genug sein. Wenn du sagst: »Ich würde wirklich gerne Gitarrespielen lernen, aber ich habe so viel anderes zu tun«, wirst du damit nicht weit kommen.

Du hast gerade das Reisen um die Welt erwähnt. Ich bin mit nur wenig Geld um die ganze Welt gereist. Und meine Partnerin, die mit mir kam, hatte sogar Schulden, als wir loszogen. Zu reisen ist keine Frage des Geldes. Die eigentliche Frage lautet: »Willst du *wirklich* um die Welt reisen?«

Ich erinnere mich noch daran, wann mir das klar wurde. Ich nahm einen Anhalter in England mit, einen ostafrikanischen Asiaten. In seinen Semesterferien pflegte er durch die Welt zu trampen. Ich unterhielt mich mit ihm und fragte ihn: »Wie schaffst du es, täglich einen Übernachtungsplatz und eine Dusche zu finden, und wie finanzierst du das Ganze?« Während ich das fragte, realisierte ich: »Du kannst es auch!« Also habe ich meine Weltreise gemacht. Wenn du etwas wirklich genug willst, tust du es auch. Aber du mußt es *wirklich* wollen.

Einige Menschen haben besondere Begabungen und haben es dadurch leichter. Aber jeder kann im Prinzip alles tun, vorausgesetzt, er hat keine körperliche oder geistige Behinderung, die es ihm unmöglich macht. Jeder kann *alles* erreichen, wenn sein Wunsch dazu stark genug ist! Die meisten Menschen machen jedoch zu viel Verschiedenes. Sie »müssen« Frau und Kinder haben, zwei Autos, ein Haus auf dem Land und lauter solche Sachen. Dann ist ihre Energie vielfach zerteilt, und sie können nie mit irgend etwas total sein.

Roxi: Bei Geschäftsleuten fällt mir oft auf, daß die meisten von ihnen nicht besonders ehrlich sind. Wobei die Akzeptanz von Unehrlichkeit im Geschäftsleben je nach Sachgebiet variiert, es gibt geradezu bestimmte Regeln. Es wird zum Beispiel völlig akzeptiert, dem Finanzamt gegenüber unehrlich zu sein. Auf anderen Gebieten wird Unehrlichkeit versteckter und subtiler eingesetzt. Wie kann ich vollkommen ehrlich sein und dennoch denselben Erfolg haben?

Paul: Erinnerst du dich, wie du warst, als du hier ankamst? Du warst ein Geschäftsmann, du warst erfolgreich. Und da war immer ein Kämpfen in dir und um dich, du hast stets etwas zu erreichen versucht. Dann machtest du einige Entwicklungsschritte, und einer davon war der Entschluß, an dem Sechs-Monate-Projekt teilzunehmen und somit dein Unternehmen für diese Zeit zu verlassen. Ich weiß nicht, ob es noch immer so ist, aber du hast erzählt, daß du seitdem mehr Erfolg hast und dir mehr Aufträge zufallen, ohne Streß und Anstrengung. Dadurch, daß du dich von deiner kämpferischen Geschäftigkeit gelöst hast, begann etwas Neues zu geschehen.

Du sprachst von diesen unterschiedlichen Graden von Ehrlichkeit. Ehrlichkeit ist kein Geschäftsvorgang, sondern eine Energie. Wahrhaftigkeit ist nicht nur etwas, was wir normalerweise als eine Eigenschaft bezeichnen, sondern sie ist ein Gefühl, eine wahrnehmbare Energie. Du weißt genau, wann du oder jemand anderer ehrlich ist – was ehrlich ist. Und du weißt auch, wodurch sogenanntes Karma, also etwas, das dann wieder ausgeglichen werden muß, erzeugt wird. Du kannst es fühlen. Du, Roxi, bist ehrlicher geworden, und seitdem sind deine Geschäfte erfolgreicher. In jedem Menschen ist immer diese feine innere Stimme verfügbar, die fragt: »Soll ich das jetzt so machen?« Dann meldet sich der Spieler in dir: »Ist dir dein Geschäft wichtiger oder deine Selbstverwirklichung?« Wenn ich von Wahrheit spreche, meine ich damit nicht, was üblicherweise unter Wahrheit verstanden wird. Ich meine diese Energie, die klar und rein ist, die keinen Schimmer von Dunkelheit hat – welcher Art die auch immer sein mag. Wenn du in diesem Licht bleibst, wirst du immer erfolgreicher, du bekommst, was du brauchst. Das könnte dann allerdings auch etwas anderes sein als geschäftlicher Erfolg, denn möglicherweise hast du dann das Interesse daran bereits verloren. Ganz andere Dinge könnten in deinem Leben wesentlich geworden sein. Aber was auch immer dir wichtig sein mag, du wirst im Licht sein, du wirst da sein, wo du eigentlich sein möchtest. Du wirst nicht wie einer dieser Milliardäre sein, die mit sich selbst so unglücklich sind. Was immer du tust, wohin du auch gehst, dieses Licht ist mit dir.

Wenn du dich fragst, ob du ehrlich sein sollst oder nicht, gehst du vom Verstand her an die Sache heran und betrachtest eine hypothetische Situation in der Zukunft. Aber deine Erfahrungen in den sechs Monaten hier haben dir ja gezeigt: Je ehrlicher du mit dir selbst warst – und somit auch mit anderen –, desto leichter und lichtvoller wurde dein Leben. Hast du nun den Mut, so weiterzugehen, oder wird dich der Einfluß von fünfeinhalb Milliarden unbewußter Menschen wieder herunterziehen? Wenn du merkst, daß du dir erlauben möchtest, daß das Unbewußte in dir wieder überhandnimmt, so brauchst du dir nur deine Geschäftspartner anzusehen, und du kannst erkennen, wie auch dein Leben auf die übliche Art und Weise aussehen würde. Wenn du dir die bewußte Lebensart wieder vor Augen halten möchtest, dann erinnere dich daran, wie du dich hier erlebt hast, wie du immer klarer und heller wurdest. Das hat mit Wahrhaftigkeit zu tun.

Roxi: Du hast viel von den Veränderungen gesprochen, die auf der Welt geschehen. Voraussichtlich werden wir eine Menge Veränderungen erleben, nicht nur durch Erdbeben, Unwetter und sonstiges. In mir kommt eine Ahnung von einer neuen Art von Gesellschaft auf, die vielleicht daraus hervorgeht. Hast du eine Vorstellung davon, wie das Geschäftsleben in einer neuen Gesellschaft aussehen wird? Ich frage mich gerade, wie dieses neue Bewußtsein und unser Arbeiten in Richtung Licht dann für uns sein wird.

Paul: So, wie die Welt im Moment ist, herrscht im Geschäftsleben ein Krieg. Wir verdammen zwar Kriege, aber in der Geschäftswelt wird – mit wenigen Ausnahmen – täglich Krieg geführt. Dieser Krieg heißt: »Ich gewinne, und du verlierst. Ich versuche, soviel wie möglich zu bekommen, und je mehr ich *kriege*, desto mehr verlierst du.« Dieses normale geschäftliche Verhalten basiert offensichtlich nicht auf Liebe. Erfreulicherweise gibt es da Ausnahmen, und es gibt auch einige wunderbare Geschäftsleute. Sie sind vielleicht international nicht so erfolgreich, aber dies hauptsächlich deshalb, weil sie diese Art von Erfolg gar nicht suchen. Typisch für sie ist, daß sie in einer sehr schönen menschlichen Atmospäre arbeiten.

Gerade erinnere ich mich daran, daß ich gestern beim Zahnarzt war. Normalerweise ist das kein angenehmes Erlebnis, doch gestern machte ich eine völlig andere Erfahrung. Es handelte sich bei dieser Arztpraxis nicht um ein übliches Geschäft oder Unternehmen. In dieser Praxis herrschte nicht die sonst übliche Spannung und menschliche Kälte. Diese Praxis wird von einem Zahnärzte-Ehepaar geleitet. Sie arbeiten gemeinsam mit einigen Assistentinnen in einer Atmosphäre von echter Zuwendung und Fürsorge, die völlig anders ist als das, was ich bisher in Arztpraxen erlebt habe. Ich könnte mir vorstellen, daß diese Menschen sehr erfolgreich sind. Sie gelten als die besten Zahnärzte der Stadt. Auch die Räume sind sehr schön. Ich empfand dieses Ärztepaar überhaupt nicht als Geschäftemacher, denn sie interessieren sich wirklich für jeden einzelnen Menschen und für dessen Zähne. In dieser Praxis hatte ich einfach das Gefühl von Fürsorglichkeit; ich würde es sogar Liebe nennen. Die Menschen in dieser Praxis sind erfolgreich, und es scheint, sie tun genau das, was sie wollen, und sie genießen, was sie tun.

Üblicherweise ist das Geschäftsleben ein Krieg. Es herrscht dort Krieg, weil wir Kriege in uns haben. Wir haben Generäle, die Kriege *wollen*, denn sonst hätten sie keinen Beruf. Waffenhersteller und Waffenhändler machen blühende Geschäfte, weil sie und die Generäle sich gegenseitig unterstützen. Wenn niemand mehr Krieg führen wollte, könnte die Rüstungsindustrie innerhalb kürzester Zeit keine Waffen mehr produzieren und vermarkten. Und wir können diese Kette weiterverfolgen. Auch wenn du jetzt einwendest: »Das trifft aber nicht für mich und nicht für mein Geschäft zu«, so ist das nicht wahr, denn jeder Mensch befindet sich in einem Krieg. Schau nach innen! Auch *du* hast einen Krieg in dir! Du hast vielleicht einen Krieg mit deiner Frau oder deinen Kindern oder deinem Hund. Nimm deine inneren Dialoge wahr: »Ich müßte dies oder jenes noch tun, ich hätte das und das nicht sagen sollen, ich hätte es so und so machen sollen ...« Da findet dein innerer Krieg statt.

Der jetzige globale Bewußtseinswandel verstärkt, daß sich unser innerer Zustand im äußeren Geschehen manifestiert. Was in uns vorgeht, projizieren wir nach außen. Wir tun das schon immer, aber diese Projektion wird nun stärker und stärker. Auf diese Weise vergiften wir uns regelrecht selbst mit unseren Vorstellungen, mit unseren unterdrückten Lebensanteilen, mit unseren pornographischen Gedanken. Wir haben nicht den Mut, das zu tun, was wir eigentlich tun möchten! So vergiften wir uns und den Planeten. Wir brauen mit unseren ungelösten Konflikten etwas in unserem Inneren zusammen und tragen das nach außen. Wir können das in uns fühlen und es im äußeren Geschehen gespiegelt sehen.

Die Weltwirtschaft und das Wetter zeigen unsere inneren Kriege und unsere innere Vergiftung an. Das Ozonloch, die klimatischen Veränderungen, Aids, alles spiegelt unseren inneren Zustand, alles reflektiert das, was in uns vorgeht. Der desolate Zustand der Welt wird so offensichtlich werden, daß wir beginnen müssen zu erkennen, daß jeder einzelne auf diesem Planeten für den Zustand der Welt mitverantwortlich ist. Wir erschaffen die Welt genau so, wie sie ist!

Je offensichtlicher der kritische Zustand der Welt wird, um so mehr intelligente Menschen – möglicherweise hauptsächlich

Geschäftsleute – werden erkennen: »Ich war auf dem Holzweg. Ich war völlig blind in meinem Engagement. Aber jetzt sehe ich die Konsequenzen und werde meine Energie auf andere Weise einsetzen.«

Jetzt ist eine neue Energie verfügbar. Es gibt mehr Lichtwesen, und es wird immer mehr geben. Es wird mehr Menschen geben, die in Reinheit und Liebe arbeiten, die nicht kämpfen und manipulieren. Die Menschen werden beginnen, einen inneren Zustand zu erreichen, indem sie sagen: »Laßt uns zusammenarbeiten und uns ergänzen. Wir würden zwar normalerweise dieses Geschäft auf die übliche Art abschließen, bei der wir viel mehr Geld verdienen könnten, aber laßt uns jetzt einen Weg finden, auf dem wir fair und konstruktiv zusammenarbeiten können.«

Aus dieser nichtrivalisierenden Haltung heraus geschieht Harmonie. Sobald wir aufhören, innerlich zu kämpfen, akzeptieren wir uns selbst mehr. Wenn das geschieht, wächst Liebe in uns. Sobald du dich so annimmst, wie du dich gerade erlebst, bist du in der Lage, auch andere anzunehmen. Wenn ich mich akzeptiere, akzeptiere ich auch dich. Wenn ich mich liebe, beginne ich auch dich zu lieben. Wenn ich dies unterstütze, unterstütze ich auch jenes. Denn egal, was ich tue oder unterlasse, nichts ist isoliert oder getrennt von den anderen und dem Ganzen. Wenn du jemanden ärgerlich machst, beeinflussen diese disharmonischen Energien auch dich selbst. Wenn du dich liebevoll um jemanden kümmerst, beeinflussen diese harmonischen Wellen auch dich, und du erreichst einen sehr schönen, ausgeglichenen Zustand in dir.

Wenn du aus dieser wachen Haltung heraus das Spiel des Geschäftemachens spielen möchtest, kannst du das tun. Wenn du ein Künstler sein willst, kannst du ein Künstler sein. Wenn du deine Wahrheit lebst, wo immer du auch bist, was immer du auch tust, erlebst du eine wundervolle Zufriedenheit. Nichts ist mehr Arbeit. Es gibt nur noch Sein. Es gibt nur noch ein Erlauben, ein Zulassen. Es gibt nur noch Freude.

Roxi: Du hast davon gesprochen, daß Geschäftsleute möglicherweise die neuen Leitenden in der Welt werden könnten. Es scheint ja tatsächlich so zu sein, als hätten die derzeit Mächtigen, die Politiker und die religiösen Führer, versagt. Ich frage mich, ob die Unternehmer, falls sie die neuen Führer werden, auch versagen werden.

Paul: Mir liegt am Herzen, daß jeder Mensch sein eigener Führer wird. Wir werden natürlich Menschen haben, die bestimmte Funktionen ausüben, aber letztendlich wird es keine Führer mehr geben. Es wird Menschen geben, die einen bestimmten Bewußtheitsgrad erreicht haben und die für andere eine Ermutigung oder Anregung sind. In der Präsenz ihrer Schwingung und Ausstrahlung zu sein, wird sehr erhebend sein. Nach meinem Empfinden werden wirklich intelligente Menschen kaum Politiker werden. Selbst wenn sie den Wunsch hätten, in die Politik zu gehen, würden sie das wegen der damit verbundenen Bedingungen, den letztlich sehr begrenzten Einflußmöglichkeiten und den entsprechenden Frustrationen nicht tun. Ein erfolgreicher Geschäftsmann ist dagegen typischerweise in dem, was er tut, total. Er setzt sein ganzes Wesen für etwas ein und setzt so seine Vorhaben durch.

Wenn die vordergründigen Systeme und Dimensionen sich weiter ändern, könnten einflußreiche Unternehmer mit die ersten sein, die aufwachen und sich sagen: »So wie bisher funktionieren das Unternehmen und die Welt nicht mehr, jetzt muß etwas völlig Neues geschehen. Was könnte das sein?« Möglicherweise werden sie ihre Aufmerksamkeit und ihre Energie auf die Erweiterung ihres eigenen Bewußtseins richten und herausfinden, wer sie sind. Dann agieren sie nicht mehr in einer begrenzten, unbewußten Art wie zuvor. Was gebraucht wird, ist die Fähigkeit, total sein zu können, aber das kannst du nicht »tun« oder »machen«. Du mußt einfach total sein.

Roxi: Wenn du von Totalsein sprichst, bin ich nicht immer sicher, was du meinst. Ich habe festgestellt, daß Totalsein oft bedeutet, andere Dinge auszuschließen. Ich frage mich, ob ein Geschäftsmann auch ein glückliches Familienleben und Zeit für seine Freunde haben kann, wenn er wirklich total ist.

Paul: Ich spreche von einem Totalsein, das einbezieht. Nimm an, jemand kommt zu der Erkenntnis, daß das, was er tut, eigentlich nicht funktioniert. Wenn er realisiert, daß es sich lohnt herauszufinden, wer er ist, und wenn er sich seines vollen Potentials tatsächlich bewußt werden will, wird er dabei total sein. Totalsein bezieht alle Lebensbereiche mit ein, den Lebenspartner, die Kinder, die Arbeit, alles. Sie bezieht alles ein und schließt nichts aus. Diese Person hält ihr Augenmerk auf das Wesentliche gerichtet. Was ich deutlich machen möchte, ist: Um das Höchstmögliche auf diesem Planeten zu erreichen, brauchst du dieses Totalsein. Du brauchst diese Ausrichtung. Und »nebenbei« wirst du bemerken, daß du nicht zum Höchstmöglichen gelangen kannst, wenn du an irgend etwas festhältst. Wenn ich von Loslassen spreche, meine ich nicht, du sollst etwas nicht *haben*, sondern du sollst nicht daran festhalten. Du kannst durchaus dein Geld haben, deine Familie und deinen Besitz, aber wenn du daran festhältst, machst du dich eng, ziehst du dich zusammen. Um zu erleben, wer du wirklich bist, mußt du dich aber immer wieder neu und weiter öffnen und dich ausdehnen. Laß los, laß immer wieder los, halte an nichts mehr fest!

Eine Vielzahl der erfolgreichen Geschäftsleute und Manager erzielen ihren Erfolg nicht durch Techniken. Sie mögen zwar den Markt für ihre Produkte kennen und hervorragende Fachleute auf ihrem Gebiet sein, aber ihre Entscheidungen fällen sie nicht aus bestimmten Strategien heraus. Zu ihren Entscheidungen kommen sie nicht aus ihrem Wissen; ihre Entscheidungen entspringen ihrer Intuition, und die wird Menschen nur durch ein Sichöffnen und Loslassen zugänglich. Du machst natürlich die erforderliche Basisarbeit, du sammelst die Fakten, aber dann läßt du los und gelangst in einen anderen erweiterten Zustand hinein, der alles einbezieht.

Diese Person weiß nicht, daß sie die sogenannte Zukunft sieht. Genaugenommen ist es gar nicht die Zukunft, sondern die Person erlebt die *Gegenwart* auf einer anderen Ebene. Die betreffende Person erkennt die Marktlage für ihre Produkte in der sogenannten Zukunft, weil sie losgelassen hat. Sie registriert das nicht verstandesmäßig, aber sie hat etwas gesehen, sie hatte eine Eingebung. Sie fällt eine Entscheidung und weiß nicht einmal, warum sie sie fällt. Es geschieht intuitiv. Deine Intuition erschließt du dir nur, wenn du losläßt und dich ausdehnst.

Roxi: Das Schwierigste in dieser Hinsicht scheint mir zu sein, zehn oder zwanzig oder noch mehr Jahre damit zugebracht zu haben, ein Vermögen zu verdienen, und es dann loszulassen. Ich verstehe durchaus, daß Loslassen nicht heißt, daß man alles weggeben muß. Aber die Art von Loslassen, wie du sie empfiehlst, kann ich nur sehr schwer begreifen. Mir fällt dazu ein Jesus-Zitat ein: »Leichter gelangt ein Kamel durch ein Nadelöhr als ein Reicher ins Himmelreich.« Mir scheint, als sei es den reichen und erfolgreichen Menschen schon immer schwergefallen, dieses Loslassen zu praktizieren.

Paul: Bisher haben Menschen der christlichen Tradition diesen Ausspruch so interpretiert, daß du nicht in den Himmel kommen kannst, wenn du Reichtümer besitzt; du mußt folglich arm sein oder dich arm machen, um dahin zu gelangen. Aber ein reicher Mensch will das überhaupt nicht, er will nicht in Armut leben. Aber so hat Jesus es auch gar nicht gemeint, er meinte: »Selig sind die Armen *im Geiste*, die Duldsamen und Sanftmütigen, denn ihrer ist das Himmelreich.« Ich wiederhole noch einmal: Die Wahrheit ist weder das erzwungene noch das zwanghafte Weggeben noch das besessene Horten von Besitz. Die Wahrheit liegt genau in der Mitte. In gewisser Weise ist es für dich sogar einfacher, deinen Besitz wegzugeben, als ihn zu behalten und nicht von ihm besessen zu werden. Das ist außerordentlich schwierig, deshalb sagen manche lieber: »Weil mein Versuch, mit Besitz in den Himmel zu kommen, bisher nicht funktioniert hat, gebe ich jetzt allen Besitz weg.« Aber dadurch ändert sich nichts. Die gleiche unbewußte Haltung ist noch immer in ihnen, und sie sind letztlich nur noch mehr frustiert.

Es ist möglich, sich innerlich von allem Besitz zu lösen und in Wohlstand bewußt und durchaus schön zu leben. Zu meinen, unbedingt in Armut, Schmutz und Häßlichkeit leben zu müssen, um bewußt werden zu können, ist völlig unsinnig. Das ist nicht notwendig.

Roxi: Wenn ich die Börsennachrichten lese, ist mein vorherrschender Eindruck recht düster. Ab und zu werden an der Börse optimistische Prognosen ausgegeben oder positive Tendenzen erzeugt, aber allgemein ist doch eine große Unsicherheit vorherrschend, vor allem für die, die tiefer sehen können. Es scheint so, daß die finanziellen Einbrüche und Kursschwankungen, die wir auf dem Börsenmarkt hatten, sich wiederholen werden. Der Geldmarkt der ganzen Welt steht auf sehr wackligen Beinen. Gibt es in dieser Entwicklung einen Lichtblick, hat sie eine positive Seite?

Paul: Der Lichtblick in der Entwicklung des weltweiten Finanzsystems ist nicht von der Art, wie ihn die meisten Menschen gerne auffassen würden. Wie inzwischen jeder erkennen kann, baut das gesamte Finanz- und Wirtschaftssystem aller Staaten auf einem Mythos auf. Alle Werte basieren lediglich auf Vereinbarungen. Die Werte existieren nicht wirklich. Geld an sich ist wertlos, so lange nicht alle Beteiligten eine Vereinbarung über seinen fiktiven Wert treffen. Gold ist wertlos, so lange es niemand haben will oder es niemandem etwas bedeutet. Das ganze Geld- und Wertsystem ist nichts als ein reines Phantasieprodukt, das sich immer weiter aufgebaut hat, bis nun ein kritischer Punkt erreicht wurde, an dem das gesamte System übersteigert und instabil geworden ist. Jetzt zeigt sich nur, auf was für einem unsicheren Boden die finanziellen Wertsysteme stehen.

Aus bewußteren Bereichen gesehen, ist diese Entwicklung vorgesehen, und die Illusion des Wertedenkens soll nun zusammenbrechen, damit wir aufwachen. Bisher haben wir immer gesagt: »Wenn ich genug Besitz erreicht habe, kann mir nichts mehr passieren, dann wird alles in Ordnung sein.« Aber wenn Menschen diesen Wohlstand und Besitz erreicht haben, merken sie, daß eigentlich nichts in ihrem Leben wirklich in Ordnung ist. Üblicherweise versuchen sie, diese Tatsache nicht wahrnehmen zu müssen und wenden sich Alkohol, Drogen oder sexuellen Exzessen zu. Sie verwenden ihre speziellen Ablenk- und Kompensationsverhalten dazu, das Erkennen ihres tatsächlichen Zustands zu vermeiden. Im Grunde begehen sie auf irgendeine bewährte und gesellschaftlich legalisierte und akzeptierte Art Selbstmord, weil ihr Leben nicht stimmt, nicht funktioniert.

Wir sind auf diesem Planeten an einem Punkt angekommen, an dem nicht mehr die Zeit bleibt, daß fünfeinhalb Milliarden Menschen das von sich aus erkennen. Was wir Menschen nun in unserem wahren Selbst – in unserem eigentlichen, wachen

Wesen – erschaffen, ist die Zustimmung, den Zusammenbruch der Geld- und Wertsysteme geschehen zu lassen. Dadurch werden die Menschen auf der ganzen Welt aufwachen. Jeder wird aufwachen müssen. Im Buch der Offenbarungen heißt es: »So groß wird die Armut sein, daß es nichts mehr wird geben.« Auch alle bisherigen *menschlichen* Werte werden ins Wanken kommen, und viele werden in sich zusammenfallen. Dadurch müssen die Menschen zu einer anderen Realität erwachen.

Zu einer »anderen« Realität erwachen, meint also nicht nur, zu erkennen, daß die Finanzwelt eine Illusion ist, sondern die *gesamte* irdische Dimension! Sie ist illusionär, wir haben sie erschaffen und halten an ihr in unserer Unbewußtheit und Ignoranz noch fest. Üblicherweise denken Menschen, wir können deshalb heute mit Flugzeugen fliegen, weil wir die dazu nötige Technologie entwickelt haben. Aber dem ist nicht so. Irgend jemand hatte die Idee vom Fliegen. Er wollte fliegen, und er wollte das so unbedingt, daß er einen Weg dazu erschaffen hat. Wir erschaffen diese Realität. Wir erschaffen die Umweltverschmutzung, wir erschaffen die Kriege, wir erschaffen die Gewalt. Wir können auch Schönheit erschaffen, und wir können auch Erfüllung in Wohlstand erschaffen. Wenn wir das genug wollen, wird es geschehen.

Im Moment wollen wir Schönheit und Erfüllung noch nicht genug, daher werden andere Kräfte – die letztlich nichts anderes sind als wir selbst in einer anderen Form – uns diese Illusionswelten nun nehmen und uns somit einen Neubeginn ermöglichen.

Roxi: Welches ist der nächste Schritt für Unternehmer, die wahrscheinlich nicht sehr viel über Meditation oder spirituelle Dinge wissen, aber denen klar ist, daß in ihrem Leben mehr möglich ist? Sie haben ihren materiellen Erfolg und vielleicht eine glückliche Familie. Was ist ihr nächster Schritt?

Paul: Es gibt nur dann einen nächsten Schritt, wenn jemand wirklich *selbst* Schritte machen will. Es nützt überhaupt nichts, jemandem zu glauben, daß es mehr zu erreichen gibt oder sich nur zu sagen: »Das ist eine gute Idee.« Du mußt es wollen. Es ist, wie wenn du mit dem Rauchen aufhören willst: Es reicht nicht, nur den Warnhinweis auf der Packung zu lesen: »Rauchen schadet Ihrer Gesundheit«. Diese Mitteilung erreicht dich nicht wirklich, denn sie ist nicht deine Erkenntnis. Wenn du dich jedoch bewußt wahrnehmen und dich fühlen gelernt hast, erkennst du selbst, was du dir mit dem Rauchen antust. Du fühlst selbst die dadurch verursachten Belastungen in deinem System. Dann hast du diese Erkenntnis wirklich, nämlich selbst, gewonnen und willst dann aus dir heraus tatsächlich mit dem Rauchen aufhören. Im Augenblick deines wirklichen Wollens hast du bereits aufgehört! Dein Körper hat zwar Entzugserscheinungen, und jede Zelle scheint nach der Droge zu verlangen, aber du hast aufgehört und brauchst nie mehr rückfällig zu werden, weil du deine diesbezügliche Wirklichkeit gefühlt, erlebt und erkannt hast.

Ohne die eigene wirkliche Erkenntnis mag die Annahme, daß es noch ein »Mehr« im Leben gibt, das erreicht werden kann, durchaus eine gute Idee sein. Und du versuchst vielleicht auch, etwas von diesem »Mehr« zu erreichen und setzt dich ab und zu hin, um zu meditieren – ich nenne es lieber einfach »sitzen« – aber du wirst noch nicht mit der nötigen Intensität dabeibleiben. Was Menschen typischerweise an den Punkt bringt, sich auf dieses »Mehr« total einzulassen, ist, daß sie die Spitze des Möglichen erreicht haben und erkennen, daß es auf dieser materiellen Ebene für sie nichts mehr zu gewinnen gibt. Oder sie machen eine Nah-Todes-Erfahrung durch klinischen Tod, Narkose oder Ohnmacht, oder sie erleben finanziell Schiffbruch, oder eine Person, die ihnen sehr nahesteht, verläßt sie oder stirbt. Irgend etwas erschüttert sie und zwingt sie, sich ihr Leben anzuschauen.

Wenn du bereit bist aufzuwachen, ist der naheliegendste Schritt, daß du beginnst, die gleiche Intensität, die du vorher in deinen finanziellen oder sonstigen Erfolg hineingesteckt hast, jetzt dazu zu benutzen, in dich zu gehen und in dir nachzuforschen. Durch das, was du dann für dich erlebst und erkennst, wirst du Interesse an diesem »Mehr« finden, denn das Erwachen ist die größte Herausforderung!

Wer hatte diesen Gedanken, und wo kam dieser Gedanke her?
Wer hatte diese Emotion?
Wo kommt dieser Ärger her?
Wo kam diese Energie her, die mich wütend gemacht hat?
Wer bin ich wirklich?

Diese Fragen und all das, was *hinter* ihnen steht, wahrzunehmen, ist das größte Abenteuer! Aber zuerst mußt du es *wirklich* wollen. Wenn du es wirklich willst, kannst du anfangen, über dieses »Mehr« ein paar Bücher zu lesen, und du kannst beginnen, offen mit Menschen zu sprechen und ihnen mitzuteilen, was in dir vorgeht und was du fühlst. Wenn du wirklich erfahren willst, wer du bist und was dein maximales Potential ist, wirst du es erleben. Vorhin hast du Jesus zitiert, der auch gesagt hat: »Suchet, und ihr werdet finden, klopfet an, und euch wird aufgetan.«

Sobald du wirklich fragst: »Was ist jetzt mein nächste Schritt?«, wird er dir gezeigt werden. Vielleicht wird dir dann der als nächstes für dich notwendige Schritt als nicht angenehm erscheinen. Dann denkst du vielleicht: »Nein danke, da bleibe ich lieber hier, wo ich jetzt bin.« Vielleicht wäre dein nächster Schritt, deine Stellung aufzugeben. Oder du erkennst, daß eine räumliche Veränderung hilfreich für dich wäre. Oder daß ein Lösen von deiner Familie der ehrlichste Schritt wäre, denn vielleicht weißt du längst, daß du nicht mehr glücklich mit ihr bist und deine Familie auch nicht mehr mit dir glücklich ist.

Wie auch immer, sobald du die Wahrheit willst, steht sie dir zur Verfügung, denn die Wahrheit ist immer da. Du nimmst deine Wahrheit nur nicht wahr, weil sie dir unbequem erscheint. Als erstes mußt du also wollen. Willst du? Bist du wirklich bereit? – Sobald du wirklich willst und offen und bereit bist, wird dir die nächste Ebene offenbart. Und immer genau zum richtigen Zeitpunkt taucht jeweils die nächste Ebene auf, und dir wird der nächste Schritt gezeigt.

Du hörst dann vielleicht von einer Person, die sich völlig verändert hat. Du erfährst, daß sie an einem Seminar teilgenommen hat, daß sie sich möglicherweise etwas Ähnliches wie unser Intensivseminar hier gegönnt hat. Du triffst diese Person nach ihrer Rückkehr und erkennst, daß sie tatsächlich nicht mehr dieselbe Person ist, die sie vor diesem Seminar war. Du fragst, was sie erlebt hat, und sie teilt dir mit: »Nun, ich habe mir eine Zeit meines Lebens freigenommen, um mich selbst zu erforschen und kennenzulernen.« Wie steht es mit deinem Mut, etwas Entsprechendes auch für dich zu tun und dorthin zu gehen, wo du wirklich die Chance haben wirst, dir dein Leben anzusehen?

Wenn du beispielsweise ein neues Computersystem für dein Unternehmen angeschafft hast, wirst du sinnvollerweise einen deiner Mitarbeiter zu einem Seminar schicken, in dcm er lernen wird, dieses System effektiv einzusetzen. Ganz selbstverständlich wirst du ihn zu einem Experten schicken, weil der ihm das Notwendige am schnellsten beibringen kann.

Wenn du dich also erkennen und dein volles Potential als Mensch erreichen willst, fragst du: »Wer hat dazu Kompetentes mitzuteilen?« Ich spreche nicht davon, zu einem Guru zu gehen, bei dem du deine Energie, dein Potential weggibst und dich aufgibst. So etwas zu tun, empfinde ich als häßlich. Ich spreche hier davon, daß du zu einem wirklichen Experten gehst. Wenn du zum Beispiel das Schreinern lernen willst, gehst du zu einem Schreinermeister. Wenn du das Gitarrenspiel erlernen willst, gehst du zu jemandem, der wirklich gut Gitarre spielt. Du gehst dorthin und beobachtest, spürst und erlebst den Fachmann.

In diesem »Aufwachspiel« geschieht ein bißchen mehr als bei einem Schreinermeister, einem Computerfachmann oder einem Gitarrenlehrer. Es wird oft gesagt, daß sich vom Meister etwas auf den Schüler überträgt. Das sehe ich nicht als wahr an, denn meiner Meinung nach *überträgt* sich nichts. Was tatsächlich geschieht, ist: Sobald du dich für dein wacheres Bewußtsein öffnest, führt dieses wachere Bewußtsein zu einer höheren Schwingung in dir. Dein ganzes System beginnt, auf eine neue Art zu vibrieren und zu arbeiten. Wenn du wirklich aufnahmebereit bist und dich einer feineren Vibration, einer wacheren Bewußtheit näherst, beginnst du, diese feinere Schwingung zu spüren, weil dein System in Resonanz mit der höheren Schwingung gelangt. Du fängst also nur insofern etwas auf, als etwas in dir wachgerufen wird, das in dir bereits vorhanden ist; und das ist eben keine Übertragung.

Dies hier (Paul zeigt auf sich) hat eine bestimmte Schwingung, auf die sich deine Schwingung harmonisch einschwingen kann, wenn du offen in seiner Nähe bist. Das ist schon alles. Und sobald du es wirklich stark genug willst, beginnst du zu sehen, wohin du zu gehen und was du zu tun hast. Dann wirst du vielleicht einfach aus Bewußtheit und Einsicht heraus beginnen, täglich ein wenig zu »sitzen« und dich zu fragen: »Was ist denn eigentlich *wirklich* los mit mir? Wer bin ich?«

Um für das Sitzen Raum zu haben, mußt du dich vielleicht von allen äußeren Dingen mehr lösen. Einer der besten Wege zu sitzen, ist, einfach mit geschlossenen oder halboffenen und leicht nach unten gerichteten Augen aufrecht dazusitzen. Wenn du mit geschlossenen Augen sitzt, ist eine der Gefahren dabei, daß der Verstand seine Phantasien spinnt und du zu träumen beginnst. Manche Menschen finden es daher einfacher, mit leicht geöffneten Augen und entspanntem Blick zu sitzen. Beim Sitzen gibt es absolut nichts zu *tun*, nur wahrzunehmen, was ist. Keine Mantras, keine magischen Formeln, keine Gebete sind erforderlich. Beobachte einfach, was in dir geschieht, und laß dich nicht in das Geschehen verwickeln. Laß deine Gedanken kommen und gehen. Das ist ganz einfach, bis dieser hartnäckige Gedanke daherkommt, daß du dem Soundso nicht gesagt hast, dies zu tun oder jenes zu lassen und dadurch jetzt wahrscheinlich etwas schiefgeht. In diesem Moment dominiert wieder dein Verstand über dich, und *du* bist verloren – zumindest scheint es so. Beobachte das. Selbst wenn du jetzt im Moment viel Geld verlierst, beobachte nur. Nimm wahr, wie deine Gedanken kommen, und laß sie einfach vorbeiziehen. Die Gedanken sind beim Sitzen genauso aktiv wie immer oder werden vielleicht sogar noch aktiver, als sie es vorher waren. Du aber verfängst dich in keiner dieser gedanklichen Szenen und Bilder. Du beobachtest einfach.

Während du so sitzt, wirst du feststellen, wie dein Verstand zwar weitermacht, aber du dich immer weiter von seinen Szenen und Bildern löst. Eventuell wird es dir so vorkommen, als wären die Bilder, die du siehst, die Bilder von jemand anderem. Dann wird dein Verstand langsamer, ruhiger. Eine Stille kehrt ein, in der du dich mehr und mehr von allem losgelöst erlebst. Mit dieser Loslösung kommt ein Frieden in dir auf, und das Sitzen wird von Mal zu Mal leichter. Schließlich wirst du irgendwann feststellen, daß der Verstand nicht mehr ganz so dominierend ist, sogar wenn du dein Sitzen beendet hast. Du wirst merken, daß deine Gewohnheiten dich nicht mehr so stark kontrollieren wie vorher. Du bist nicht mehr so besessen von deiner Konditionierung, weil du diesen Ort in dir gefunden hast, von dem aus du beobachten kannst, was geschieht. Ruhe und Stille beginnen, zu einem wesentlichen Bestandteil deines Lebens zu werden.

Wenn dich dann etwas aus der Fassung bringt, oder was auch immer dann passiert, du hast diesen stillen Bereich in dir, der einfach wahrnimmt, einfach beobachtet. Manchmal wird dein Verstand, dein Körper und dein Gefühlsleben wie eh und je aus der Fassung geraten, aber du hast diesen Platz des Wahrnehmens gefunden. Jesus nannte das den »Frieden jenseits allen Verstehens«.

Roxi: Nachdem ich eine Zeitlang hier im Selbsterfahrungs-Projekt war, habe ich, als ich in mein Unternehmen zurückkam und dort geschäftliche Termine hatte, festgestellt, wie sehr der Verlauf der Verhandlungen meine jeweilige Einstellung und Erwartung widerspiegelte. Meine Geschäftspartner waren hauptsächlich Musiker, und in der Vergangenheit waren meine Zusammenkünfte mit ihnen oft sehr problematisch gewesen. Wenn ich zu einem Treffen mit der Einstellung ging, daß es problematisch werden würde, wurde es problematisch. Wenn ich aber mit der Einstellung hinging: Gut, letztes Mal gab es zwar Schwierigkeiten, aber ich weiß nicht, wie es diesmal ablaufen wird, ließ ich Raum für etwas Neues. Es schien mir, als würde ich Zeit verlieren, wenn ich Raum für etwas Neues lasse. Aber ich habe erfahren, daß in gewisser Weise das genaue Gegenteil geschehen ist. Denn wenn ich Raum für Neues ließ, wurde immer alles erledigt, und ich hatte sogar mehr Zeit zur Verfügung.

Paul: Darüber können wir auf vielen Ebenen sprechen, weil hier vielerlei gleichzeitig abläuft. Laß uns mit dieser Ebene beginnen: Ein geübter Rennfahrer, der es durch viel Übung bis zur Formel Eins gebracht hat, handelt auf einer anderen Zeit- und Raumebene als du. Wenn du mit dem Auto eine Straße entlangfährst und dir plötzlich jemand auf deiner Spur entgegenkommt, ist dein System nicht darauf vorbereitet und kann mit dieser kritischen Situation nicht umgehen. Wahrscheinlich wird dein System in Panik geraten und damit Zeit und Raum verlieren. Du hast buchstäblich weniger Zeit und weniger Raum als der geübte Rennfahrer. Dieser wird nicht in Panik geraten, weil er schon oft in Situationen war, in denen es um Leben oder Tod ging. Er wird blitzartig erkennen, wie schnell der entgegenkommende Wagen ist, wieviel Platz er hat, was rechts und links der Fahrbahn ist und wohin er ausweichen kann. Er wird tatsächlich hundertmal mehr Zeit und Raum zur Verfügung haben als du, weil du in Panik geraten bist. Wahrscheinlich wird er durch eine Lücke hindurchfahren, die du nicht einmal gesehen hast, weil du in Panik bist. Er wird einfach sehen, da komme ich durch, und er wird in aller Ruhe da hindurchfahren. Zwar wird auch sein ganzer Körper hinterher zittern, und er wird genauso viel Angst haben, wie du sie hattest, aber er ist eben geübter und hat auf eine Weise, die der Verstand nicht begreifen kann, wirklich mehr Zeit und Raum. Das ist eine Ebene.

Eine andere Ebene sieht so aus: Wenn du in Erwartung von Komplikationen in den Verhandlungsraum gehst, schwingst du in einer bestimmten Frequenz. Hast du aber vorher meditiert und deine Sorgen über Störungen und Komplikationen loslassen können und gehst so eingestimmt in den Verhandlungsraum, kommst du mit einer anderen Schwingung dort hin.

Laß uns dieses Phänomen noch an einem anderen Beispiel betrachten: Schlangenamulette wirken, wenn der Eingeborene seinem Medizinmann vertraut und glaubt. Wenn der Eingeborene sich das Amulett umhängt, sagt er sich: »Nun bin ich vor Schlangen sicher.« Eine Schlange nähert sich, und er denkt, daß sie ihn jetzt nicht mehr beißen kann, und daher gerät er nicht in Panik. Wenn er keine Angst bekommt, ändert sich seine Schwingung nicht. Er sondert nicht den typischen Angstschweiß ab, auf dessen Geruch die Schlange sonst reagieren würde.

Wenn du durch Meditation diesen Zustand von Ruhe und Gelassenheit erreicht hast, umgibt dich die entsprechende Schwingung. Du strahlst sie aus, ob die Leute sie sehen können oder nicht, und sie gelangen bei dieser Art von Ausstrahlung selbst leichter in Harmonie mit sich selbst und mit dir.

Die dritte Ebene, dieses Phänomen zu betrachten, ist eine abstrakte Ebene; eine Ebene, die der Verstand nicht verstehen kann, weil diese Ebene mit dem Verstand nicht zu verstehen ist. Wir kreieren uns unsere eigene Realität! Eine andere Art, das zu sagen, ist: Zeit und Raum existieren nicht wirklich. Alles geschieht *jetzt*. Nicht nur geschieht alles jetzt, sondern *jede* mögliche Variante jeder Situation geschieht jetzt.

Eine Möglichkeit ist die, daß du in den Verhandlungsraum kommst, und deine Verhandlungspartner machen Schwierigkeiten. Eine andere ist die, daß du hereinkommst, und sie machen keine. Eine dritte Möglichkeit ist, daß du in den Raum kommst und Lichtwesen siehst. Du triffst die Wahl! Du wählst die Ebene und nimmst die Ebene wahr, auf die du dich eingestellt hast. Du wählst, wen du triffst. Was deine Wahl beeinflußt, sind deine Konditionierungen und was du für möglich hältst.

Es dauerte sehr lange, bis 100 Meter unter 10 Sekunden gelaufen wurden, weil es als unmöglich galt. Dann gelang es einem Athleten. Es wurde also möglich, und schon bald schafften es andere auch. Dies basierte nicht auf einer speziellen Ernährung oder einem besonderen Training, es geschah einfach aufgrund der Tatsache, daß einer es geschafft hatte. In den Rennen, bevor der erste Mensch die 10-Sekunden-Marke unterschritten hatte, konnten diese anderen Athleten nicht unter 10 Sekunden laufen, aber dann schafften auch sie es. Sie wählten eine andere Realität. Der Verstand kann das nicht verstehen, aber alles hier ist eine Illusion, die wir von Augenblick zu Augenblick kreieren. Wir kreieren sie, und wir lassen sie los. Wir erschaffen sie, und wir lösen sie auf. Du kannst erschaffen, was immer du erschaffen willst.

Roxi: Wenn ich an dieses Phänomen mit meinem Verstand herangehe, gerät er in ein völliges Durcheinander, und er kann sich keinen Reim darauf machen. Aber der Schlüssel für mich ist das Wort »unmöglich«. Ich weiß, daß ich im Geschäftsleben auf meine Art Dinge getan habe, die ich vorher für unmöglich gehalten hatte. Ich glaube, das geht vielen erfolgreichen Geschäftsleuten so. Sie gehen Projekte an, die jeder andere für unmöglich hält. Sie halten sie vielleicht logischerweise selbst auch für unmöglich und machen sie trotzdem, bleiben offen und sehen, was passiert.

Paul: Wenn du nicht damit identifiziert bist, daß das Unmögliche geschieht, mit anderen Worten: wenn es nicht geschehen *muß*, gehst du locker an deine Vorhaben heran. Wenn es geschehen muß, machst du die Dinge schwieriger, weil diese Anspannung oft das Gegenteil heraufbeschwört. Wenn es eine Art offenes Spiel ist, ein bewußtes Spiel – wenn du denkst, das führt zwar vielleicht zu nichts, aber ich möchte dieses Spiel spielen, und ich will sehen, was passiert – sind die Chancen wesentlich größer, daß deine Vorhaben gelingen. Selbst in dieser Unmöglichkeit sagt dir etwas in dir: Tu es trotzdem. Du handelst mit dieser wirklich offenen Einstellung und erschaffst deine eigene Realität.

Roxi: Was ist das Geheimnis deines Erfolges?

Paul: Wieder können wir auf verschiedenen Ebenen darüber sprechen. Eine davon ist, daß ich im Grunde ein unschuldiges Wesen habe, wenn ich auch nicht die ganze Zeit unschuldig *war*. Ich habe einen ungewöhnlich starken Erkundungs- und Wissensdrang nach allem Wesentlichem. Ich möchte wissen, aber ich möchte wissen aus einem Zustand des Nichtwissens heraus, nicht aus einer Position des Wissens. Das erste ist also: *Ich weiß nicht*.

Zweitens habe ich eine angeborene Integrität. Grundsätzlich führe ich niemanden hinters Licht, ich manipuliere nicht und bin geradeheraus, sehr direkt. Daher habe ich nicht für Dinge, die ich um mich herum aufgebaut habe, bezahlen müssen, denn du mußt für alles bezahlen. Jedes Ungleichgewicht, das du schaffst, mußt du ausgleichen.

Der nächste Punkt ist, ich bin sehr schnell fertig mit Dingen. Wenn ich mich mit etwas befasse, mache ich das so total, daß sich die Sache schnell selbst erfüllt und für mich dann restlos erledigt ist. Ich finde heraus, was ich wissen muß, und nichts bleibt unerledigt.

Das ist mir auch mit Geld so gegangen. Ich besaß eine gewisse Menge Geld, hatte Ansehen, eine sogenannte »glänzende« Zukunft und eine Familie – also eigentlich alles, was ich wollte – und fühlte mich trotzdem nicht erfüllt. Dann erhielt ich die innere Mitteilung, daß ich die Erfüllung nicht finden würde, solange ich Geld habe. Ich sage nicht, daß diese Botschaft für jeden gilt. Es war meine Botschaft. Ich wollte wissen, wie es ist, ohne Geld zu sein. Also gab ich eines Tages – ich war gerade in Indien – all mein Geld weg. Ich gab alles Geld meiner Frau und den Kindern, so daß sie sich selbst versorgen konnten, und sie reisten ab. Dann leerte ich meine Taschen völlig aus und stand mitten in Bombay ohne Geld und ohne jegliche Unterstützung oder Sicherheit. Ich wollte herausfinden, was nun passieren würde. Ich hatte nichts, mein spiritueller Lehrer und die wenigen Leute um mich herum hatten auch nichts. Gar nichts! Da lebte ich nun also in Bombay, aß gelegentlich Bananen und baute mein Leben aus dem Nichts wieder auf.

Was ich aufbaute, kam nun aus meiner Bewußtheit, und nicht wie zuvor, aus Unbewußtheit oder aus dem, was andere sagten. Dann fand ich heraus, daß ich alles, was ich wirklich brauche, bekomme, indem ich loslasse. Das kannst du erst dann wirklich wissen, wenn du es selbst einmal getan hast. Du weißt so lange nicht, ob dein Partner dich liebt oder nicht, bis du ihn losläßt. Am besten, du ermutigst ihn sogar dazu, dich zu verlassen, wenn er sich zu jemand anderem hingezogen fühlt. Und wenn er dann zu dir zurückkommt, wenn er diese Nacht dann mit dir verbringt, weißt du, daß er *wirklich* mit dir sein will.

Laß also von deinem Geld los, hör einfach auf, daran festzuhalten, und die damit verbundene Anspannung hört auf. Wenn dir dein Geld erhalten bleibt, soll es so sein. Wenn du es festhalten mußt, brennst du dich innerlich aus, um es zu halten. Und dieses Brennen wird dich umbringen, weil du Energie verbrauchst, die zurückgezahlt werden muß. Gewöhnlich zahlst du diesen Energieverbrauch in Form von einem Herzinfarkt oder Krebs oder sonst einer Krankheit zurück.

Wenn du es wagst loszulassen, bleibt dir das erhalten, was dir erhalten bleiben soll. Es gibt wirklich keinen Weg, darum herumzukommen. Schau, als ich mein Geld weggab, mußte ich mich nicht davon losreißen. Ich spürte, dieses Geld sollte weg. Ich muß diese Erfahrung jetzt machen. Aber ich mußte mich nicht dazu zwingen, mein Geld wegzugeben. Das war kein Opfer und auch nicht mit Leid verbunden. Es war einfach ein großes Abenteuer. Es war, wie wenn jemand sagt: »Ich werde diesen Berg mit Hilfe meiner Seile und Haken, meines Hammers und Eispickels erklimmen«, und ein anderer sagt: »Und ich werde versuchen, ob ich auch ohne Kletterausrüstung, nur mit einem Paar guter Schuhe und ein bißchen Training und ohne jegliche Hilfsmittel, hinaufkomme. Keiner, der mich hochzieht, keine Sicherheitsnetze unter mir.« Das ist ein Abenteuer!

Roxi: Dein Leben erscheint mir wie ein Spiel. Und genau das gefällt mir. Deshalb bin ich so gerne dabei, wenn du sprichst, denn ich kann diese Lebendigkeit in dir spüren, wenn du so im Ungewissen und in diesem Spiel lebst. Wenn ich in meine Mitte zurückkomme, sehe ich, daß auch ich spiele und daß da noch mehr möglich ist. Diese Art von Spiel hat nichts mit Leichtfertigkeit zu tun. Das ist es nicht. Es hat mit meinem Herzen zu tun. Bin ich bereit, mich mehr und mehr zu entblößen? Denn wenn ich das tue, komme ich ins Ungewisse und könnte etwas verlieren, aber es könnten sich auch ungeahnte Möglichkeiten eröffnen.

Paul: Das ist, was ich immer wieder getan habe. Dieses Spiel wirklich zu spielen, lief gewöhnlich in erstaunlichen Zyklen von zwei Jahren und drei Monate ab, außer als ich in einer spirituellen Kommune lebte, da waren es dreizehn Jahre völliger Hingabe. Wir tun hier in unserer Internationalen Akademie für Meditation das gleiche, seit zwei Jahren und drei Monaten. Wir sind an einem der schönsten Plätze der Welt. Wir leben sehr komfortabel. Menschen kommen aus allen Teilen der Welt zu uns. Alles läuft bestens, aber in einigen Tagen werden wir das alles hier aufgeben. Wir haben noch ein Sprungbrett, das ist das Sechs-Wochen-Projekt, und dann ist alles offen. Aus dieser Offenheit heraus kann das absolut Höchste geschehen.

Wenn wir an diesem Platz hier festhalten und uns so unsere Basis erhalten, wird das unsere Möglichkeiten einschränken. Es kann natürlich sein, daß wir scheitern, wenn wir alles loslassen, aber bisher ist mir das nie passiert. Jedes Mal, wenn ich losließ, ist es besser geworden. Jedes Mal, wenn ich von einer Frau – oder sie von mir – losließ, habe ich mit der nächsten Frau mehr Erfüllung gefunden. Jede neue Situation war erfüllender, alles ist immer in jeder Hinsicht gewachsen. Wenn ich etwas loslasse, kommt danach etwas Schöneres. Nur – unser System hat ein eingebautes Überlebenprogramm, das uns veranlaßt festzuhalten. Das hält dich aufs Mittelmaß beschränkt.

Laß los und laß los und schaff einfach Raum.

Paul Lowe 1987 zur Zeit des Sechs-Monate-Projekts.

Die Villa Volpi am Ufer des Lago Maggiore. Sitz der International Academy of Meditation (I.A.M.). Der Ort, an dem das Sechs-Monate-Projekt stattfand.

Foto vom letzten Tag des Sechs-Monate-Projekts, dem 28.2.1988.

Clare Patricia Soloway, erlebte mit Paul etliche Lebensabenteuer, auch Heirat und zwei gemeinsame Töchter: Tania und Ryan. Interviewerin in Kapitel 6.

Phoenicia Graham und Martin Gerrish, Mitglieder des inneren Teams. Phoenicia ist Interviewerin in Kapitel 17.

Paul und Kyala Eva Ewald, Mitglied des inneren Teams, Von 1987 bis 1989 Pauls Lebensgefährtin; Übersetzerin dieses Buchs.

Velusia van Horssen, begleitete Paul während vieler Weltreisen, Gründungsmitglied der I.A.M., Mitglied des inneren Teams, Interviewerin in Kapitel 18.

Lady Neale Cohan, Mitglied des inneren Teams, Interviewerin der Kapitel 2, 3, 4 und 15.

Paul, Kyala und Roxi.

Roxi McNay, Mitglied des inneren Teams, Interviewer der Kapitel 1, 9 und 11. Initiator, Herausgeber und Verleger der englischen Originalausgabe, reiste nach dem Sechs-Monate-Projekt für 2 1/2 Jahre mit Paul und organisierte in dieser Zeit Pauls Arbeit.

Camdeo D. Feil, steht mit Paul seit 1989 in Verbindung, reiste 1992 mit Paul und Grace durch die USA. Interviewer des Einleitungskapitels, maßgeblich an Bearbeitung und Erscheinen der deutschen Buchausgabe beteiligt.

Paul und Grace bei der Korrespondenz, Januar 1993. Grace ist Pauls Partnerin seit 1991.

Paul und Grace Durga im Oktober 1992 in Australien.

Zehntes Kapitel

JENSEITS VON ERFOLG

Es interviewt Teresa Bassels

Teresa: Ich wollte dieses Interview mit dir, um es einigen meiner Freunde zu zeigen, die bei der Europäischen Gemeinschaft in Brüssel arbeiten. Die letzten Jahre habe ich immer wieder mit ihnen gesprochen, und ich habe jetzt das Gefühl, es ist für sie sehr wichtig, daß sie hören, was du mitzuteilen hast.

Diese Freunde von mir haben die materielle Seite ihres Lebens gut im Griff, sind erfolgreich und besitzen sehr schöne Häuser. Und doch mangelt es ihnen an echter Motivation in ihrem Leben. Sie wirken irgendwie frustriert und unbefriedigt.

Paul: Erfolgreich und wohlhabend zu sein, ist zum einen ein sehr guter Zustand, zum anderen aber auch ein extrem gefährlicher. Wenn wir auf dieser irdischen Ebene, auf diesem Planeten geboren werden, haben wir einen Überlebensmechanismus in uns, der sehr stark ist und der uns Erfolg und materielle Sicherheit suchen läßt. Wir streben also nach guten Zeugnissen, versuchen, einen guten Job zu finden und eine intakte Familie zu haben, um gut versorgt zu sein. Und mit diesen Dingen verbringen die meisten Leute ihr ganzes Leben. Sie investieren ihre Energie in nichts anderes. Aber sie bekommen auf dieser vordergründigen Ebene nie, was sie wirklich wollen. Weil die Menschen denken, sie sind nur auf diesem Planeten, um zu überleben, sind sie ständig bemüht, alles in Ordnung zu bringen.

Inzwischen sehen mehr und mehr Menschen, daß auch, nachdem sie erreicht haben, was sie erreichen wollten, ihr Leben nicht wirklich funktioniert. Es funktioniert nicht, weil es gar nicht dazu angelegt ist zu funktionieren. Unser Leben soll und kann gar nicht funktionieren, denn *dafür* sind wir nicht auf diesen Planeten gekommen. Unser menschliches System ist darauf programmiert zu funktionieren. Unser Leben dreht sich ums Überleben. Natürlich mußt du dich um deinen Körper und seine

Belange kümmern, du mußt dich selbst und deine Familie schützen, aber das ist nicht die Aufgabe, für die wir eigentlich hier sind. Wir sind für etwas auf diesen Planeten gekommen, was viel größer ist als das Kreisen ums Überleben.

Der Same in uns, der überleben will, ist winzig, verglichen mit der Energie in uns, die danach strebt, sich zu erinnern. Diese Energie möchte sich daran erinnern, woher sie kommt und wohin sie geht. Sie will sich erinnern, worum es bei dem Ganzen hier geht und was das Leben eigentlich soll. Dieser Same ist zwar viel größer, aber er ist unglücklicherweise femininer Natur, das heißt, er ist passiv, sanft und ohne Aggression. Der Überlebenssame dagegen ist, wie gesagt, sehr klein, aber er drängt und ist aggressiv, während dieser größere Erkenntnissame nur daliegt und die meiste Zeit unbeansprucht ist. Die Religionen sagen: »Wir kümmern uns um dein Seelenheil, gib uns einfach ein bißchen Geld, komme jeden Sonntag in die Kirche, und alles wird in Ordnung gehen.« Aber nichts geht auf diese Weise in Ordnung! So funktioniert es nicht.

Es funktioniert nicht, weil dieser Erkenntnissame sagt: »Ich möchte alles. Ich möchte dich ganz. Ich möchte deine absolute Aufmerksamkeit, und wenn du mir die nicht gibst, wirst du nie glücklich werden.« Und dieser Same in dir sagt dies nicht, weil er dich nicht liebt, sondern *weil* er dich liebt. Dein Erkenntnissame wird dich so lange nicht glücklich sein lassen, bis du erkennst, wozu du in diese Dimension gekommen bist, und er läßt dir daher aus echter Fürsorge Dinge in die Quere kommen. So mag dein Leben ganz nett verlaufen, oberflächlich gesehen hast du alles, was du willst, aber plötzlich wirst du krank oder hast einen Unfall oder verlierst einen geliebten Menschen, und das will dir sagen: »Wach auf!« Denn in dieser irdischen Dimension geht es nicht ums Überleben, es geht um etwas viel Größeres. Worum es geht, sind die Dinge, von denen Jesus, Buddha und andere, die verwirklicht waren, sprachen. Sie kamen in diese Dimension, um uns an dieses Größere zu erinnern und daß da ein Weg ist, den es zu gehen gilt und den wir nur *selbst* gehen können. Es ist viel, viel mehr möglich in dieser Dimension, auf diesem Planeten, als du dir vorzustellen vermagst. Wenn du das einmal erkannt hast und dafür wirklich verfügbar bist, wirst du nie wieder frustriert sein. Du wirst dich nie mehr langweilen. Du wirst dich nie mehr wundern, wozu du hier bist, weil du erkennst, was für ein ein ungeheures Abenteuer es ist, dich zu erinnern, wer du bist, und nach Hause zurückzufinden.

Es gibt viele, viele Ebenen. Wenn jemand auf materieller Ebene erreicht hat, was er erreichen wollte, ist das insofern ein sehr schönes Stadium, weil er dann beginnen kann, dahin zu schauen, wo es hinzuschauen gilt. Unglücklicherweise tun die meisten Menschen das nicht und geraten daher in diesen frustrierten und festgefahrenen Zustand.

Teresa: Das verstehe ich gut, und ich meine, daß meine Freunde nun auch in der Lage sein könnten, sich aus dieser Sichtweise ihr Leben anzusehen. Hast du einen Rat, wie sie sich bewußt werden können, daß Erfolg und Wohlstand nicht alles im Leben sind?

Paul: Dazu gibt es Unterschiedliches zu sagen. Zunächst einmal gibt es bei der Suche nach dem Wesentlichen nicht viel Ermutigung. Was die Religionen anbieten, vermag heute niemanden mehr wirklich zu erfüllen. Damit meine ich die etablierten Kirchen – die östlichen wie die westlichen – und auch die spirituellen Lehrer, die Gurus. Auch das New Age hat einer hochentwickelten Persönlichkeit nicht viel zu bieten. Und dann dieses Entweder-Oder: entweder nur Materialismus oder nur Spiritualität. Es existiert aber etwas anderes, und *das* ist real. Als Jesus mit seiner Botschaft kam – und er brachte eine sehr schöne Botschaft –, war dies eine Botschaft, die der Zeit vor zweitausend Jahren und dem damaligen Bewußtseinsstand der Menschen entsprach. Seitdem wurde seine Botschaft immer wieder korrumpiert. Genau das gleiche geschah mit Buddhas Lehre, eine sehr tiefe Botschaft, die auch immer wieder korrumpiert wurde und die jetzt auch nicht mehr angemessen ist. Was jetzt gebraucht wird, ist etwas völlig Neues, und das ist auf diesen Planeten gekommen und ganz real verfügbar.

Dieses Neue, das wir und einige andere Bewegungen anbieten, ist etwas für intelligente Menschen. Jetzt heißt es nicht mehr wie bisher: »Glaube dies, und du wirst in Ordnung kommen« – abgesehen davon, daß das sehr entwürdigend ist. Diese neue Bewegung sagt: »Glaube überhaupt nichts. Nimm nichts als gegeben hin. Finde es selbst heraus! Wir haben einige Dinge entdeckt, die wir mit dir teilen können, und vielleicht können wir dir ein paar Leitlinien mit auf den Weg geben, aber die eigentliche Arbeit mußt du selbst tun. Sonntags in die Kirche zu gehen, reicht nicht, jeden Tag für zehn Minuten zu meditieren, reicht nicht. Es ist mehr erforderlich.«

Du fragst, wo können Menschen mit ihrer Suche beginnen. Möglicherweise sehen sie eines Tages jemanden im Fernsehen und spüren, daß derjenige mehr sieht als sie, und möchten dann diesen Menschen treffen. Eine andere Möglichkeit ist die, daß sie vielleicht ein sogenanntes spirituelles Erlebnis haben, entweder im Schlaf oder während eines entspannenden Spaziergangs in der Natur. Was ihnen »passiert«, ist, daß sich ihre Augen für andere Dimensionen öffnen, für Dimensionen, die jetzt verstärkt hier verfügbar sind. Eigentlich ist gar nichts Spirituelles daran. Millionen von Menschen haben solche ungewöhnlichen Erlebnisse – besonders zur Zeit –, aber sie erzählen niemandem davon, weil sie denken, sie seien verrückt geworden oder weil sie Angst haben, sie würden verrückt. Sie denken, mit ihnen sei etwas nicht in Ordnung, und genau das vermitteln ihnen die Psychologen und Psychiater, an die sie sich in ihrer Unsicherheit wenden! Die sogenannten Seelenfachleute sagen ihnen: »Du leidest unter Halluzinationen. Das kommt, weil du unter Streß stehst. Oder hast du gar irgendwelche Drogen genommen?«

Möglicherweise haben also Menschen ein spirituelles Erlebnis und hören von jemandem, der so etwas auch erlebt hat, und möchten dann mehr von ihm darüber wissen. Es kann auch sein, daß Menschen wie deine Freunde mit allem so übersättigt sind, daß sie sich einfach langweilen und von daher zu suchen beginnen.

Eine weniger angenehme Art des Anstoßes zur Suche ist die, daß Menschen oder ihre Partner krank werden. Wir bekommen zunächst auf subtile Art und Weise unsere Botschaften, und wenn wir nicht auf sie hören, werden sie immer weniger subtil. So erkrankt jemand schließlich schwer und hat dann vielleicht ein sogenanntes Nah-Todes-Erlebnis. Das heißt, er stirbt beinahe und gelangt dabei in einen Zustand des Loslassens, in einen Zustand, in dem er aufhört, seine Kontrolle und all seine Konzepte aufrechtzuerhalten, und plötzlich erlebt er andere Dimensionen. Diese Erfahrung ist so stark und so mächtig, daß sie nicht weggeleugnet und verdrängt werden kann. Wenn Menschen aus einer solchen Erfahrung zurückkommen, sagen sie: »Was ich erlebt habe, war keine Halluzination, das war realer als all dies hier. Ich möchte wissen, wie ich ständig auf dieser erweiterten Ebene leben kann.«

Die unangenehmste Art, aufgerüttelt zu werden, ist die, die zur Zeit diesem Planeten widerfährt. So, wie es im Moment auf der Erde zugeht, geht es bergab. Alles, was wir geschaffen haben, beginnt sich aufzulösen. Im Augenblick ist es wohl noch mehr ein Grollen, aber die ganze Erde wird noch so sehr geschüttelt werden, daß es niemand mehr ignorieren kann. Was wir bisher über Aids wissen, ist wahrscheinlich ein winziger Ausschnitt dessen, was diese Krankheit letztlich auf der Erde alles anrichten wird. Die Zahl der Krebserkrankungen wird wahrscheinlich noch dramatisch zunehmen. Die Auswirkungen radioaktiver Strahlungen werden voraussichtlich viel gravierender sein, als wir heute denken. Die Umweltverschmutzung, das Ozonloch, das Artensterben, der finanzielle Zusammenbruch ... Dieser Planet wird in einen Zustand solcher Unsicherheit geraten, daß es nichts mehr geben wird, woran man sich festhalten kann. Es wird keine Sicherheiten mehr geben. Nichts wird mehr selbstverständlich sein.

Die Menschen werden sagen: »Was geschieht denn jetzt?! Wohin kann ich mich jetzt wenden?« Dann werden sie anfangen, sich umzuschauen. Jesus soll gesagt haben: »Suchet, und ihr werdet finden, klopfet an, und euch wird aufgetan.« Und das stimmt! Wenn du deinen Weg finden willst, steht er dir jederzeit zur Verfügung.

Die Menschen, denen du dieses Interview nahebringen willst, sind also Menschen, die zu suchen begonnen haben. Viele Wesen, die »hautnah« erleben wollten, was jetzt möglich ist, sind hierher gekommen. Sie nehmen an diesem kosmischen Projekt »Planet Erde« teil. Jeder kann hier sein und kann an diesem Aufwachprojekt teilnehmen, wenn er wirklich will. Das wirkliche Wollen ist der Schlüssel zum Erwachen. Der Schlüssel ist, es stark genug zu wollen! Wenn dir dein Überleben oder dein Job oder deine Familie wichtiger sind, wirst du deine Freiheit nicht finden.

Ich sage nicht, daß du dein Geld, deine Familie oder deinen

Job nicht haben sollst. Du kannst alles haben. Jesus sagte: »Suchet zuerst das Reich Gottes, und alles andere wird euch hinzugegeben.« Du kannst alles haben, aber das Erwachen und Erkennen, wer du bist, muß deine oberste Priorität sein. Wenn du dein Erwachen genug willst, wird es geschehen. Die Bücher, die du lesen mußt, werden dir zufallen, die richtigen Fernsehsendungen werden laufen, wenn du bereit bist, sie zu sehen. Du wirst hören, wohin du gehen mußt und welche Leute du treffen sollst. Sobald du es wirklich willst, beginnt alles wie von ganz alleine zu geschehen. Du fragst, wie Menschen anfangen *können* mit ihrer Suche. Sehr bald werden alle Menschen beginnen *müssen* zu suchen!

Die allermeisten Menschen denken, ihnen würde das, was mit ihnen geschieht, von außen angetan. Das ist nicht wahr. Auf eine Weise, die die meisten Menschen nicht verstehen können, gibt es viele Ebenen von Bewußtsein, und wir existieren auf allen diesen Ebenen gleichzeitig! Dieser Planet muß sich verändern. Sich und die Welt in der Weise zu verändern, wie wir es bisher versucht haben, ist jetzt nicht mehr möglich. Diese Art des Veränderns funktioniert nicht. Jeder sagt, die anderen sollen es tun. Die anderen sollen die Umweltverschmutzung stoppen, die anderen sollen die Kriege beenden.

Wir selbst haben nun kollektiv auf einer anderen Ebene unseres Bewußtseins entschieden, die Zustände auf diesem Planeten so unbequem zu machen, daß wir aufwachen müssen.

Teresa: Viele meiner Freunde in Brüssel gehen zu Therapeuten und versuchen, ihre Probleme zu verstehen und sie dadurch zu lösen. Glaubst du, daß das eine gute Sache ist?

Paul: Wenn Menschen zu Therapeuten gehen, zeigt das, daß sie zu suchen begonnen haben. Deine Freunde sind also in Bewegung gekommen, aber sie suchen auf eine noch recht unbewußte Weise. Wenn du dir ein neues Auto kaufen willst, schaust du dich normalerweise gründlich um. Du fragst deine Freunde, wie sie mit ihren Autos zufrieden sind und ob sie zuverlässig sind oder nicht, wie schnell sie fahren, und so weiter. Du gehst zu verschiedenen Autohändlern und machst Probefahrten und investierst eine Menge Zeit und Energie in deine Entscheidung.

Die meisten Leute suchen sich ihren Therapeuten, ohne sich näher zu informieren und mit sehr viel weniger Mühe und Aufwand aus. Sie hören von einem Therapeuten und gehen zu ihm. Sie schauen ihn sich nicht einmal richtig an. Wenn Menschen zu einem Therapeuten gehen, geben sie ihre ganze Autorität weg. Sie sagen: »Du bist der Therapeut, du hast die Ausbildung, also sag du mir, was ich machen soll.« Nur wenn der Therapeut ganz offensichtlich schlecht ist, suchen sie sich einen anderen. Wenn er nicht offensichtlich schlecht ist, hören sie einfach auf ihn, anstatt genau hinzuschauen und ihn zu fragen: »Funktioniert dein Leben? Klappt das, was du mir erzählst, bei dir?«

Wenn du wach hinschaust, wirst du herausfinden, daß das Leben der meisten Therapeuten auch nicht wirklich funktioniert. Sie scheinen zwar ganz gut zurechtzukommen, und ihr Leben erfolgreich geregelt zu haben, aber Therapeuten haben dieselben Probleme wie jeder andere, und zwar, weil sie selbst in ihrer Entwicklung stehengeblieben sind. Therapie ist nichts weiter als Flickwerk oder Erste Hilfe. Sie funktioniert nicht wirklich.

Was wir brauchen, ist etwas vollkommen Neues. Jeder einzelne muß unaufhörlich *selbst* schauen. Auch für einen Therapeuten ist der Klient sekundär. Seine Arbeit ist sekundär. Das Wichtigste auch für ihn ist, sich selbst zu entdecken. Wenn es Therapeuten in ihrem Leben ums Aufwachen geht, wenn Selbstverwirklichung ihre Priorität ist, können sie das mit ihrem Klienten teilen, und dieser wird Fortschritte machen können. Die Phase der Therapie hat sich erledigt. Sie ist in der Tat nicht nur erledigt, sondern Therapie ist jetzt einer der Faktoren, die den Planeten aufhalten, denn sie erweckt den Eindruck, als ob sie etwas bewirke, und das ist in Wahrheit überhaupt nicht der Fall. Therapie trägt eher dazu bei, Menschen an ein System anzupassen, das nicht funktioniert. Was ich im Moment sage, ist sehr schwierig anzunehmen, denn es gibt sehr wenig Menschen, die dazu wach genug sind. Es gibt nur sehr, sehr wenige Menschen, die wach und klar sind. Das sind keine Therapeuten, keine Menschen, die aus angelernten Fähigkeiten oder Erfahrungen heraus handeln, sondern Menschen, die aufgewacht sind. So jemanden mußt du suchen und finden!

Teresa: Ja! Diese therapeutisch tätigen Menschen haben auch ein großes Bedürfnis, sich nützlich zu machen und fungieren daher in allen möglichen Organisationen. Sie wollen wirklich einen Beitrag leisten, aber ich spüre, daß dem eine bestimmte Energie zugrunde liegt.

Paul: Mir sagt das, daß der Wachwerdesame in ihnen aktiv ist, sie mit ihm jedoch noch immer in einer Weise umgehen, daß sie helfen *wollen*. Du kannst niemandem weiterhelfen als bis zu der Bewußtseinsebene, die du selbst erreicht hast. Ich sage nicht, die Therapeuten sollten nicht tun, was sie tun. Es mag schon helfen, aber die Hauptsache ist, herauszufinden und zu verwirklichen, wer wir sind. Jegliche Hilfe auf diesem Planeten ist eine Art von Erster Hilfe, die nicht wirklich funktioniert, die nicht heilt. Du klebst als Therapeut nur ein Pflaster über die vorhergehenden, und die Wunde schmerzt und fault weiter.

Wo fängst du mit deiner Suche an? Beginne genau hier, bei dir. Erwache zu dem, der du jetzt gerade bist. Du magst einwenden: »Aber es gibt so viele, die am Verhungern sind, und der ganze Planet wird vergiftet.« Wenn du aber wirklich hinschaust, siehst du, daß du *selbst* diese Hungersnot unterstützt. Du selbst vergiftest den Planeten und versuchst, die Vergiftung außerhalb von dir zu klären. Jeder einzelne vergiftet den Planeten. Wir vergiften ihn in sehr offensichtlicher Art und Weise mit unseren Autos und mit den all den Dingen, die wir in die Atmosphäre blasen, aber das ist nur das Symptom unserer inneren Vergiftung. Jeder von uns ist vergiftet. Wir sind vergiftet mit unseren negativen Gedanken, mit unseren Werturteilen, mit unserem Ärger und unserer ungelebten Wollust. Alles, was nicht Liebe ist, vergiftet uns und damit unsere Umwelt.

Wissenschaftliche Experimente beweisen uns heute, daß jeder Gedanke eine Aktion ist. Manche Menschen können Metall verbiegen, ohne es zu berühren. Wir verbiegen nicht nur Metall, wir verbiegen auch andere Menschen! Wir vergiften den Planeten mit unseren Gedanken. Es ist notwendig, daß wir mit unserem Bewußtsein dahin kommen, daß wir dieses Gift, unsere Negativität, nicht in uns einsperren, denn das bedeutet nur, daß wir sie unterdrücken. Und was Unterdrückung bewirkt, ist, verdichtete Negativitätswellen auszusenden, die uns und unsere

Umwelt schließlich umbringen werden. Wenn wir statt dessen unsere Negativität wahrnehmen und annehmen, transformieren wir diese Energie. Alles, was wir unterdrücken, wird zu einer toxischen Substanz und bringt uns auf die eine oder andere Art um. Wir müssen einen Weg finden, diese Dinge klarer sehen zu können, sie weder zu unterdrücken noch sie auszusenden. Alles beginnt bei jedem einzelnen. Und jeder kann bei sich selbst anfangen, denn wenn du dir anschaust, wieviel Zeit die Menschen in ihr Aufwachen und in ihr Bei-sich-Ankommen investieren, so ist das geradezu nichts, verglichen mit der Energie, die sie in andere Lebensbereiche stecken. Aber jeder investiert seine Energie lieber in Äußeres, und das beruht auf einer unbewußten und damit negativ wirksamen Motivation. Die meisten Leute manifestieren mehr Dunkelheit als Licht. Dabei ist jeder Licht, jeder ist Liebe. Aber die Menschen wissen das nicht, und weil sie es nicht wissen, strahlen sie ständig Dunkelheit aus.

Teresa: Ich liebe meine Freunde, und sie sind schöne Wesen, aber es stimmt, daß diese Dunkelheit, diese Negativität bei ihnen sehr stark ist. Wenn ich mit ihnen arbeite, kann ich sehen, daß sie ein wirklich großes Herz haben und sich im Grunde danach verzehren, ihrer Liebe Ausdruck zu verleihen. Ich finde, es ist auch nicht leicht, in dieser Gesellschaft ich selbst zu sein.

Paul: Wir sind wieder an demselben Punkt angelangt. Laß mich erklären, was ich hier anbiete. Ich habe eine Schule mit Menschen, die – obwohl sie sich daran nicht erinnern – diese Aufwacharbeit schon in vielen Dimensionen und auf vielen Planeten getan haben. Diese Schule ist als ein Team auf verschiedenen Planeten unterwegs gewesen, um bei dem jeweiligen Bewußtseinswandel zu helfen. Jetzt sind diese Wesen hier auf die Erde gekommen, und die ist einer der schwierigsten Planeten im ganzen Universum. Aber diese Wesen haben beschlossen, wieder dieselbe Aufgabe anzugehen. Also sind sie dabei, sich selbst aufzuwecken. Ich bin dazu erwacht und andere Wesen sind ebenfalls aufgewacht zu dem, der sie wirklich sind und dazu, worum es auf diesem Planeten geht.

Wir wissen, was auf diesem Planeten bald passieren wird. Wir leben in dieser Weisheit. Wir bilden Menschen aus, die zur

Verfügung stehen werden, wenn die Lage hier wirklich unangenehm wird. Wir bilden Menschen deshalb aus, damit mit ihrer Unterstützung genug Menschen aufwachen, so daß die schlimmsten Unannehmlichkeiten nicht eintreten müssen. Wenn Leute dieses Buch lesen und das, wovon ich rede, wirklich wollen, werden sie mich oder jemanden wie mich finden und erkennen: »Du sagst und lebst deine Wahrheit. Ich möchte das auch. Wie kann auch ich das erreichen?« Und sie werden das gesagt bekommen, was alle wahren Meister jedem, der zu ihnen kam, gesagt haben: »Du mußt es mehr wollen als alles andere auf der Welt.«

Hierüber gibt es eine schöne Geschichte aus dem Osten. Sie handelt von einem Möchtegernschüler, der zu einem großen Meister kommt und dem es gelingt, ein Gespräch mit dem Meister zu bekommen. Der Möchtegernschüler sagt: »Ich möchte die Wahrheit und ich weiß, daß du sie mir zeigen kannst. Wirst du mich zu deinem Schüler machen?« Der Meister erwidert: »Nun, dies ist die Zeit, zu der ich gewöhnlich schwimmen gehe. Laß uns zusammen zum Fluß gehen und dort darüber sprechen.« Sie gehen also zum Fluß, steigen in ihn hinein und schwimmen. Plötzlich packt der Meister den Möchtegernschüler am Nacken und taucht ihn unter. Er hält ihn unter Wasser und hält ihn solange unten, bis der Mann sein Sichwehren aufgegeben hat. Dann zieht der Meister ihn hoch, schaut ihn an und sagt zu ihm: »Wenn dein Verlangen nach Wahrheit so stark ist wie eben dein Verlangen nach Luft, dann können wir anfangen, uns zu unterhalten.«

Bevor du die Wahrheit nicht so sehr willst wie die Luft zum Atmen, wirst du sie nicht finden. Deine Suche wird nur ein Hobby sein. Was du so finden kannst, wird nichts als Erste Hilfe sein. Es wird etwas sein, womit du dein Leben nur ausbessern kannst. Aber das wird nicht wirklich weiterhelfen. Wenn du die Wahrheit *wirklich* erleben willst, wirst du jemanden finden, der sie bereits gefunden hat. Und so jemand wird dir immer sagen, daß du die Schritte selbst tun mußt, um die Wahrheit zu finden. Ich kann dir einige neue Aspekte vermitteln, ein paar Hinweise geben, ein paar Schritte zeigen, und du kannst wiederkommen und ab und zu mit mir sprechen, aber gehen mußt du selber.

Teresa: Eine andere Frage, die mir oft gestellt wird, wenn ich in die Welt meiner Freunde zurückkomme und von dir und dem Team erzähle, ist die, ob du ein System oder eine Methode verwendest.

Paul: In der Vergangenheit hatten alle Lehrer oder Meister, die anderen halfen, sich zu verwirklichen, ein System. Krishnamurti bildete da eine Ausnahme, er bot kein System an, er überließ dich einfach dir selbst. Wir hier sind irgendwo in der Mitte, wir haben kein System, überlassen die Leute aber auch nicht völlig sich selbst. Wir bewegen uns frei fließend um diese Mitte. Das Problem mit Systemen ist, daß die meisten Menschen sie als Methoden oder Rezepte benutzen wollen.

Wenn du lernen willst, auf einer Schreibmaschine zu schreiben, besucht du einen Schreibmaschinenkurs. Wenn du lernen willst, einen Computer zu bedienen, besuchst du einem Computerlehrgang. Bei derartigen Kursen tust du nichts wirklich selbst. Jemand sagt dir: »Drücke diesen Knopf«, und du führst das aus. Die meisten Menschen, die Autofahren gelernt haben, haben keine Ahnung, wie ein Auto funktioniert.

Was hier geschieht, was beim Bewußtwerden geschieht, ist etwas völlig anderes. Bewußtwerdung hat nicht das geringste mit einem mechanischen Vorgang zu tun. Du mußt zu jeder echten Erkenntnis *selbst* erwachen. Die Vorstellung von einem System ist, daß es dir helfen wird, aus deiner von deinen Neurosen und Konditionierungen beherrschten fixierten Haltung herauszukommen. Das Problem dabei ist, daß du zwar vielleicht aus deiner fixierten Haltung herauskommst, aber dich dann auf das System fixierst.

Die Freunde, von denen du sprichst, sind zu intelligent, um jemandem blind zu folgen. Nur weil jemand ihnen sagt, wo es langgeht, gehen sie noch lange nicht. Aber auf der anderen Seite wollen sie noch immer ein Sytem, das sie befolgen können, so daß sie ihr Leben nicht selbst erkennen und ihre Schritte nicht selbst machen müssen. Doch du mußt jeden noch so kleinen Schritt selbst tun, und deshalb kann kein System funktionieren. Andererseits, wenn ich sage, es gibt kein System, und die Menschen wegschicke, damit sie alles alleine tun, wissen sie nicht, wo und wie sie anfangen sollen. Ich bin diesen Weg zu immer größerer Bewußtheit selbst gegangen und bin ihn auf viele verschiedene Arten gegangen, so daß ich jeden, der zu mir kommt, verstehen kann. Ich kann ihm ein paar Hinweise geben, aber ich kann nichts für ihn *tun*, nicht seine Schritte gehen. Wenn ich ein System bieten würde, würden die Leute es in der gleichen unbewußten Art befolgen, wie sie im Moment ihr Leben leben. Daher sage ich immer wieder, daß du jeden Schritt selbst tun mußt, aber es gibt einige sehr nützliche Hinweise und ein paar hilfreiche Übungen, die du ausprobieren kannst.

Was für Leitlinien gibt es? – Eine Leitlinie ist, daß du dein volles Potential, also dein Aufwachen, mehr wollen mußt als alles andere, denn sonst spielst du nur herum. Eine zweite Leitlinie ist, daß du mehr präsent, mehr »hier« sein mußt, damit du dir der vielen Tiefen eines jeden Augenblicks bewußt werden kannst. Ein einfaches Beispiel hierzu: Jemand fragt dich, ob du mitgehen möchtest, die Soundso zu besuchen. Und du sagst ja. Wenn du aber genau hinschaust, fühlst du, daß es zu diesem Ja eine andere Ebene gibt, wo die Antwort ein Nein ist. Darunter gibt es möglicherweise ein »Vielleicht« oder ein »Ich würde gerne, wenn...« Dieser und jeder Augenblick hat viele verschiedene Schichten und Ebenen. Wir handeln alle so mechanisch und automatisch, wir leben in Klischees und schauen nicht genau hin. Wir müssen aufmerksam jetzt hier sein und unsere Augen aufmachen.

Eine dritte Leitlinie ist, wahrhaftig zu sein. Bei unserer Aufwacharbeit sagen wir einander die Wahrheit. Das ist etwas, was in der Welt so gut wie überhaupt nicht geschieht! Du meinst vielleicht, du würdest bereits die Wahrheit sagen, aber wenn du genau hinschaust, findest du viele Ebenen von Wahrheit. Wenn du anfängst, wirklich die Wahrheit zu sagen, wird deine ganze Welt ins Wanken geraten. Alles um dich herum wird zusammenbrechen, weil fast alles auf Falschheit und Lüge beruht. Du mußt deine Wahrheit erkennen und dann den Mut haben, sie mitzuteilen. In der Welt ist das für die meisten Menschen praktisch unmöglich, weil die Konditionierung so stark ist. Daher haben wir hier einen Rahmen geschaffen, in dem es möglich ist, die verschiedenen Ebenen von Wahrheit auszudrücken.

Wir haben hier innerhalb des Projekts ein Team von Menschen zusammengestellt, die darin geübt sind, ihre Wahrheit mitzuteilen, und diese Menschen sind eine Inspiration für die anderen Teilnehmer, das gleiche zu tun. Wenn du damit anfängst, siehst du, daß dein ganzes Leben auf Lügen aufgebaut war, auf deinen eigenen und denen anderer. Indem du die Wahrheit sagst, deckst du deine Lügen allmählich auf, und wenn du damit konsequent bist, kommst du unmittelbar bis zu deinem eigentlichen Grund, zu dem, der du warst, bevor irgend jemand auf dich eingewirkt hat. Dann wirst du sagen: »Jetzt übernehme ich selbst die volle Verantwortung für mich. Ich akzeptiere nicht mehr automatisch, was mir jemand erzählt. Ich werde nichts und niemandem glauben oder nicht glauben, sondern ich werde offen und wach hinschauen und selbst sehen. Wenn ich etwas annehme, tue ich das ganz aus mir heraus.«

So bauen wir uns selbst auf eine Weise, die sich total von unserer alten Konditionierung unterscheidet, wieder neu auf. Wir schaffen uns eine unterstützende Umgebung, in der die Menschen sie selbst sein können. Eine Umgebung, in der sie, wenn sie beispielsweise ärgerlich sind, diesen Ärger fühlen und erkennen können, ohne ihn zu verurteilen. Sie werden den Ärger weder unterdrücken noch herausschleudern. Eine Atmosphäre, in der Menschen wahrnehmen können: »Ich bin gerade ärgerlich«, und wirklich fühlen können, was sie fühlen. Wenn du das tust, wirst du herausfinden, wer du bist.

Wenn dich jemand beleidigt, willst du üblicherweise nicht fühlen, was dann in dir vorgeht, und du tust also irgend etwas, um dieses Gefühl zu vermeiden. Unser ganzes äußeres Leben ist darauf aufgebaut und davon abhängig, daß wir uns durch alle möglichen Dinge daran hindern, zu *fühlen*, wer wir im Augenblick sind. Wenn du beleidigt wirst, bist du verletzt. Wenn du verletzt bist, bist du hilflos; und wir hassen nichts mehr, als uns hilflos zu fühlen, also tun wir etwas. Jemand beschimpft dich, du schimpfst zurück. Du wirst ärgerlich, also verschließt du dich. Du ignorierst den anderen. Du zahlst es ihm heim. Du bemitleidest dich. Oder du bestrafst statt dessen dein Kind oder gibst deinem Hund einen Tritt. Alles, um nur nicht zu fühlen, was in dir vorgeht. Der Prozeß der Selbst-Entdeckung ist nichts anderes, als dich immer wieder zu fragen: »Was geschieht mit mir? Was geschieht in mir? Was ist gerade los?«

Buddha hatte dazu eine hilfreiche Methode. Er ließ seine Schüler ihre Empfindungen dreimal aussprechen: »Ich bin unglücklich. Ich bin unglücklich. Ich bin unglücklich.« Diese Übung ist geeignet, dir sehen zu helfen, was im jeweiligen Augenblick los ist. »Ich bin beleidigt. Ich bin beleidigt. Ich bin beleidigt.« Sage es dreimal, um bewußt wahrzunehmen, was in dir vor sich geht, anstatt dein Gefühl sofort mit einer Reaktion zu überspielen. Erfahre dich einfach im Moment, und du findest die nächste Schicht. Erfahre so diese Schicht und dann die nächste Schicht und dann die nächste. Und die letzte Schicht ist Gott, ist Freiheit, ist Licht, ist Liebe. Und das ist, was wir *wirklich* sind.

In Indien sagt man: »Tat twam asi – Du bist Es.« Gott soll aus dem brennenden Dornbusch heraus gesagt haben: »Ich bin, der Ich bin.« Jedes einzelne Wesen, jedes einzelne Ding ist aus dieser Essenz gemacht, die Gott oder Liebe genannt wird. Ich nenne es lieber das Formlose. Du löst dich von einer Schicht nach der anderen, von den Dingen, die dir eingeredet worden sind, deinen Süchten, deinen automatischen Reaktionen. Wenn du dich von einer Schicht nach der anderen löst, wirst du Licht sein. Du wirst nicht nur Licht sein, sondern reines Sein. Du wirst einfach *sein*. Vielleicht denkst du jetzt an Engel und himmlische Chöre – es ist nichts dergleichen. Es ist absolut gewöhnlich. Es ist ein einfaches: »Ich bin zu Hause.«

Elftes Kapitel

KREATIVITÄT

Es interviewt Roxi McNay

Roxi: Dieses Interview wird auf Video aufgenommen. Es soll die Einleitung zu einer Fernsehserie zum Thema Kreativität bilden, und ich erkenne, daß ich bereits eine Erwartung habe, wie ich dieses Video haben möchte. Ich möchte, daß es wirklich gut wird, so daß der Produzent des Fernsehprogramms tief beeindruckt sein wird und dich für die Serie nach New York einfliegen läßt. Ich kann wahrnehmen, daß ich nicht mehr in meinem Zentrum bin. Wenn ich in meine Mitte zurückkomme, sehe ich, daß das Thema mich tatsächlich interessiert. Ich finde, daß Kreativität oft neurotische Züge trägt. Viele Maler und Musiker haben ihre Kreativität benutzt, um ihre Neurosen auszudrücken, und ich habe festgestellt, daß ich aus ihrem neurotischen Ausdruck oft ebensoviel gewonnen habe wie sie. Ich denke gerade an die großen Maler. Constable kommt mir als das Beispiel eines Künstlers in den Sinn, der sehr schöne friedvolle Landschaftsbilder malte, und dann denke ich an Leute wie Picasso oder Dalí, die unregelmäßigere, unberechenbarere Bilder schufen, die an der Oberfläche sehr neurotisch und kathartisch wirken. Kannst du dazu etwas sagen?

Paul: Als erstes möchte ich über deine augenblickliche Präsenz sprechen. Die Art, wie du dasitzt und sprichst, zeigt, daß du in der Zukunft und nicht im Hier und Jetzt bist. Wir machen ein Video, das vielleicht nach New York geschickt wird, aber wir sind hier und jetzt. Wenn wir in der Gegenwart, in dieser Präsenz, eine Herzensverbindung eingehen, kann diese Präsenz durch das Video vermittelt werden.

Wenn *wir* nicht hier sind, ist nichts hier. Das fügt der in Wahrheit durch Ideen verursachten Vergiftung unseres Planeten nur noch eine weitere hinzu. Wir haben genug Ideen, die nicht funktionieren. An den Ideen an sich ist nichts auszusetzen, aber meistens ist, wenn sie ausgedrückt werden, der sie Ausdrückende nicht wirklich präsent. Wenn jemand wirklich »da« ist, wirst du das an seinen Bildern sehen oder in seiner Musik hören. Du wirst es an seinen Skulpturen sehen. Du erkennst, wenn jemand präsent ist. Wenn du zum Beispiel in Indien das Tadsch Mahal besuchst, erkennst du, daß dieser Baumeister präsent war. Dasselbe wirst du bei vielen der berühmten Gebäude und Kathedralen Europas spüren. Tatsächlich waren diese Architekten oft religiöse Menschen, religiös im eigentlichen Sinne des Wortes, nicht auf diese verfälschte Art, wie Religiosität heute fast überall üblich ist. In der Tat waren die meisten dieser Menschen Sufis. Sogar die christlichen Kathedralen wurden von Sufis entworfen. Sie gehörten zur Gemeinschaft der sogenannten Naqshbandi, was »Designer« oder »Schöpfer« bedeutet. Sie entwarfen viele sehr schöne Gärten und viele berühmte Statuen und Gebäude. Ihre genialen Ideen entstanden aus ihrer Fähigkeit, wach im Hier und Jetzt zu sein. Die Gegenwart, das Jetzt, ist immer perfekt. Du kannst es fühlen, wenn du präsent bist.

Laß uns zur Kreativität zurückkommen. Jeder Mensch ist auf wundervolle und großartige Weise kreativ. Wir werden als kreative Wesen geboren. Jeder Mensch kommt mit einem Licht, einem göttlichen Funken, einer großartigen Kreativität auf die Welt, und dann wird sie zugeschüttet.

Bei einigen Menschen ist sie bereits ein wenig mehr verdeckt, wenn sie geboren werden. Sie war auch bei ihnen da, aber durch Karma aus früheren Leben ist sie bereits verdeckt. Wir werden mit Kreativität geboren, und dann wird sie, indem wir uns konditionieren lassen, zugedeckt. Man zeigt uns, wie wir zu malen haben. Man drillt uns, wie wir Musik zu machen haben. Man dressiert uns, wie wir uns zu präsentieren haben. All diese Vorgaben stammen von Leuten, die selbst nicht mehr kreativ sind. Sie sind tot, sie wiederholen tote Phrasen. Wundervolle Kreativität glimmt in jedem Menschen, und um diese Kreativität zum Glühen, zum Leuchten zu bringen, muß von den Konditionierungen Schicht für Schicht wahrgenommen und losgelassen werden. Du mußt dich von allem, was du dir hast einreden lassen, deinen gesamten Ideen und Theorien, loslösen. Laß alles los, bis du gar nichts mehr weißt, dann bist du kreativ. Im Nicht-Wissen zu sein, ist der kreativste Zustand, weil du dann präsent bist.

Wenn ich davon ausgehe, daß du ein Mann bist, wenn ich annehme, daß du ein bestimmtes Alter und einen gewissen Lebenshintergrund hast, dann nehme ich auch deinen Namen und deine Freundschaft als gegeben an. Auf diese Weise sehe ich *dich* überhaupt nicht, sondern sehe nur all deine Schichten. Wenn ich mich von all dem löse, was ich von dir »weiß«, dann sind wir etwas Gemeinsames, und wenn wir in dieser Gemeinsamkeit bleiben, gibt es noch nicht einmal mehr Gemeinsamkeit, weil es dann nur noch Einheit gibt. Es gibt dann keine zwei getrennten Gedankengänge, es gibt nur eine Gemeinsamkeit, *Einssein.* Dann ist alles, was du sagst oder was ich sage, kreativ, weil es von einem Ort des Nicht-Wissens kommt.

Laß uns noch einmal auf die Menschen zu sprechen kommen, die ihre Neurosen durch Kunstwerke ausagieren. Es ist wahr, daß sie das tun, aber was können sie auch sonst tun, wenn sie mit ihrer wirklichen Kreativität nicht in Kontakt sind? Sie sind mit ihrer inneren Klarheit nicht in Kontakt. Ab und zu kommt es vor, daß jemand diesen Zustand erreicht. Du kannst durch eine Kunstgalerie gehen und einen Raum nach dem anderen durchschreiten, und plötzlich siehst du ein solches Werk. Dann weißt du sofort, daß der Künstler, als er dieses Bild malte, in seiner Kreativität, in seinem Licht, in seiner Reinheit war. Du kannst andere beeindruckende Bilder sehen, in denen das Licht scheint, aber es scheint durch die Schichten der Neurose hindurch. Und es gibt viele Werke, die nichts anderes als völlig neurotisch sind, die entstanden sind, als der sie Schaffende erregt und verstört war und diese Stimmung einfach auf der Leinwand, an einer Skulptur oder in einem Musikstück ausgelassen hat. Ein solches Kunstwerk hat einen störenden Effekt, weil diese Person ihre verzerrte Bewußtheit aussandte, und das beeinflußt dich jetzt über das Kunstwerk.

Wenn jemand, der Klarheit erreicht hat und in diesem Zustand lebt, einige Töne produziert, die wir Musik nennen, oder etwas auf eine Leinwand bringt, was wir ein Gemälde nennen, verbinden sich seine Schwingungen mit deinen, wenn du sein Werk betrachtest oder hörst. Für einen Augenblick spürst du eine Stille oder Freude. Du spürst, aus welchem Bewußtseinsbereich dieses spezielle kreative Werk herkam. Du fühlst die Stille.

Du siehst das richtig: Die meisten Künstler lassen sich an der

Leinwand oder in der Musik neurotisch aus, und das tut ihnen gut, es hilft ihnen, sich von ihren Neurosen zu befreien. Wenn sie ihre Zwänge nicht herauslassen, werden sie entweder irgendwann regelrecht explodieren oder sie werden krank oder es passiert sonst etwas sie Erschütterndes. Aber für die Zuhörer oder Betrachter ist ein neurotisches Kunstwerk sehr destruktiv, weil sie mit ihrer eigenen Neurose bereits genug zu tun haben und die dadurch sogar oft noch verstärkt wird. Du sagst, auch ein neurotisches Kunstwerk befriedigt dich irgendwie. Ja, es gibt da so etwas wie eine Sucht, und du fühlst dich von neurotischen Kunstwerken angezogen. Wenn du Gewalt in dir hast, ist es wahrscheinlich, daß du dir einen Boxkampf im Fernsehen ansiehst, um diese Gewalt zu verstärken. Wenn du beginnst, still und friedlich zu sein, wirst du anfangen, dich zu heilsamen Dingen hingezogen zu fühlen und nicht zu anderer Leute Katharsen. Du wirst von Dingen angezogen werden, entweder von musischen oder visuellen, die dir helfen, deinen friedlichen Zustand zu stabilisieren.

Roxi: Ich habe in letzter Zeit fast keine Musik mehr gehört. Manchmal, wenn ich ausgehe oder im Radio Musik höre, überrascht mich die Macht, die von der Musik ausgeht, sogar wenn sie ganz leise ist. Ich denke gerade an England, wo der Hauptsender Radio Eins den ganzen Tag lang nur Unterhaltungsmusik mit romantischen Heile-Welt-Texten spielt, und ich sehe, daß das eine Art Phantasiewelt ist, in der die meisten Leute leben möchten. Sie schalten das Radio ein, hören ein fröhliches Lied, und das hebt ihre Stimmung. Oberflächlich gesehen, scheint das eine gute Sache zu sein, aber ich denke, diese Musik wirkt wie Valium als Beruhigungsmittel und unterdrückt die eigentlichen Gefühle der Hörer.

Paul: Das Problem dabei ist, diese Art von Musik überspielt die eigentlich vorhandene Not, den eigentlich vorhandenen Streß, die dann irgendwann eine Krankheit oder eine sonstige Erschütterung in ihrem Leben verursachen. Du erwähntest verschiedene Arten von Musik, und es gibt sehr viele verschiedene Ebenen von Bewußtheit auf diesem Planeten. Die Mehrheit der Menschen schläft tatsächlich völlig. Sie leben automatisch, sie funktionieren wie Maschinen. Wenn etwas passiert, reagieren sie in einer konditionierten Weise. Sie sind wie Schafe, und sie schlafen. Und sie haben sich ihr Leben ausgesucht, nichts und niemand zwingt sie, so zu leben. Einige – noch wenige – beginnen, allmählich aufzuwachen. Und nach diesem ersten allmählichen Zusichkommen gibt es noch eine weitere Ebene und dann noch eine weitere. Und dann kommt ein großer Sprung auf eine Ebene, in die hinein du wirklich aufwachst.

Wenn du aufwachst, siehst du plötzlich, wie tief alle schlafen, und du fühlst dich ihnen fremd, denn *du* bist ihnen fremd. Wenn du dir all die verschiedenen Ebenen von Musik, von der gewalttätigen Katharsis bestimmter Rockmusik über die angenehme Klassik, durch den Jazz hin zur traditionellen Musik des Ostens und Westens, anhörst, wenn du mit großer Aufmerksamkeit und Bewußtheit hinhörst, wirst du schließlich aufhören, überhaupt Musik zu hören. Der Grund dafür ist, daß jedes Musikstück dich energetisch herunterzieht, sogar die beste klassische Musik, weil sie dir nicht ganz entspricht, nicht ganz stimmig für dich ist. In einem gewissen Bewußtheitsstadium kannst du fühlen, daß Musik dich hochzieht. Bestimmte Musik kann dich energetisch hochziehen. Solche Musik hat eine ganz bestimmte Schwingung und wurde von Leuten geschaffen, die zur Zeit der Komposition wach waren, und ihre Musik überträgt dieses Gefühl der Wachheit auf dich. Aber wenn du dich weiterentwickelst, wirst du feststellen, daß du über deren Bewußtseinsebene hinausgegangen bist und wenn du die Musik dann hörst, wird sie dich herunterziehen. Wenn manche Leute psychedelische Drogen nehmen, zieht es sie herunter, weil sie in einem Zustand leben, der höher ist als der der Droge. Wenn du *total* auf der Suche nach Bewußtheit bist, wenn das dein ganzer Lebensinhalt ist, wirst du sehr bald die Stufe erreichen, wo nahezu alles, was auf dich einwirkt, deine Schwingung absinken läßt. Du lebst in einem höheren Bewußtseinszustand, vor dem die meisten Menschen noch Angst haben. Wenn du in diesem Bewußtseinszustand bist, bist du kreativ, selbst wenn du gar nichts tust. Du bist kreativ in der Weise, wie du dastehst, wie du schläfst, wie du dich bewegst. Alles, was du sagst, ist kreativ, denn es kommt nicht von einem Ort der Neurose und aus einer Position des Wissens, es kommt aus einem Zustand des Nicht-Wissens. Kreativität fließt einfach aus dir heraus. Wenn du in diesem Zustand Musik hören willst, kannst du die Augen schließen und wirst hören, daß Musik da ist.

Willst du es jetzt probieren? – Schließe einfach deine Augen. Da ist das Summen des Aufnahmegerätes, der Gesang der Vögel und dann, in dir, ein Chor. Was da ist, ist nicht Musik als solche, es sind Geräusche, Klänge und Schwingungen, ein Summen und Tönen. Wenn du all das in dein Hören einbeziehst, erlebst du eine wunderbare melodische Schwingung, wenn du dich nur in sie hineinfallen läßt, dich auf sie einläßt ... (Stille)

Komm jetzt wieder zurück, Roxi.

Roxi: Wenn ich jetzt aus diesem Zustand zurückkomme, bin ich mir meiner Stimme bewußter als vorher. Das Summen des Tonbandgerätes hat jetzt mehr Feinheit. Ich frage mich, warum ich diese feinere Art der Wahrnehmung nicht ständig aufrechterhalte. Ich finde, es erfordert unglaublichen Mut, in diesem bewußteren Zustand zu bleiben, weil es so viele Störungen, so viele Energien gibt, die in der Lage sind, mich aus diesem Zustand herauszuziehen, wenn ich nicht total in meiner eigenen Klarheit bleibe. Immer ist jemand oder etwas da, der oder das versucht, mich abzulenken.

Paul: Ich sage es dir noch einmal: Wenn du es dir wirklich *genug* wünschst, wirst du in dieser klaren Bewußtheit bleiben können. Wenn dir irgend etwas anders wichtiger ist, wirst du dich ablenken lassen. Ich erzähle dir hierzu eine kleine Geschichte. Sie handelt von einen Mann, der ein sehr guter Bogenschütze war. Er war der beste Bogenschütze in seinem Dorf. Er war so viel besser als alle anderen Bogenschützen des Dorfes, daß er als ein Genie galt. Eines Tages sagte er sich: »Ich möchte der beste Bogenschütze der ganzen Welt werden und nicht nur der beste Schütze meines Dorfes sein.« Darüber sprach er mit einem Freund, und der sagte: »Oh, der beste Schütze der Welt lebt gar nicht weit von hier entfernt.« Der Mann ging also zu diesem Meisterschützen und erzählte ihm von seinem Wunsch. Der weltbeste Bogenschütze erwiderte: »Ich kann dir dabei helfen. Zuerst mußt du nachhause zurückgehen und die Übung machen, die ich dir gleich zeigen werde.« Die Übung bestand darin, einfach dazusitzen und aus einiger Entfernung eine Spinne in ihrem Netz am Fenster zu beobachten und nichts zu tun, außer das Insekt genau zu beobachten. So saß der Mann viele Wochen und Monate, und das, obwohl ihm der Meister nicht einmal erklärt hatte, warum er dies tun sollte. Dann, eines Tages, konnte der Mann das Insekt plötzlich so sehen, als wäre es direkt vor seinen Augen. Er konnte jedes Detail sehen, jedes Glied, jedes Haar. Plötzlich war er fähig, auf eine neue Art zu sehen, und er sagte zu sich: »Das ist, was ich erreichen sollte.« Er rannte zum Meister und sagte: »Es ist geschehen.« Und der beste Bogenschütze der Welt sagte: »Gut«, und gab ihm eine neue Übung. Diesmal mußte er sich unter den Webstuhl seiner Frau legen und das Weberschiffchen beim Vor- und Zurückschießen beobachten. Er tat auch das wieder viele Monate lang. Und dann war ihm plötzlich, als bewege sich das Schiffchen ganz langsam, obwohl er genau wußte, daß das nicht der Fall war. Da wurde ihm blitzartig klar, daß er eine neue Dimension in Raum und Zeit erreicht hatte, und er eilte zum Meister und berichtete ihm davon. Und so absolvierte der Mann Übung um Übung, Monat über Monat, bis schließlich eine bestimmte Bewußtseinsstufe in dem jungen Schützen erwachte, durch die er sein Ziel erreicht hatte: Er war der beste Bogenschütze der Welt geworden.

Dies geschah, weil ihm nichts im Leben wichtiger war, als der weltbeste Bogenschütze zu werden. Er hatte auch eine Frau, die glücklich war, ihn auf seinem Weg zu unterstützen! Etwas geschah mit diesem Mann, weil er bereit war, seine *ganze* Energie dafür einzusetzen. Du aber lenkst dich fast die ganze Zeit durch deine Süchte und Gewohnheiten ab und entfernst dich so aus deiner Mitte. Und fünfeinhalb Milliarden unbewußter Menschen versuchen ebenfalls, dich von deiner Klarheit wegzuziehen. Sie wollen nicht, daß du anders bist als sie. Sie wollen nicht, daß du etwas erreichst. Denn wenn du etwas erreichst, zeigst du ihnen dadurch, daß sie das auch könnten, wenn sie es wirklich wollten, aber daß sie zu träge dazu sind. Bewußtheit erreichen zu wollen bedeutet, Gewohnheiten und Vorstellungen aufgeben zu müssen, von vielem loslassen zu müssen. Wenn du Bewußtheit wirklich willst, beginnen viele Dinge um dich herum von allein zu geschehen. Aber der einzige Platz, wo du mit deiner Bewußtwerdung beginnen kannst, ist genau *hier* und genau *jetzt*!

Als du, Roxi, eben aus diesem bewußteren Hören zurückkamst, konntest du alles deutlicher hören, weil du langsamer geworden warst. Du hattest die Kamera vergessen, du hattest vergessen, daß wir ein Video aufnehmen, du hattest die Zukunft und die Vergangenheit vergessen. Du warst nicht in der Zukunft, und du warst nicht in der Vergangenheit. Du bist einfach in diese Übung gegangen und warst hier. Wenn du hier bist und dich auf deinen Körper, dein System konzentrierst, stellst du fest, daß da nicht nur ein einfaches Summen ist. Es gibt alle möglichen Ebenen von Vibrationen in deinem Körper. Wenn du dem Gesang der Vögel wirklich zuhören würdest, könntest du merken, daß Hunderte von Vögeln ihre jeweiligen Lieder auf unterschiedlichste Weise singen. Wenn du in dein Inneres gehen würdest, könntest du feststellen, daß es auch da nicht nur ein Lied gibt. Du kannst alle möglichen Ebenen von Klängen wahrnehmen, es gibt so viele verschiedene Bewußtseinsschwingungen. Aber um mit ihnen in Kontakt zu kommen, mußt du hier und jetzt wirklich anwesend sein, langsamer werden und offen dafür sein, mehr wahrzunehmen.

In unserem innersten Wesen sind wir alle gleich, aber niemand erkennt das. Zwar ist jeder einzigartig, auf seine Art einmalig, jeder hat seine Persönlichkeit, aber gleichzeitig durchströmt uns alle dieselbe Vibration. Wenn du aufwachst, wird dir bewußt, daß die Menschen schlafen, und du beginnst, dich alleine zu fühlen. Wenn du damit total bist und diese Wahrnehmung nicht wieder verdrängst, wirst du feststellen, daß du in jedem Menschen mit der gleichen Schwingung in Kontakt kommen kannst, die in dir ist. Dann bist du nicht mehr alleine. In einer Hinsicht bist du alleine, in anderer Hinsicht bist du mit allem eins. Aufzuwachen erfordert Mut, denn plötzlich wirst du dich wie ein Fremder auf diesem Planeten fühlen und dich fragen, was du inmitten all dieser Schlafwandler machst. Aber du bist ausschließlich hier, um aufzuwachen! Wenn du aufgewacht bist, bist du hier, um anderen zu helfen, auch aufzuwachen, sofern sie das wollen.

Roxi: Zurück zur Kreativität. Die meisten Leute sind auf einem bestimmten Gebiet kreativ. Das kann in der Kunst sein, im Geldverdienen, in der Musik oder in der Mode, und sie haben dann einen Ruf, der auf ihrem Erfolg beruht. Ich kann sehen, daß du deine Wahrheit kennst und daß Erfolg-haben-Müssen nicht die geringste Bedeutung für dich hat. Ich kann dieses Erleben von unbegrenzter Freiheit spüren, das damit für dich verbunden sein muß.

Paul: Wenn du dich selbst gefunden hast, bist du frei, und dann brauchst du niemandem etwas zu beweisen, denn du weißt. Wenn du aus diesem Zustand heraus kreativ werden willst, kannst du auf jede erdenkliche Art und Weise kreativ sein. Jeder Mensch hat seinen eigenen kreativen Ausdruck. Und wenn jemand in einem früheren Leben zum Beispiel ein großer Musiker war und er sich nun wieder kreativ ausdrücken möchte, ist es die Musik, mit der er es tun wird. Ein anderer war vielleicht ein großer Maler, ein anderer war ein guter Redner oder Gärtner, Architekt oder einfach ein Raumpfleger oder eine Putzfrau. Es macht nicht den geringsten Unterschied; wenn du dich selbst gefunden hast, bist du kreativ, was immer du auch tust.

Ich möchte dir noch eine Geschichte erzählen. Sie handelt von einem König, der vor langer Zeit gelebt hat und dessen Hobby die Musik war. Immer wenn er einen guten Musiker fand, stellte er ihn bei sich am Hof ein. Die Leute pflegten von überallher zu kommen, um die Konzerte dieser Musiker zu hören. Unter diesen Musikern war auch der beste und feinste Sänger, der je gehört worden war. Der König war eines Tages auf seine Weise kreativ, indem er sich fragte, ob es wohl einen noch besseren Sänger gäbe als diesen Sänger an seinem Hof. Der König dachte, wenn jemand ein noch besserer Sänger sein könnte, dann vielleicht der Lehrer dieses Sängers. Also rief er den Sänger zu sich und sagte: »Hattest du einen Lehrer, und wenn ja, singt er besser als du?« Der Sänger antwortete: »Ja, unvergleichlich besser.« Da fragte ihn der König: »Warum ist er dann nicht schon längst hier bei mir am Hof, wohin doch die besten Musiker gekommen sind?« Der Sänger erklärte ihm, daß sein Lehrer von sich aus nicht an den Hof kommen würde. »Dann werde ich ihn eben herbestellen«, entgegnete der König. Wieder erklärte ihm der Sänger, daß sein Lehrer, selbst wenn der König ihn herbestellte, nicht kommen und singen würde. Schließlich bot er dem König an: »Wenn du meinen Lehrer singen hören willst, kann ich das arrangieren, aber du mußt genau tun, was ich dir sage.« Der König stimmte zu. Die

Bedingung war, daß der König sich wie ein Kaufmann kleiden mußte, so daß ihn, als die beiden dann hinaus auf die Straße gingen, keiner erkannte. Der König und der Sänger wanderten den ganzen Tag und erreichten schließlich am Abend einen Wald. Der Sänger teilte dem König mit, daß sie die Nacht in diesem Wald verbringen müßten. Also blieben sie dort. Als es am anderen Morgen zu dämmern begann, sahen sie ein Stück weiter unten einen Fluß und eine kleine Hütte. Bald darauf erklang aus dieser Hütte der schönste Gesang, den der König je gehört hatte. Der König war völlig verzückt und geriet in einen Zustand tiefer Meditation. Der Gesang erfüllte sie immer mehr, und der König ging völlig in ihm auf. Als der Gesang schließlich verstummte, nahm der junge Sänger den König bei der Hand, und leise gingen sie von dannen. Nach einer sehr langen Zeit kam der König in seinen normalen Bewußtseinszustand zurück und sagte: »Noch nie habe ich einen so vollendeten Gesang gehört. Etwas aber wundert mich. Deine Stimme ist genauso gut, ihr Klang ist ebenso gut, ihre Klangfülle ist die gleiche, und doch ist es nicht dasselbe, wenn du singst. Woher kommt das?« Und der Sänger antwortete: »Weil ich für dich singe.«

Wenn du *für* irgend etwas oder irgend jemanden singst, wenn du irgend etwas für irgend etwas oder irgend jemanden tust, verunreinigt das dein Tun. Dein Handeln geschieht dann nicht einfach nur aus deinem Wesen heraus, kommt nicht einfach nur von deinem Licht, von der Freude, dich auszudrücken, sondern es geschieht für etwas. Auf diese Weise kommt es zu einer Verunreinigung. Diese Eintrübung zeigt, daß dir dein Tun an sich nicht genug ist, weil du dir *selbst* nicht genug bist. Sobald du dir selbst genug bist, das heißt, dich selbst ganz akzeptiert und dich somit verwirklicht hast, liebst du dich selbst. Dann liebst du alles, was du tust, und wenn andere Leute das auch lieben, ist das wunderbar. Wenn nicht, ist es auch wunderbar!

Roxi: Das klingt so einfach.

Paul: Es ist sehr einfach, aber es ist nicht leicht. Es ist nicht leicht, weil du seit frühester Kindheit mit Konditionierungen bombardiert worden bist, und diese Konditionierungen beherrschen dich, solange du noch unbewußt bist. Wenn du bewußt bist, bist du präsent. Wenn du in diesem Augenblick bist, brauchst du dich mit deiner Konditionierung nicht mehr zu befassen, sie wird verblassen.

Wenn du wieder einschläfst, wirst du wieder zur Maschine. Du kannst eine Musikmaschine werden oder eine Mal- oder Architekturmaschine. Du bist dann eine Maschine und arbeitest nur aus deiner Programmierung heraus. Wenn du hierher in diesen Augenblick kommst und vollkommen präsent bist, wird dir all dein bisheriges Bewußtseinstraining einfach als Werk- oder Rüstzeug zur Verfügung stehen, aber du lebst und kreierst aus deiner Essenz. Wenn du *wirklich* aus deiner Essenz kommst, der Essenz deiner Essenz, kommst du von der Essenz des Universums, denn an diesem Punkt gibt es nur Eins-Sein. In der Einheit ist alles miteinander verbunden. Alles fließt. Du bist eins mit dem Schöpfer.

Zwölftes Kapitel

DIE HERAUSFORDERUNG AIDS

Es interviewen Niro Assistent, Hector Hoyles, Steve McCoury und Bartley Cooper

Niro: Ich bin Gründerin und Direktorin von S.H.A.R.E., dem »Self-Healing-Aids-Related-Experiment«. Vor zweieinhalb Jahren wurde bei mir eine Infizierung mit dem Aidsvirus diagnostiziert, und ich habe mein Leben der Arbeit mit von Aids infizierten Menschen gewidmet. Du, Paul, hast dein Leben ganz der Suche nach der Wahrheit gewidmet.

Heutzutage wird so viel über Heilung gesprochen, Heilung des Planeten, Heilung der Menschen, und von diesem Thema sind Menschen mit Aids natürlich besonders betroffen. Was hast du uns dazu zu sagen?

Paul: Greife nicht ein in das, was passieren möchte! Die eigentliche Angelegenheit, von der wir hier sprechen, ist doch die Suche nach der Wahrheit. Diese Suche nach der Wahrheit ist nichts anderes als die Suche nach sich selbst! Und so war es auch bei mir, wenngleich ich das lange Zeit nicht erkannte. Das wirklich »Not-wendige« ist, daß wir herausfinden, wer wir sind. Nach dieser Erfahrung müssen wir *aufrichtig* suchen. Wenn wir wissen, wer wir sind, wissen wir auch alles andere. Solange wir noch nicht wissen, wer wir sind, greifen wir ein, wollen wir Dinge verändern. Es geht aber nur darum, bewußter, aufmerksamer, lebendiger zu werden, und daraus wird unser maximales Potential hervorgehen, und wir erkennen und können zulassen, was geschehen möchte.

Hector: Wenn ein Aidskranker das tiefe Gefühl hat, alle Lektionen, die ihm diese Krankheit zu geben hat, gelernt zu haben, kann er dann die Krankheit sozusagen loslassen und sein Leben einfach weiterleben?

Paul: Schau, jetzt bist du zielorientiert. Es geht dir darum, was am Ende dabei herauskommt. Aber einzig das zählt, was geschieht, wenn du jetzt wahlfrei und bedingungslos hier bist und nicht darauf schaust, was außerhalb von dir geschehen wird und was nicht.

Eines Tages habe ich plötzlich erkannt, wer ich bin. Ich erinnerte mich. Ich erwachte zu der Tatsache, daß es Dinge wie Leben und Tod in der Weise, wie wir sie sehen, in Wahrheit nicht gibt. Wir werden nicht geboren, und wir sterben nicht. Wir kommen in einen Körper, wir kommen in diese Dimension, aber was wir Leben und Tod nennen, existiert eigentlich nicht. Das kannst auch du herausfinden, indem du jetzt hier bist.

Wenn dein maximales Potential darin besteht, länger auf diesem Planeten zu bleiben, wirst du länger hier bleiben. Das wirst du dann so oder so, die Frage dabei ist nur, akzeptierst du das, was mit dir geschehen möchte, oder kämpfst du dagegen an? Wenn du es akzeptierst, wirst du eine schöne Zeit haben, was auch immer geschieht. Wenn du dagegen ankämpfst, wirst du leiden. Ich verstehe gut, daß du noch länger leben willst oder dir verschiedene Dinge in einer bestimmten Weise wünschst. Die Dauer deines Lebens spielt keine Rolle, sondern wie präsent du in jedem Augenblick sein kannst! Wenn du präsent bist, wirst du alle Dinge, die du erledigen mußt, abschließen können, und dein Leben wird im Augenblick des Todes erfüllt sein. Wenn du vollständig und erfüllt bist, bist du im inneren Gleichgewicht, bist du ganz, bist du eins und gehst dann zur nächsten Ebene deines maximalen Potentials. Wenn du im Sterben liegst und dann merkst, daß du dies und jenes nicht getan hast, mag dir das zwar leid tun, aber wenn du Dinge nicht abgeschlossen hast, stirbst du in einer unausgeglichenen Verfassung. Und aus dieser Verwirrung heraus kreierst du dir deine Nach-Todes-Ebene. Aber das spielt jetzt keine Rolle. Bis dahin ist es noch lange. Selbst wenn es morgen sein sollte, ist es noch lange hin. Du hast jetzt die Wahl, ohne diese Verwirrung als ausgeglichenes Wesen zu leben. Jetzt kannst du in der sogenannten Glückseligkeit leben. Jetzt!

Steve: Wenn du dich in einem Angstzustand befindest, wie kommst du da wieder raus?

Paul: Wenn wir Angst in uns begegnen, ja, wenn wir irgend etwas in uns begegnen, versuchen wir sofort, davon wegzukommen, diese Wahrnehmung loszuwerden. Meinc Empfehlung ist auch hier wieder: Sei jetzt hier. Du hast Angst. Das ist eine Tatsache. Du steckst in ihr fest. Das ist deine momentane Realität. Wenn du bei dieser Angst und diesem Feststecken »dabeibleibst«, gibst du diesen Dingen eine alchemistische Chance. Sie werden sich von alleine ändern, wenn das dein maximales Potential ist. Wenn es besser für dich ist, in Angst zu sein, wirst du in Angst sein. Vielleicht brauchst du diese Angst, vielleicht steht eine andere Stufe deines Erwachens an, und die Angst kann dir dabei helfen. Das ist die Bedeutung der allermeisten Krankheiten. Sie wollen dir helfen, aufzuwachen und zu erkennen, daß du eingeschlafen bist und nicht realisiert hast, wozu du eigentlich hier bist.

Wenn du Angst hast, hab Angst. Der Weg aus der Angst heraus ist der Weg in die Angst hinein. Gehe immer tiefer in die Angst hinein, dann wirst du aus ihr herauskommen. Aber suche nicht nach dem Ausgang, sondern suche den Weg hinein. Wenn Angst da ist, *erlebe* die Angst. Mache sie weder schlimmer, noch schneide dich von ihr ab, sondern sage einfach: »Meine Angst ist das, was im Moment in mir vorgeht.« Sie wird sich von alleine verändern, wenn der Augenblick dazu gekommen ist. Du brauchst überhaupt nichts zu tun. Die Veränderung kommt durch dein Akzeptieren!

Ich weiß jetzt, daß es kein Leben und keinen Tod gibt. Alles *ist*. Alles ist genau so, wie es sein soll. Alles, was geschieht, soll geschehen. Ich nehme einfach am Tanz des Lebens teil. Die letzte Klippe war für mich persönlich nicht die Angst vor dem Tod, sondern die Angst vor Schmerz – aber auch diese Angst ist vergangen. Das geschah, als ich über Monate hinweg unglaublich starke Schmerzen hatte, und in dieser Zeit lernte ich, wirklich »da« zu sein. Irgend etwas klickte in mir. Der Körper hatte Schmerzen, aber *ich* hatte keine mehr. Der Körper machte weiter mit seiner Sache, und ich war der Beobachter.

Alles ist eine Möglichkeit. Alles! Alles bietet dir die Chance zu reifen, an Tiefe zu gewinnen und zu wachsen, wenn du wirklich mit dem *bist*, was ist.

Bartley: Eine Zeitlang war ich sehr krank, und es war ziemlich wahrscheinlich, daß ich sterben würde. In dieser Zeit wurde mir bewußt, daß ich bereit war zu sterben, aber hauptsächlich aus der Angst heraus, sonst weiterleiden zu müssen. Es bedrückte mich, daß ich aus *diesem* Grund zum Sterben bereit war, denn das kam mir wie eine Flucht vor und nicht wie eine wirkliche Bereitschaft. Wenn ich so gestorben wäre, wäre ich nur gestorben, um weiterem Leid oder schlimmeren Schmerzen zu entkommen.

Paul: An diesem Punkt hast du ein auf den ersten Blick unscheinbares Werturteil gefällt, und dieses Urteil hat dich bedrückt. Das Spiel ist, zu sehen, ob wir in Ausgeglichenheit sterben können. Wenn wir diese Ausgeglichenheit zu Lebzeiten in uns erreicht haben, sind wir bereits »gestorben«. Dann stirbst du auch eines Tages einfach in Ausgeglichenheit und wirst dann wiedergeboren. Akzeptiere auch das vollkommen, und du wirst akzeptierend, du wirst bedingungslos. Wenn du dich in dieser Bedingungslosigkeit erlebst, stellst du fest, daß du *jetzt* auf einer anderen Ebene des Lebens wiedergeboren bist. Aber bemühe dich nicht, das zu verstehen. Schau einfach. Nimm wahr, ob du fühlen kannst, was gemeint ist. Der Verstand kann da nicht mitkommen, er kann es nicht verstehen.

Diese Erkenntnis, von der du sprachst, ist sehr schön. Du hattest eine sehr schöne Bewußtseinsebene erreicht und gesehen, daß es eine Flucht gewesen wäre, *so* zu sterben. Was du nun brauchst, ist, dir zu sagen: »Ich habe in diesem Augenblick die Wahl. Ich würde gerne sterben, um zu entkommen. Außerdem habe ich eine Wertung darüber, daß ich sterben will, um zu entkommen. Und ich akzeptiere dieses Werturteil. Versuche nicht, das Symptom zu verändern. Bleibe dabei, immer wieder zurück in deine momentane Realität zu kommen. »Das bin ich jetzt in diesem Moment.« In dem Moment, in dem du dich akzeptierst wie du bist, in dem Moment, in dem du mit dir »einverstanden« bist, bist du dir nicht mehr im Weg. Du bist in Akzeptanz, du bist in Frieden.

Es spielt überhaupt keine Rolle, *wie* du bist. Sobald du akzeptierst, bist du im Gleichgewicht. Du könntest das auch Liebe nennen. Denn dein Einverstandensein wandelt sich zu Liebe und wird einfach eine wunderschöne Energie. Wenn du bewußt bist, wenn du »da« bist, wenn du in diesem Augenblick bist, erlebst du, daß du dich immer im Gleichgewicht befindest, gleichgültig, ob du lebst oder stirbst. Wenn du in diesem Einverstandensein bist, bist du in der Liebe, und das ist wundervoll, sowohl wenn du lebst als auch, wenn du stirbst. Dann gleitest du einfach zur nächsten Ebene hinüber.

Du kannst im Grunde nichts falsch machen. Es gibt nichts Falsches! Sei einfach da. »Ich möchte sterben, um zu entkommen, um zu flüchten. Ich akzeptiere das.« Und dann wird sich deine »Wahr-nehmung« plötzlich verändern, und du erkennst: »Das ist es! Das ist es! Das ist es!« Mit dem Akzeptieren löst sich jedes Ungleichgewicht auf.

Was ich sage, kann eigentlich nicht gesagt werden, fühle einfach, ob eine Resonanz dazu in dir ist. Nichts ist falsch! Nichts ist auf einer bewußten Ebene schlecht! Es gibt nur Bewußtes und Unbewußtes. Mit Bewußtheit bist du annehmend, mit Unbewußtheit bist du ablehnend.

Im Moment wünsche ich dir, du könntest das spüren: Wenn du präsent bleibst und jeden Augenblick akzeptierst, ist alles vollkommen, ob du nun lebst oder stirbst. Natürlich *weiß* ich das nicht, aber so, wie ich es im Moment empfinde, wird dann dein Leben vollkommen sein. Wenn du den Tod auf diese Weise bewußt akzeptierst, nicht als Flucht aus deinem Leben, sondern im bedingungslosen Akzeptieren ja zu ihm sagst, wirst du in einer völlig anderen Art und Weise zu leben beginnen. Diese andere Art zu leben ist es, was du und deine Freunde zu sehen, zu fühlen und zu leben beginnen. Deshalb ist es so schön, mit euch zusammen zu sein. Euch umgibt eine völlig neue Energie und eine völlig neue Ebene von Liebe – einer Liebe, von der die meisten Menschen noch nicht einmal eine Ahnung haben, daß sie existiert.

Steve: Ich habe erkannt, daß ich den Rest meines Lebens damit verbringen könnte, mich um mein Sterben zu sorgen, und dann eines Tages womöglich beim Brötchenholen von einem Taxi überfahren werde! Ich war schon immer ein Helfertyp, ein »Kümmerer«. Ich habe mich um meine Freunde, besonders um meine Familie, gekümmert und mir viele Sorgen um sie gemacht, sogar darüber, welche Anschauungen sie haben. Ich habe mich um andere Leute gekümmert und stelle jetzt fest, daß ich andere Menschen oft wichtiger nehme als mich selbst. Ich versuche jetzt, mir wirklich klarzumachen, daß ich, nur indem ich für mich selbst sorge, auch für alle anderen sorge.

Paul: Bevor du zu dieser Erkenntnis nicht erwacht bist, weißt du nicht, was du tust, wenn du dich um andere kümmerst. Du kümmerst dich womöglich gerade dann um andere, wenn sie etwas durchmachen, was für sie wichtig ist und wo *sie* durchmüssen. Wenn du das erkennst, erwachst du zu deinem wahren Wesen. Wenn du dich selbst *total* akzeptiert hast, wachst du auf und »siehst«, und dann wird deine Hilfe zur liebevollen Fürsorge anstatt zu Sorge und Betroffenheit. Meist ist das, was wir Fürsorge oder Mitgefühl nennen, nur Besorgtheit oder »Mitleid«, das heißt: »Ich möchte nicht, daß du leidest, weil ich dann mitleide, weil ich mich schlecht fühle. Ich möchte, daß du in Ordnung kommst, damit ich mich gut fühlen kann.«

Wenn du zu dir selbst zurückkehrst und dein Gleichgewicht findest, stellst du fest, daß du nicht eingreifen wirst, wenn etwas mit jemand anderem geschieht, was dir Unbehagen verursacht. Du bleibst zwar weiterhin für andere verfügbar, aber du greifst nicht ein. Wir greifen alle ein, um draußen bei anderen zu korrigieren, was in uns nicht stimmt und uns unangenehm ist. Komm einfach immer wieder zu dir selbst zurück. Wenn du diesen Ort der Mitte in dir erreichst, fließt deine Energie einfach über. Selbst wenn du nichts sagst oder tust, fließt diese Vibration über. Wenn du bei dir bist, handelst du angemessen, denn du handelst aus einer Position des Sehens und nicht aus deinem Verstand oder aus deiner eigenen Not heraus. Wenn du dich selbst akzeptiert hast, akzeptierst du automatisch alle anderen und wirst immer angemessen handeln.

In Wahrheit gibt es nichts zu tun. Denke nicht: »Ich sollte dieser Person helfen.« Zu helfen ist ein störendes Eingreifen. Wenn bei jemandem etwas geschehen will, laß es geschehen, aber sei aufmerksam, sei da, sei präsent. Und frage dich: »Was geschieht gerade jetzt mit *mir*? Was tue ich?« Allein durch diese Wahrnehmung und Präsenz beginnst du, alles mit anderen Augen zu sehen. Du hast etwas in dir, was mit einer Art kleinem Kippschalter versehen ist, und jedes Mal, wenn du deine Mitte verläßt, knipst du diesen Schalter an und beurteilst dich. »War das richtig? War das so am besten?« Beobachte diesen kleinen Schalter. Du kannst nichts falsch machen! Daß du etwas falsch machen könntest, ist nur eine Idee. Richtig und Falsch, Gut und Böse, all diese Dinge sind nur Ideen. Sei ganz du selbst und sei so präsent, wie du kannst, einfach aus Freude daran.

Hector: Wenn sich jemand mit sich einverstanden empfindet, sich aber noch immer sehr um seine Familie und Freunde sorgt, wie kann er ihnen bei dem, was sie durchmachen müssen, helfen und gleichzeitig sein eigenes Vollständigsein fördern?

Paul: Wenn du einverstanden mit dir und vollständig bist, machst du dir keine Sorgen mehr um andere Menschen, obgleich du noch immer Fürsorge für sie empfindest. Wenn du dich selbst gefunden hast, bist du in jeder Situation angemessen, du bist Liebe. Du bist nicht »lieb«, du gibst niemandem Liebe. Du liebst einfach, und wenn jemand aus dem Lot oder in Streß ist, bist du einfach da und mit ihm. Und er spürt das. Wenn sich jemand gesehen fühlt, *wirklich* gesehen, und sich von einem anderen Menschen, so wie er ist, angenommen und geliebt fühlt, findet Heilung statt, denn du hast einen Kreis für ihn geschlossen.

Für einen Augenblick kann die andere Person sich selbst akzeptieren, weil sie sich durch dich gesehen fühlt. Und dann muß sie nur noch lernen, das auch alleine zu tun. Für kurze Zeit sieht diese Person all ihren »negativen« Seiten, wie ihren Ärger und all die Dinge, die sie normalerweise nicht akzeptieren kann. Sie erkennt alles »Negative« an sich und fühlt, daß sie trotzdem geliebt wird. Sie erlebt, daß sie sich Liebe nicht verdienen muß. Sie fühlt, daß sie akzeptiert wird, und zwar in echter und nicht in vorgetäuschter Annahme. Sobald du dieses Annehmen eines anderen Menschen willentlich anstrebst, geht die Liebe verloren. Der andere spürt deine Absicht und spürt, daß diese Absicht bedeutet, daß du dieses Akzeptieren für dich selbst noch nicht erreicht hast. Wenn aber diese bedingungslose Annahme *geschieht* und du nichts »machst«, kommt der andere innerlich zur Ruhe. Er schaut hin und beginnt, deine Vibration von Annahme aufzunehmen. Das mag zwar so etwas brauchen, was wir hier auf der Erde Zeit nennen, aber wenn du in deiner Mitte, in deinem

Herzen bleibst, wird um dich herum ein Mitfühlen geschehen, wo es angebracht ist.

Einige Menschen brauchen es vielleicht noch, sich um dich zu sorgen. Das ist vielleicht ihre Art aufzuwachen. Auf ihrer Ebene des Verstehens können sie das, was für dich wirklich von Schaden und was von Nutzen ist, nicht verstehen. Komm du einfach zu deinem wachen Selbst, und du *bist*, wer du bist. Und du weißt genau, wovon ich rede. Ich erzähle dir nichts, was du nicht schon längst weißt. Wir haben es vergessen und denken, das, was es wiederzufinden gilt, sei im Außen. Wir lassen uns einreden, wir müßten dies und jenes *tun*, und das ist nicht wahr. Es ist jetzt in diesem Augenblick in uns. Alles, was in diesem Universum möglich ist, ist da. Jetzt! Auch du, Hector, brauchst nirgendwo hinzugehen. Ab und zu erinnert und aufgeweckt werden, das schon, aber du brauchst nirgendwo hinzugehen. Du schaust einfach mehr und mehr auf dich selbst und wirst alle Wahrheiten finden. Sie sind alle in dir!

Bartley: Im Verlauf dieser Krankheit ist mir immer wieder klar geworden, daß sie keine Bestrafung ist, sondern eine Mahnung, ein Aufwecken, das sich nicht ignorieren läßt. Durch meine Krankheit habe ich erkannt, wieviel Energie ich mein Leben lang dafür einsetzte, genau diese Aufwachbotschaft zu ignorieren. Jetzt habe ich ein tiefes Gefühl von Wachstum und Sinn durch diese Krankheit gefunden, und es beeindruckt mich sehr, daß eine Krankheit eine solche Möglichkeit bietet.

Paul: Laß mich kurz auf eines eingehen. Du hast eben gesagt: »Ich kann meine Krankheit nicht als Strafe empfinden.« Ich möchte dich darauf hinweisen, daß es niemanden gibt, der dich bestrafen könnte. Es gibt keinen Gott in *dem* Sinn. Du bist Es!

Bartley: Was mich erschüttert hat, war die Auseinandersetzung damit, ob ich mich womöglich mit dieser Krankheit selbst bestrafe.

Paul: Selbstbestrafung kann nur aus Unbewußtheit heraus geschehen. Wenn du bewußt bist, bestrafst du dich selbstverständlich nicht!

Bartley: Warum tut man es dann?

Paul: Du gibst dir damit eine Aufwachhilfe. Eine andere Sache, die in mein Bewußtsein kam, als du sprachst, ist, daß das (Paul deutet auf Bartley) eine Maschine ist. Dein Körper, dein System ist zwar in deinem Bewußtsein inbegriffen, aber der Körper ist eine Maschine. Er ist etwas, was du geschaffen hast, um dich in dieser Dimension bewegen zu können. Du bist nicht hierhergekommen, um dich nur um diese Maschine zu kümmern. Natürlich mußt du dich um diese Maschine kümmern, aber du bist für etwas viel Wesentlicheres hergekommen. Du bist hier, um aufzuwachen, um zu vielen Bewußtseinsebenen zu erwachen, und das kannst du schneller erreichen, wenn du als Bewußtsein in einer solchen Maschine steckst. Wir sind aber auch hier, um Spaß und Freude zu haben. Die Erde ist ein großartiger Ort, um Spaß zu haben!

Niro: Paul, du hast gesagt, die Aidsinfizierten, mit denen du Kontakt hattest, hätten dich sehr berührt. Kannst du etwas zum Unterschied zwischen Aids- und Krebskranken sagen?

Paul: Zunächst möchte ich etwas zu meinem Berührtsein sagen. Im allgemeinen bin ich in einer anderen Dimension, in der ich nicht sehr viele Gefühle empfinde. Aber ab und zu kommt dieses wundervolle Gefühl der Berührtheit auf, und es berührt mich sehr, mit euch zusammen zu sein.

Der Unterschied zwischen den beiden Krankheitsarten ist, daß – und natürlich verallgemeinere ich hier stark – der Krebskranke sterben will. Krebs ist eine spezielle Art von Unbewußtheit. Der Krebskranke hat Energie aufgestaut, mit der er nichts zu tun haben wollte, für die er keinerlei Verantwortung übernehmen wollte. Bei Menschen mit Aids sehe ich – und ich stelle das nicht als Theorie dar, sondern als eine Möglichkeit –, daß sie sich die Krankheit aus ihrem Unterbewußtsein heraus gegeben haben, weil sie *leben* wollten. Ich meine damit nicht, daß ihr lange leben wollt, sondern ihr wollt *lebendiger* sein. Ich habe bei den von Aids betroffenen Menschen, mit denen ich gesprochen habe, eine unglaubliche Aufnahmebereitschaft gefunden, und das hat mich sehr berührt. Ich erlebe das jetzt gerade wieder mit euch. Ich spüre eure Herzen, ich fühle mich euch sehr verbunden, und ich fühle eure Verbundenheit untereinander. Ich fühle mich euch so nah, und ich fühle mich sehr wohl mit euch. Eure Offenheit ruft diesen emotionalen Teil in mir wach, sie läßt diese Liebe in mir aufsteigen, und ich spüre eure Rezeptivität und Offenheit, und das ist sehr schön für mich.

Ich spüre, daß ihr irgendwie lebendiger sein wollt. Ihr wollt euch an mehr erinnern, ihr wollt euer maximales Potential finden, und die Krankheit ist eure Art, dies zu tun. So gesehen spielt es keine Rolle, ob ihr euch die Krankheit selbst gegeben habt oder wo sie herkam. Tatsache ist, daß sie eine Chance für euch ist, und ich sehe, daß ihr sie wahrnehmt, und das ist wundervoll. Indem ihr das tut, werdet ihr den ganzen Planeten beeinflussen. Der gesamte Planet wird von eurer Bewußtheit profitieren, denn jeder, der bewußter wird, sendet eine bewußtere Vibration aus. Diese Vibration hat eine Wirkung auf andere, und ihr wißt das. Die Menschen um euch herum werden von euch beeinflußt, sie erleben sich von euch berührt. Der Grund dafür ist die Tiefe, die ihr in euch erreicht habt, und ihr helft dem Planeten mit eurer Bewußtheit, mit eurer Präsenz und eurem Akzeptieren.

Hector: Geschieht diese Art des Erwachens nur aus Verzweiflung heraus?

Paul: Das Aufwachen kann zu jeder Zeit auf jegliche Art und Weise geschehen. Da wir hier sind, um aufzuwachen, bekommen wir einen Anstoß, uns darum zu kümmern. Wenn wir auf dieses Zeichen nicht hören, bekommen wir einen stärkeren Schubs. Wieder hören wir nicht, und dann haben wir vielleicht einen Unfall – und hören womöglich noch immer nicht! Aber wenn du eine tödliche Krankheit bekommst, mußt du hören, wenn du leben willst. Wenn du nicht leben willst, ist es ein bißchen so, wie du vorhin sagtest: »Gut, ich werde sterben, damit ich von hier wegkomme.«

Der Planet Erde ist eine schwierige Dimension. Es war sehr mutig von uns, hierherzukommen. Wir hätten alle da »oben« bleiben und uns mit Harfespielen vergnügen können. Jeder kann jederzeit aufwachen! Für manche Menschen ist es leichter als für andere, weil sie weniger Schichten um ihr Herz aufgebaut haben.

Aber dasselbe Leben, derselbe göttliche Funke ist in jedem von uns. Wir schlafen nur immer wieder ein. Wir lassen uns einlullen. Unser Schlaf kann sehr tief und schwer werden. Wir müssen jedoch einen Weg ins Wachsein finden, und es ist besser, ihn freiwillig zu gehen, als darauf zu warten, daß etwas kommt, das uns hart trifft. Aber du siehst, Aids ist deine Art aufzuwachen.

Wie du weißt, schlafen die meisten Menschen. Jetzt, da du aufwachst, kannst du das sehen. Du kannst ihre Verschlafenheit sehen. Wenn es für dich wirklich wichtig ist, zu leben oder länger zu leben oder wenn du das Bestmögliche aus deiner Zeit hier machen willst, mußt du noch präsenter und wacher sein. Auf die Art gibst du dir selbst deine Erfüllung und nebenbei auch dem ganzen Planeten.

Niro: Als ich dieses »Experiment« Aids begann, veränderte sich mein Verständnis von Heilung. Zunächst ging es mir hauptsächlich um körperliche Heilung, aber jetzt, wo ich mit so vielen durch Aids herausgeforderten Menschen arbeite, bekomme ich ein neues Verständnis für das, was »Heil-sein« wirklich ist, und das hat mit der Qualität ihres Sterbens zu tun. Kannst du hierüber etwas sagen?

Paul: Ich möchte dir eine Geschichte über einen guten Freund von mir erzählen, der an Aids gestorben ist. Wir waren sehr gute Freunde und unternahmen zusammen viele Reisen um die Welt. Lange bevor wir von der Existenz einer Krankheit wie Aids wußten, spielten wir zusammen ein Spiel. Unser Spiel war, alles zu tun, was wir auf diesem Planeten tun wollten, so daß wir nach unserem Tod nicht noch einmal wiederkommen müßten, wenn wir nicht wollten. Wir spielten also das Spiel des Erfüllens. Was immer wir haben wollten, gönnten wir uns. Wohin wir auch gehen wollten, gingen wir. Was immer wir tun wollten, taten wir. Dann stellte sich heraus, daß mein Freund Aids hatte, und er wurde sehr schnell sehr krank. Wir spielten das Spiel bis zuletzt weiter, obwohl wir wußten, daß einige der Sachen, die wir noch per Post bestellt hatten, nicht mehr ankommen würden, bevor er sterben würde. Er starb dann wunderbar sanft, sehr schön und erfüllt. Wenn die Energie ausgeglichen ist und wir auf dieser Ebene in Frieden sind, gleiten wir einfach sanft hinüber zur nächsten.

Vielen Menschen wird das in einer Nah-Todes-Erfahrung offenbart. Wenn wir sanft loslassen, gleiten wir einfach in die nächste Dimension und existieren dann dort einfach weiter. Das Spiel ist also, hier so viel wie möglich auszugleichen, und wenn die nächste Dimension dann für uns bereit ist, geht das Leben in ihr einfach weiter.

Niro: Es ist mir richtig peinlich, die folgende Frage zu stellen. Sie kommt mir ziemlich dumm vor. Woher weißt du das? Wie kannst du dir so sicher sein?

Paul: Auf der Ebene, auf der wir gerade sprechen, weiß ich es nicht. Wie kannst du den Tod kennen, bevor du stirbst? – Aber es gibt eine Art zu sterben, ohne daß der Körper stirbt. Traditionsgemäß wird das Meditation genannt. Das Wort »Sitzen« ist vielleicht ein besserer Ausdruck dafür. Einfach »sitzen« und beobachten. Und während des Beobachtens ist der Verstand aktiv, körperliche Vorgänge finden statt, und Emotionen sind da.

Diese Dinge sind da, aber sie sind nicht du. Und plötzlich merkst du, daß du diese Dinge nicht *bist*. Dann bist du in einem anderen, freien Zustand, und in diesem Zustand ist es möglich, andere Dimensionen von Bewußtsein zu besuchen oder sich ihrer bewußt zu werden. In diesen Dimensionen kannst du *alles* erkennen. Wenn du diese vordergründige Dimension hier wirklich loslassen kannst, wirst du offen für andere. Dann beginnst du, Dinge zu sehen, die hier normalerweise nicht sichtbar sind. Diesen Zustand des Todes, von dem ich gerade sprach, habe ich erfahren, aber mein Körper ist dabei nicht gestorben.

Ich war an diesem Punkt des totalen Loslassens und der völligen Absichtslosigkeit, und es geschah. Ich merkte, daß ich in eine neue Dimension glitt, zwar noch immer hier war, aber in einer völlig anderen Weise. Alles war total entspannt. Alles war leicht. Nichts geriet in Spannung, weil ich in dieser Situation erkannte, daß es so etwas wie Geburt und Tod gar nicht gibt. Der Körper wird geboren, der Verstand wird geboren, die Emotionen werden geboren, aber das Wesen *ist* einfach. Wenn du das selbst herausfinden möchtest, experimentiere. Finde deinen eigenen Weg; aber es ist nicht nötig, körperlich zu sterben, um diese Erfahrung zu machen.

Niro: Jedes Mal, wenn du sprichst, spüre ich diese Energie, die von dir ausgeht, ich fühle eine starke Verbindung mit dir. Ich stimme mich manchmal auf diese Energie ein, auch wenn ich nicht mit dir zusammen bin, obwohl das etwas Paradoxes hat. Diese Energie ist so zerbrechlich und doch gleichzeitig so stark. Ich frage mich, müssen wir erst einer bestimmten Dosis dieser Energie ausgesetzt sein, bevor wir sie in uns erleben können?

Paul: In meinem System hat sich eine bestimmte Vibrationsebene eingestellt. Wenn du also hier in dieser Präsenz bist (Paul deutet auf sich) und einfach aufnahmebereit bist – was bedeutet, daß du weder glaubst noch nicht glaubst –, dann bist du für diese Vibration offen und verfügbar. Was du wahrnimmst, ist nicht meine Energie, es ist deine! Wir alle haben diese Schwingungsebenen in uns. Meine regt deine nur zur Resonanz an. Dann beginnst du sie selbst zu erleben, und dann ist sie dein. Du sagst, diese Energie sei so stark, aber so zerbrechlich. Du hast diese Energie nicht, *sie* hat dich! Wenn du sie haben willst, geht sie weg. Du mußt nur einen Weg finden, einfach nur »da« zu sein und in dieser Energie zu sein.

Als nächstes fragst du, ob du zuerst dieser wachen Energie ausgesetzt sein mußt, um sie dann in dir zu realisieren. Nun, es gibt da keine Regeln, es gibt keinen vorgeschriebenen Weg. Wenn du eines Tages beschließt: »Das Wichtigste im meinem Leben ist jetzt mein Aufwachen. Ich will die Wahrheit finden. Ich will frei sein. Ich will in dieser Schwingungsebene leben. Ich will diese Weisheit«, wenn das zu deiner Priorität geworden ist, bist du bereits so gut wie zu Hause.

Von diesem Punkt an wirst du alles hören, was du hören mußt. Du wirst alle Möglichkeiten, die du brauchst, bekommen. Ich habe dir bereits erzählt, daß Leute, die wir auf Seminaren oder bei Zusammenkünften trafen, immer wieder zu uns gesagt haben: »Ich hatte gehofft, daß so eine Begegnung eines Tages geschehen würde« oder »Ich habe für eine solche Begegnung lange gebetet.« Wenn du eine solche Einladung machst, und sie ist die Einladung an eine höhere Schwingungsebene, bekommst du, was du brauchst. Es wird nicht immer das sein, was *du* möchtest. Es wird dann wie Zauberei sein. Jemand gibt dir ein Buch, und es ist genau in dieser Situation das richtige für dich. Und nicht nur das, du kannst das Buch aufschlagen und wirst genau die Stelle lesen, die dir jetzt weiterhilft. Da ist nichts Magisches dran. Es gibt kosmische Gesetze, es gibt verschiedene Schwingungsebenen, und sie stehen jedem zur Verfügung, der sie wirklich will.

Wenn du etwas nur haben willst, um es für irgend etwas zu benutzen, wird dir höchstwahrscheinlich nicht dabei geholfen werden, es zu bekommen. Wenn du etwas haben willst, weil du aufwachen möchtest, geschieht es. Du triffst, wen du treffen mußt, und du hörst, was du hören mußt. Wenn dann dein Ankommen geschieht, wird es dir so gehen wie den meisten Erwachten: Du hast keine Wahl, du mußt deine Bewußtheit mit anderen teilen. Es ist, wie wenn du versuchst, ein wildes Pferd zu halten. Du schaffst es nicht, es muß gehen, es möchte sich mitteilen: »Schau, ich habe etwas herausgefunden. Bist du interessiert? Möchtest du es hören?«

Steve: Ich spüre, wir befinden uns wie im Krieg an einer Front, denn je länger Aids bei uns diagnostiziert ist, desto mehr unserer Freunde verlassen den Planeten. Womit ich mich in letzter Zeit auseinandergesetzt habe, würde ich mit Überlebensschuld bezeichnen. Ich fühle mich schuldig dafür, daß ich noch immer lebe und so gesund bin. Ich habe in der ganzen Sache Glück gehabt, und ich habe viele um mich herum straucheln und fallen sehen. Ich habe viele gesehen, die versuchten, sich am Leben festzuhalten.

Paul: Laß mich versuchen, dir etwas zu erklären. Du wirst es wahrscheinlich nicht verstehen, aber du wirst es vielleicht fühlen können. Wir erschaffen unsere Realität von Augenblick zu Augenblick. Du hast dir diese Krankheit geschaffen, weil du sie brauchst. Schau, du wolltest ein Interview, und du hast es jetzt. Du hast es kreiert, du hast diese Situation geschaffen. Wir kreieren uns unsere Realität von Augenblick zu Augenblick.

Wir haben uns von Leuten programmieren lassen, die nichts wissen. Sie wiederum wurden von Leuten programmiert, die ebenfalls nichts wußten. Uns wurde gesagt, was ist und was nicht, aber was man uns beibrachte, ist nicht wahr!

Es gibt keine Zeit und keinen Raum. Der Planet Erde existiert auf anderen Verwirklichungsebenen überhaupt nicht! Wir kreieren ihn in jedem Augenblick. Mit jedem Schlag unseres Herzens kreieren wir diese Dimension, weil wir es so wollen. Wir kamen hierher, um zu lernen, was Freude ist, und um hier Erfahrungen zu machen. Wenn du denkst, daß du in zwei Jahren stirbst, ist die Wahrscheinlichkeit groß, daß du in zwei Jahren sterben wirst. Du hast es dann so kreiert. Wenn die Menschen um dich herum innerhalb von zwei Jahren an dieser Krankheit sterben, erfüllt sich damit gewissermaßen die Programmierung ihres Todesurteils.

Du kannst dir nicht vorstellen, was alles jederzeit möglich ist. Der Buddhismus und die Lehre des Zen haben wahrscheinlich mehr Menschen zur Verwirklichung verholfen als irgendeine andere Religion, aber sogar Zen programmiert die Menschen auf Zeitvorstellungen. Zwei Jahre, um meditieren zu lernen, zwei Jahre, um atmen zu lernen, zwölf Jahre, bevor irgend etwas wirklich geschehen kann. Das sind Programme. In Wahrheit kann die Verwirklichung für jeden jetzt sofort geschehen! Was die Verwirklichung verhindert, sind unsere Ideen darüber, wie lange sie dauert und was wir für sie tun müssen. »Du mußt leiden, denn du bist ein armer, elender Sünder. Du trägst die Sünden deiner Vorväter in dir. Ohne Mühe kannst du es nicht schaffen.« Aber das alles ist nicht wahr, das sind nur Ideen!

Es gibt Berichte über Menschen, die nicht sterben. Jesus soll nicht gestorben sein, es heißt, er sei transzendiert. Er kann jederzeit zurückkommen, und manche Leute berichten, daß er das tut. Im Himalaya soll es Meister geben, die körperlich in Erscheinung treten und wieder verschwinden können, weil sie nicht mehr in dem Vorstellungsprogramm gefangen sind, in dem wir geboren werden und sterben. Manche Menschen sagen, daß Altern auch nur eine Programmierung sei und daß wir nicht zu sterben brauchen. Ich habe gehört, daß die Medizin das Phänomen des Alterns nicht schlüssig erklären kann. Sie weiß nichts Genaues darüber. Altern ist nur eine Idee.

Ideen erschaffen unser Leben auf vielerlei Art. Jeder Gedanke hat eine Schwingung, jede Schwingung hat einen Effekt. Ob du positiv oder negativ denkst, du kreierst eine Realität. Aber es ist viel besser, dich von all deinen Gedanken zu lösen. Dann »fliegst« du in eine andere Dimension. Manifestiere auch nichts »positiv«, denn auch damit schaffst du ein Ungleichgewicht. Sei einfach absichtslos. »Ich weiß nicht, ob ich noch lange leben soll oder nicht. Will mich der Planet noch, will mich Gott zurück? Ich habe keine Ahnung.«

Sei einfach in jedem Augenblick offen und verfügbar, dann bist du immer in deinem maximalen Potential. Wenn du diesen Ort in dir erreichst, zieht in dein Inneres ein großer Friede ein. Es ist dann so wunderbar, dieses Gleichgewicht in dir zu erleben, das sinngemäß sagt: »Was immer sein soll, soll sein! Ich werde es genießen.«

Steve: Verbindest du dich mit deinem wahren Selbst, wenn du so bedingungslos offen bist?

Paul: Ich hab sogar das wahre Selbst vergessen. Vergiß alles und sage einfach: »Ich bin.« Irgend jemand hat das schon einmal aus einem brennenden Busch heraus gesagt, er sagte: »Ich bin, der Ich bin.«

Sei einfach nur du selbst und versuche nicht, es zu verstehen. Wenn du das Verstehen aufgibst, wirst du wissen! Und gleichzeitig wirst du irgendwie niemals wissen. Die ganze Sache hat nichts mit dem Verstand zu tun, *sei* einfach, und eine völlig neue Schwingungsebene umgibt dich. Halte nicht an Zeitvorstellungen fest. Denke nicht darüber nach, wie lange du noch leben wirst und ob du wieder gesund werden wirst oder nicht. Lebe einfach bewußt und genieße deine Zeit.

Steve: Wie kannst du bewußt leben, wenn alle anderen so unbewußt zu sein scheinen?

Paul: Du mußt Bewußtheit mehr wollen als alles andere. Wenn das der Fall ist, wirst du dich immer wieder dabei ertappen, wenn du abschweifst. Wenn du die Zustimmung von jemandem willst, gleitest du in seine oder ihre Schwingung ab. Wenn es dir noch immer um materielle Dinge geht, wirst du dich in der materiellen Welt verlieren. Wenn du deine Bewußtheit mehr willst als alles andere, tust du zwar weiterhin, was immer du tun möchtest, aber du bist dabei präsent. Das bedeutet, du weißt genau, wo deine Hände gerade sind und wie weit deine Füße auseinanderstehen. Du bist bewußt, du bist hier. Du hörst, wenn die Klimaanlage angeht. Du hörst die Stimmen im Hintergrund. Du bist hier. Du bist präsent für das, was du hörst, was du fühlst, was du schmeckst, was du riechst und was du siehst. Von diesem Augenblick der Bewußtheit aus geschieht der nächste und der nächste und der nächste. Wenn du Bewußtheit genug willst, dein Wollen stark genug ist, hast du sie bereits! Und du weißt genau, wovon ich rede. Ich erzähle dir nichts, was du nicht bereits weißt.

Steve: Ja, ich weiß.

Hector: Kommt der Widerstand, den wir in uns spüren, wenn wir an das Sterben oder an den Tod denken, von dieser Programmierung, von der wir vorhin sprachen?

Paul: Wenn du hinschaust, kannst du das selbst sehen. Du bist darauf programmiert, daß der Tod keine gute Sache ist. In deiner Vorstellung sind mit dem Tod alle möglichen schrecklichen Sachen verknüpft, beispielsweise, daß du ins Fegefeuer oder in die Hölle kommen kannst und daß es dort sehr schmerzhaft und ungemütlich ist. Du nimmst die Schwingungen des Todes von den Trauernden auf, die nicht um den Verstorbenen trauern, sondern über ihr eigenes Unglück. Sie trauern also darüber, daß der Verstorbene nicht mehr da ist. Es geht ihnen dabei um sich selbst, in Wahrheit trauern sie um sich.

Löse dich von allem, was du gehört hast, einschließlich dem, was ich dir gerade sage! Löse dich von allem und sage dir: »Ich werde alles selbst herausfinden. Ich werde nicht gegen das sein, was du sagst, denn das ist nur eine Art, sich in einer Konditionierung zu verfangen. Ich werde dir nicht mit Zweifel begegnen, denn das ist nur das Gegenteil von Glauben. Ich werde selbst schauen, ich werde meine Zweifel akzeptieren und loslassen. Ich weiß so lange nicht, ob etwas wahr ist, bis ich es selbst sehe.« Suche selbst! Deine Konditionierung ist da, deine Programmierung ist da. Bekämpfe sie nicht, erkenne sie nur. »Ja, sie ist da.«

Laß alles still und ruhig werden, und dann schau – und da wird ein Wissen sein. Es gibt keine Zeit. Du bist bereits der, der du einmal sein wirst! Du hast gewählt, in dieser Dimension als Energie, als Vibration zu existieren, aber die anderen Dimensionen sind dir ebenfalls zugänglich.

Die ursprüngliche Bedeutung des Betens war ein einfaches Sich-Öffnen, aber heute gehen wir auf die Knie und betteln etwas Höheres an. Es gibt nichts und niemand Höheres zum Anbetteln. Du hast verschiedene Schwingungsebenen, die dir überall und jederzeit zugänglich sind. Du kannst sie deine innere Stimme oder dein höheres Selbst nennen. Manche Menschen nennen sie die aufgestiegenen Meister. Es spielt keine Rolle, welche Bezeichnung du wählst, diese Informationen und Dimensionen stehen dir zur Verfügung. Du brauchst nicht zu betteln. Du kannst einfach sagen: »Ich bin jetzt dazu bereit. Wenn es angemessen für mich ist, möchte ich jetzt gerne erkennen.« Und du wirst erkennen, wenn du erkennen sollst.

Hector: Wenn du von geistigen Führern sprichst, von wem sprichst du da?

Paul: Nun, alles, was ich euch heute gesagt habe, ist nicht wahr! Alles, was ich euch im letzten Interview gesagt habe, ist nicht wahr. Was wirklich wahr ist, kann nicht gesagt werden! Ich versuche, diese wache Vibration hier einzubringen, und bemühe mich, sie auch in Worte zu übersetzen, damit ihr mit dieser Vibration mitschwingen könnt und euch auf diese Weise selbst erinnert. Ich möchte euch nicht irgend etwas erzählen. Euch ist genug erzählt worden. Schwingt einfach mit dieser Energie mit. Deshalb sage ich so oft, daß ihr das alles schon wißt. Wir wissen es, aber wir sind so beschäftigt mit den Dingen, die uns beigebracht wurden, daß wir nicht auf uns selbst hören.

Eine der Beschreibungen für bewußtere Ebenen ist »Führer«. Du hast einen Führer, und die Führer haben Führer. Das ist wahr und in anderer Hinsicht gleichzeitig nicht wahr. Das ist *ein* Weg, etwas über diese Ebenen auszudrücken. Meine Empfehlung ist, geht nicht zu den Führern, weil ihr dann gewissermaßen davon ausgeht, der Führer sei mehr oder etwas Höheres als ihr selbst. Die Führer lernen von euch genauso wie ihr möglicherweise von ihnen.

Damit möchte ich sagen, wenn du eine Begegnung mit oder eine Vorstellung von einem Führer hast, sitzt du mit ihr fest. Wenn du ein Bild von Christus bekommst, sitzt du damit fest. Daher kommt es, daß Menschen, wenn sie ein religiöses Erlebnis haben, dieses oft gemäß ihrer religiösen Vorstellung haben. Ein Buddhist sieht Buddha, ein Christ sieht Christus, aber beides ist eine Art von Verunreinigung einer reinen Energie. Christus ist nicht das Höchste, Buddha ist nicht das Höchste. Sie sind einfach Formen, die etwas solider geworden sind, die erkannt werden können.

Halte dich nicht an diesen Bildern fest. Bleib nirgends hängen. Sage einfach: »Ich bin offen für das Unbegrenzte.« Warum dich mit einem Volkswagen zufrieden geben, wenn du einen Ferrari haben kannst? Das hat nichts mit Arroganz zu tun, du sagst nur: »Vielen Dank für all die verfügbaren Ebenen. Ich bin hier und nehme an, was mir offensteht.« Identifiziere dich nicht mit dem, was dir begegnet. Sobald du dich mit etwas identifizierst, fixierst du dich. Tu das nicht, denn es könnte noch eine weitere Ebene geben und dann noch eine. Wenn du dich dafür öffnest, wenn du wirklich wahlfrei und bedingungslos annehmend wirst, wirst du dich eines Tages verwirklicht erleben.

Viele Wesen sind dieses Mal auf die Erde gekommen, um sich zu verwirklichen und um dem Planeten in seinem Bewußtseinswandel zu helfen. Sie sind gekommen, um hier aufzuwachen. Und wenn sie erwacht sind, dann geht das Spiel darum, wie sie es erreichen können, auch andere beim Aufwachen zu unterstützen, denn die Menschen schlafen nicht nur, sondern sie träumen auch noch, daß sie wach sind! Und sie wollen nicht aufgeweckt werden. Viele von uns sind dieses Mal nur auf den Planeten gekommen, um Menschen beim Aufwachen zu unterstützen. Je früher du also aufwachst, desto früher kannst du mit dem Spiel beginnen, andere zu unterstützen. Wenn du aufwachst, erzeugen außerdem all die Erfahrungen, die du gemacht hast, eine spezielle Vibration in dir. Wenn du dann mit Menschen arbeitest, die beispielsweise eine tödliche Krankheit haben, wirst du effektiver für sie sein wie jemand, der diese existentielle Not und das Loslassen nicht durchlebt und diesen Teil in sich nicht geheilt hat. Hiermit meine ich nicht den Körper, sondern die Vibration in dir, die du geheilt hast.

Jemand, der nie drogensüchtig war, hat keinen wirklichen Bezug zu jemandem, der süchtig ist. Er kann den Süchtigen nicht wirklich verstehen. Wenn du selbst durch eine Drogenabhänigkeit gegangen bist, hast du diesen Bezug und dieses Verstehen. Jede

Erfahrung, die wir machen, führt zu einer Reife in uns und macht uns für andere entsprechend verfügbarer.

Bartley: Eine der starken Erfahrungen während meiner Krankheit war die Wirkung der Menschen um mich, was sie mir gegeben haben und was ich ihnen zu geben in der Lage war. Wir haben vorhin von der Intensität des Augenblicks und vom Präsent-Sein gesprochen. Nachdem ich und die Menschen um mich herum dachten, daß ich sehr wahrscheinlich sterben würde, veränderten sich die Beziehungen mit diesen Menschen beträchtlich. Die Qualität unserer Beziehungen wurde viel feiner, und es ist nun viel weniger Negativität im Spiel. Ich empfinde das als einen Segen und als eine Reinigung in bezug auf Verbindungen mit anderen Menschen, und ich frage mich, ob du dazu etwas zu sagen hast?

Paul: Zuerst möchte ich dir etwas sagen, was nicht direkt mit deiner Frage zu tun hat. Wann immer ich mich in dich hineinfühle, bin ich berührt. Ich liebe dich, und ich spüre die Liebe in dir. Du hast diesen Punkt des Beinahe-Sterbens erreicht und bist mit einer neuen Dimension von Liebe zurückgekommen. Sie ist in dir erwacht. Etwas sehr Schönes umgibt dich, und das ist es, was diese Wirkung auf die Menschen hat, die dir begegnen. Es reflektiert dann von ihnen zurück zu dir. Das geht hin und her. Etwas sehr Schönes ist mit dir geschehen.

Bartley: Ja, ich empfinde das selbst sehr stark.

Paul: Deine Liebe erreicht die Menschen und hilft ihnen zu erkennen. Ich bin viel herumgekommen und habe viele Menschen gesehen, Menschen, die viel erreicht haben, viele berühmte Menschen. Die meisten haben Angst, in dem Zustand zu leben, in dem du die ganze Zeit lebst, mit dieser Sanftheit, mit dieser Offenheit, mit dieser Verfügbarkeit. Wenn du einen Raum betrittst, bringst du eine andere Schwingung hinein. Du hast einen Einfluß auf alles um dich herum, weil du ein totales Loslassen in dir geschehen ließest. Du warst an der Schwelle des Todes, du hast dort etwas gesehen und hast es hierher mit dir zurückgebracht.

Da gibt es nichts zu tun und nichts zu sagen. Erlaube dem einfach, noch tiefer mit dir zu sein, und versuche nicht, es verstehen zu wollen. Wenn du Liebe für jemanden oder etwas empfindest, sei einfach wie eine Blume, laß einfach den Duft sich verströmen ...

Dreizehntes Kapitel

DER INNERE HEILER

Es interviewt Dr. Don Pachuta

Don: Wir sprechen oft davon, Opfer einer Krankheit oder einer Seuche zu sein oder uns mit Viren oder Bakterien angesteckt zu haben, die wir von jemandem oder irgendwoher aufgefangen haben. Kannst du etwas über die Natur des Heilens sagen und darüber, wie Menschen krank werden, wie sie beispielsweise Krebs oder Aids bekommen?

Paul: Laß mich dir eine andere Perspektive zeigen. Wenn du erwachst und erkennst, wer du bist, »siehst« du. Wenn du siehst, erkennst du, daß du früher verzerrt gesehen hast. Wir kommen auf die Welt und tun alles, um zu überleben, um so komfortabel und glücklich wie möglich zu leben und um diese Dimension zum Funktionieren zu bringen.

Wenn du wirklich siehst, erkennst du, daß es in dieser Dimension gar nicht darum geht, daß sie funktioniert. Diese Dimension soll nicht funktionieren, denn dann würdest du wieder einschlafen und dich nicht weiter umschauen. Du bist um der Herausforderung willen hierher gekommen, herauszufinden, wer du bist, woher du kommst und wohin du gehst. Dazu bist du hierhergekommen!

Indem du dich auf diesen Bewußtwerdungsprozeß hier eingelassen hast, hast du dir selbst ein Programm gegeben, das auch Situationen mit einschließt, die du als schwierig und unangenehm empfindest. Genau in diesen Situationen aber bist du wacher und bewußter, und es ist wahrscheinlicher, daß du hinschaust. Die meisten Dinge, die mit uns geschehen, haben wir uns also selbst ausgesucht, damit wir an ihnen wachsen, unser Bewußtsein erweitern und durch die Erfahrungen mit ihnen reicher und reifer werden können.

Eine andere Art, das Phänomen Krankheit zu betrachten, ist die, daß wir eigentlich dazu geboren werden, uns auszudehnen, uns zu öffnen, uns weiterzubewegen und zu wachsen. Statt dessen bleiben wir stehen, und die Energie, die uns bewegen möchte, arbeitet – wenn sie zurückgehalten wird – destruktiv in unserem Inneren weiter. Wenn wir nicht wachsen, arbeitet die Energie in uns weiter, und das ist offensichtlich das, was zu Krebs führt. Krebs ist Ausdruck dieses nicht gelebten Wachstums. *Du* bist nicht gewachsen, also findet das Wachstum auf der körperlichen Ebene statt, in Form von Tumoren und Metastasen.

Energie, die du nicht fließen läßt, staut sich in dir an. Wenn du wütend oder sauer auf jemanden, etwas oder auf dich bist oder dich verletzt fühlst und dann keinen Weg findest, diesen Emotionen Ausdruck zu verleihen, bauen sie sich in deinem Inneren auf, und dein System kann nicht in der natürlichen Weise funktionieren. Wir sind eigentlich mit einem optimalen Selbstheilungssystem ausgerüstet, aber wir müssen unserem System auch ermöglichen, die Selbstheilungskräfte wirken zu lassen. Das bedeutet auch, die heilsamen Dinge zu tun, die dazu nötig sind.

Don: Kannst du einige dieser Möglichkeiten zur Selbstheilung nennen?

Paul: Nennen könnte ich dir Hunderte, aber dann würdest du sie aufschreiben wollen, um eine Liste zu haben und um in ihr nachlesen zu können. Aber du brauchst keine Liste, denn wenn du hier und jetzt präsent und ehrlich zu dir bist, weißt du genau, was heilsam und was schädlich für dich ist. Auch darüber existiert ein Wissen in dir. Im Grunde ist niemand dumm. Wir machen uns dumm, und wir handeln dumm, aber jeder hat diese göttliche Intelligenz in sich. Wir *sind* diese göttliche Intelligenz. Aber um mit dieser Intelligenz in Kontakt zu kommen, müssen wir *hier* sein, müssen wir total präsent sein.

Das Problem ist, daß wir unser System, unseren Computer mit so vielen Dingen haben programmieren lassen, die uns überhaupt nicht hilfreich sind. Diese Programme wurden uns von Leuten eingegeben, die selber krank sind. Wir müssen uns jetzt von diesen Programmen lösen und auf uns selbst zu hören beginnen. Wenn du die Hand nach einer Droge, nach einem Drink, nach einer Zigarette, nach einem Stück Schokolade ausstreckst, wirst du, wenn du hinhörst, wissen, ob das jetzt gut für dich ist oder nicht.

Wenn du etwas heben willst, was zu schwer für dich ist, erkennst du das. Wenn du zu schnell fährst, weißt du das. Wenn du ein Argument benutzt, das eine destruktive Energie erzeugt, spürst du das. Üblicherweise sind wir viel zu schnell, wir »machen« ständig etwas, so daß wir dieses innere Wissen einfach immer wieder ignorieren, und dann müssen wir natürlich die Konsequenzen tragen.

Du sprachst über das »Opfersein«, und fast alle Menschen leben so, als wären sie das Opfer von irgend jemandem oder irgend etwas. Beinahe alle Menschen beklagen und beschweren sich unaufhörlich, und das ist einfach unintelligent. Wenn du innehältst und schaust, erkennst du, daß du alles selbst kreierst. Wenn du diese Worte nicht ausgesprochen hättest, hätte dein Partner nicht die Bratpfanne nach dir geworfen.

Don: Das ist sicher so! Und es erstaunt mich doch, daß wir das nicht erkennen und akzeptieren wollen. Wir wollen die Verantwortung für uns nicht übernehmen, besonders dann nicht, wenn wir krank werden. Sogar bei einer simplen Erkältung sagen wir, wir hätten uns angesteckt.

Eine ungeheure Menge Negativität und Angst ist mit Krankheiten wie Krebs und Aids verbunden, und für den Heilungsprozeß ist die Auseinandersetzung mit der Angst sehr wesentlich. Mit der Aids-Epidemie verbindet sich eine geradezu hysterische Angst. Grippeinfektionen, Tuberkulose und Kinderlähmung sind höchst ansteckende Krankheiten, und doch gehen die Ärzte sehr viel angstfreier mit ihnen um. Aids ist überhaupt nicht ansteckend, außer durch sexuelle Kontakte, unsaubere Injektionsnadeln und Blutübertragungen, und doch haben sogar Ärzte eine enorme Angst, Aids zu bekommen.

Paul: Laß uns zuerst folgende Tatsache betrachten. Bei Aids erleben die Menschen nicht nur ihre Angst vor Krankheit, sondern sie erleben auch ihr Entsetzen vor dem Sterben. Der Grund dafür ist, daß wir vergessen haben, wer wir sind. Dieser Körper ist ein »Erdenanzug«. Um auf diesem Planeten, in dieser Dimension hier sein zu können, mußten wir eine materielle Form annehmen. Mehr und mehr Menschen machen jetzt die Erfahrung, daß sie nicht ihr Körper *sind*. Sie verlassen bewußt ihren Körper oder erleben sich während einer Nah-Todes-Erfahrung außerhalb ihres Körpers. Viele Leute verlassen ihren Körper, wenn sie auf einem Operationstisch liegen. Entsprechendes kann auch in Träumen und in anderen Situationen geschehen. Diese Menschen beginnen zu sehen, daß sie nicht der Körper sind und daß der Körper nur ein Vehikel ist. Wenn du mit deinem Körper identifiziert bist und dich in deiner Angst verfängst, kannst du dich davon lösen, indem du zu dir sagst: »Ja, der Körper ist in Aufruhr, der Körper ist krank, aber *ich* bin nicht krank.« Dann hast du nicht mehr so viel Angst.

Don: Was ist mit der Angst der gesamten menschlichen Kultur, die mit der Aids-Epidemie verbunden ist?

Paul: Da gibt es verschiedene Ebenen, mit denen das zu tun hat. Eine ist, daß diesem Planeten in vielfältiger Art und Weise eine harte Zeit bereitet wird, weil er im Grunde eine Veränderung *will*. Er will seine Bewußtheitsebene anheben, und um das zu erreichen, verschlimmert er zunächst die herrschenden Zustände. Es ist ein bißchen so, wie wenn du dir zur Anregung deiner Selbstheilungskräfte ein homöopathisches Mittel gibst. Wenn es wirksam werden soll, kann das zunächst zu einer Erstverschlimmerung führen. Jetzt muß die Potenz des Heilmittels für diesen Planeten erhöht werden, denn wenn alles unverändert bleibt, schläft alles weiter. Der Planet Erde gibt sich selbst und damit uns eine höhere Potenz, eine stärkere Dosis, er macht die Zustände hier ein wenig schlimmer, und die Menschen werden somit schneller aufwachen. Viele der Dinge, die zur Zeit geschehen – Aids eingeschlossen –, sind nur dazu da, die herrschenden Zustände zu erschweren, so daß die Menschen anfangen, hinzuschauen und aufzuwachen.

Don: Ich bin praktizierender Arzt und habe mich auf Infektionskrankheiten spezialisiert. Infolgedessen habe ich mit vielen von Aids betroffenen Menschen zu tun. Ich arbeite auch mit geführten Trance-Reisen und ähnlichen Techniken und behandle auch eine gewisse Anzahl Krebskranker. All diese weitverbreiteten Krankheiten scheinen unser Immunsystem anzugreifen. Irgendwie haben wir die Fähigkeit verloren, unser Immunsystem erfolgreich wirken zu lassen. Da ist ein Virus, das außerhalb des Körpers nicht einmal überlebensfähig ist, und doch hat es die verheerende Krankheit Aids zur Folge.

Paul: Wir könnten sagen, wir haben den Willen zu leben verloren. Wir könnten sagen, wir erleben eine Art Selbstmord des Planeten – und in einer gewissen Hinsicht stimmt das sogar. Der Planet will so, wie er ist, sterben, er will etwas anderes werden. Er möchte nicht weiterhin ausgeplündert und vergewaltigt werden, und er möchte nicht weiterhin mit dieser Gewalt leben.

Der Planet Erde ist ein lebendiges Wesen. Wir sind Teil davon, genau wie dieser Finger ein Teil meines Körpers ist. Wir sind Teil dieses Planeten, und er hat unsere Ignoranz und Unbewußtheit einfach satt. Da er zu einer anderen Ebene von Bewußtheit aufsteigen möchte, sagt ein Teil von ihm, die Menschen müssen aufwachen.

Du sagtest vorhin, ich hätte in einem früheren Interview gesagt, daß Leute mit Aids in ihrer Vorstellung ein Programm hätten, nach dem sie nur noch sechs Monate oder zwei Jahre leben würden, und daß diese Krankheit nicht nach diesem Programm tödlich verlaufen muß. Mir ist das nicht wichtig. Es spielt keine Rolle, ob Menschen sterben oder nicht, sondern ob sie *leben* oder nicht! Und oft werden Menschen nur durch eine sie existentiell herausfordernde, sie bedrohende Situation lebendig! Einige der lebendigsten Menschen, denen ich jemals begegnet bin, sind Leute mit Aids. Gerade gestern abend hatten wir eine Gruppe von Leuten hier, die Aids haben, und mir wurden noch nie derart tiefe Fragen gestellt. Wenn Aidskranke etwas fragen, sind sie total präsent. Es geht für sie um Leben oder Tod – denn natürlich gibt es den Tod, aber es gibt auch das Leben. Es spielt keine Rolle, ob du sechs Monate oder zwei Jahre oder hundert Jahre lang lebst. Es ist die Qualität deines Lebens, die zählt, und die meisten Leute leben gar nicht, sondern sterben nur!

Was du über das Immunsystem gesagt hast, ist absolut richtig. Wir verfügen über ein Selbstheilungssystem, und wir haben durch unser Immunsystem eine gewisse Kontrolle über unseren Körper.

Es nützt nichts, einen Menschen zu »retten«, wenn er keinen wirklichen Willen zum Leben hat. Er wird einfach einen anderen

Weg zu sterben finden. Die Hauptsache ist nicht, die Krankheit zu heilen, sondern das Wesen des Menschen zu erwecken. Wenn das Wesen erst einmal wach ist, wird es sich ehrlich fragen: »Möchte ich länger leben?« Wenn ja, wird dieser Mensch länger leben. Nichts kann ihn dann davon abhalten. Wir kreieren uns unsere eigene Realität von Augenblick zu Augenblick. Wenn du leben willst, wirst du leben.

Don: Wie wecken wir das Wesen in uns auf? Du hast einmal gesagt, daß das Immunsystem liebevoll ist und daß Liebe das Immunsystem stimuliert. Wie können wir uns selbst aufwecken?

Paul: Bis jetzt hatten wir zum Aufwachen keinerlei Ermutigung. Uns ist eingeredet worden, daß wir arme Sünder seien, alles falsch machten und die Sünden unserer Vorväter in uns trügen. Das alles geht gegen den natürlichen Lebensstrom. Das ist alles nicht wahr! Vieles von dem, was wir uns beibringen ließen, ist nicht wahr. So ist auch nicht wahr, daß Aidskranke nur noch eine bestimmte Zeit zu leben hätten. Einige Leute haben sich von Aids geheilt. Also ist es einfach nicht wahr, daß Menschen mit Aids nur eine bestimmte Zeit zu leben haben.

Eigentlich ist nichts wahr. Wir erschaffen Wahrheit. Wir müssen lebendiger sein, lebendiger leben und uns wirklich treffen, wenn wir einander begegnen. Wenn du jemanden wirklich triffst, geschieht Liebe, und es findet Heilung statt. Wenn wir als Individuen beginnen, bewußter zu leben, leben wir mehr von Moment zu Moment, und dann erreichen wir die Menschen, mit denen wir zusammenkommen. Ihre Programmierungen werden dann erschüttert. Zum Beispiel galt Aids, solange sich niemand davon geheilt hatte, als tödlich. Inzwischen haben sich einige von Aids selbst geheilt, also muß eine Aids-Erkrankung nicht länger unbedingt tödlich verlaufen. Es gibt noch viele andere Dinge, auf die wir fixiert sind. Wenn wir unsere Bewußtheit auf sie lenken und wirklich schauen, ändert sich das.

Don: Wie können wir das in unser sogenanntes Alltagsprogramm übertragen, nicht nur für Aids- oder Krebskranke, sondern für Menschen, die Aids oder Krebs oder so etwas gar nicht erst bekommen wollen?

Paul: Also ich habe es folgendermaßen getan. Immer wieder habe ich mich täglich viele Male gefragt: »Will ich hier sein? Will ich jetzt wirklich hier sein? Will ich wirklich tun, was ich gerade tue?« Wenn nicht, hörte ich sofort damit auf und ging weg. Es war mir gleichgültig, wieviel Geld ich dabei verlor oder wie viele Leute sich darüber aufregten, ich kümmerte mich um mich. Viele Leute leben in einer Beziehung, in Häusern, Gegenden, Ländern, die schädlich für sie sind. Es hat nicht viel Sinn, zur breiten Masse von Menschen zu sprechen, weil die noch nicht wach genug ist, das zu sehen. Aber es gibt Millionen sehr intelligenter Menschen, die noch *heute* ihr Leben ändern und zu sich sagen könnten: »Ich werde mich dieser Situation nicht weiter aussetzen, ich mache mich nicht länger kaputt. Ich gehe aus dieser mißlichen Situation hinaus, koste es, was es wolle.«

»Möchte ich dieses Interview jetzt machen?« Wenn nicht, wäre es mir egal, wie viele Kameras hier sind oder wieviel wir für das Studio bezahlt haben, ich würde sofort hier hinausgehen. Wenn ich nicht hier sein wollte, wäre ich nicht hier, denn damit würde ich etwas in mir zerstören und nicht meine Wahrheit leben. Wenn du deine Wahrheit in jedem Augenblick lebst, wirst du nicht krank, du wirst Krankheiten nicht nötig haben!

Don: Und doch wehren wir uns sehr gegen diese Tatsache. Vor wenigen Minuten sagten wir, daß Liebe der natürliche Zustand ist und wir uns zuerst selbst lieben lernen müssen. Doch ich sehe täglich Menschen – mich eingeschlossen –, die der Lebenshaltung, sich selbst zu lieben, zuwiderhandeln. Es scheint so hart zu sein, zu viele Barrieren sind im Weg.

Paul: Dich sofort selbst zu lieben, ist ein großer Sprung. Die erste Stufe ist zu lernen, dich zu akzeptieren. Die Liebe folgt. Akzeptiere. »Ich war gerade unbewußt. Ich habe dieser Person wehgetan. Das habe ich getan. Also gut, jetzt bin ich hier und bin mir darüber bewußt, was ich getan habe. Jetzt lerne ich daraus.« Aber wir verurteilen uns selbst, wir tragen dieses Verurteilen mit uns herum: »Ich hätte das nicht tun sollen, und die anderen haben sich das ohnehin selbst kreiert.« Wir hadern mit dem, was wir getan, und dem, was wir nicht getan haben, anstatt mit der Vergangenheit einfach abzuschließen.

Was weiterhilft, ist abschließen und neu beginnen. Einer der Leitsätze des Zen lautet: »Jede Sekunde ist die erste Sekunde deines Lebens.« Und auch du kannst das erleben, sofern du dich nicht mit deinem Verstand identifizierst, denn der ist fast ständig mit der Vergangenheit oder der Zukunft beschäftigt. Die Vergangenheit und die Zukunft bringen dich um! Nur die Gegenwart macht dich lebendig. Bleibe hier und sage dir immer wieder: »Ich bin hier, gleichgültig, was ich getan habe. Ich bin hier. Ich bin hier. Ich bin hier. Ich habe diese Person beleidigt, ich werde ihr meine Wahrheit sagen und vielleicht ein paar Blumen kaufen, um die Sache abzuschließen. Aber jetzt bin ich hier. Ich beginne mein Leben jetzt!«

Don: Wesentlich scheint mir zu sein – vor allem wenn man krank ist, Krebs oder Aids hat –, mit dem, was ist, einverstanden zu sein.

Paul: Wesentlich ist, wahlfrei zu werden, bedingungslos zu sein, denn du kannst ohnehin nichts tun. Jesus soll gesagt haben: »Dein Wille geschehe!« Der wird sowieso geschehen! Es spielt keine Rolle, ob du ja oder nein dazu sagst. Er wird geschehen. Wir können dazu ja oder nein sagen. Das ist die einzige Wahl, die uns bleibt. Wenn wir ja sagen, sind wir im Fluß des Lebens und beginnen, uns auszudehnen. Wenn wir uns ausdehnen, heilen wir. Wenn wir nein sagen, ziehen wir uns zusammen. Wenn wir uns zusammenziehen, halten wir alles auf. Die Nerven ziehen sich zusammen, die Gefäße ziehen sich zusammen, alles kontrahiert sich, und du kannst dich nicht selbst heilen. In Expansion wirst du dich heilen – sofern das angemessen ist. Die Heilung wird dann ganz von alleine geschehen.

Ich sage nicht, daß du nicht zu einem Arzt gehen oder die Medikamente nicht nehmen sollst, die er dir verschreibt. Und ich sage nicht, daß du nicht alle sinnvollen Maßnahmen ergreifen sollst, aber all diese Dinge werden schneller wirken und wesentlich effektiver sein, wenn du in einem Zustand der Expansion bist. Wenn du dich in Angst zusammenziehst, behinderst du dein System. Wenn du dich ausdehnst, indem du akzeptierst, sagst du zu dir: »Ich akzeptiere, was mit mir los ist. Ich habe Krebs. Nun, was bedeutet das für mich? Möchte ich leben oder möchte ich sterben? Habe ich mir das unbewußt zugezogen? Möchte ich das weiterhin tun? Was muß ich tun? Ich muß zum Arzt gehen, ich muß seinen Ratschlägen Folge leisten. Ich muß darauf achten, was ich einatme, was ich esse, was ich denke. Ich muß mir alles genau ansehen und mich fragen, wie ich mir mit den Mitteln, die mir zur Verfügung stehen, eine heilsame Umgebung schaffen kann.« Wenn du deine Zeit aber damit vergeudest zu sagen: »Ich hätte dies tun sollen, ich hätte jenes nicht tun sollen. So, wie es ist, möchte ich es nicht«, wirst du dich nur mehr und mehr zusammenziehen, und deine Heilung wird sehr erschwert.

Don: In dem, was du eben gesagt hast, ist ein ganz wesentlicher Punkt hervorzuheben. Heilung bedeutet in erster Linie die Heilung des Selbst, des Geistes und nicht unbedingt die Heilung der Krankheit. Wir sehen das nicht immer so, nicht wahr? Hierzu gibt es in der Bibel eine Parabel über zehn Leprakranke. Alle zehn wurden geheilt, und derjenige, der zu Jesus zurückkam und sich bedankte, war der, zu dem Jesus sagte: »Du bist *wirklich* geheilt.«

Paul: Das ist ein schönes Gleichnis. Ärzte heilen oft die Körper der Menschen, aber meist erzeugen sie damit eine Verlagerung der Erkrankung auf eine tiefere Ebene, die sich dann in einer neuen Symptomatik zeigt, denn ihre Maßnahmen sind nicht durch alle Schichten gegangen, die Quelle wurde nicht geheilt. Die Quelle liegt auf einer tieferen Ebene als der Körper, und es ist die Quelle, die Gesundheit oder Krankheit hervorbringt. Wir müssen unsere Prioritäten anders setzen.

Don: Das ist sicher eine der schwierigsten Barrieren. Ich sehe oft Leute mit Krebs oder Aids oder mit einer ähnlichen Krankheit, und wenn ich sie frage, ob sie bereit sind, täglich eine Stunde in ihre innere Heilung zu investieren, indem sie meditieren oder eine Entspannungskassette anhören, kommt bei vielen kein spontanes eindeutiges Ja.

Paul: Wie ich bereits sagte, gibt es für das eigenverantwortliche Sehen und innere Heilen von Krankheiten noch nicht die nötige Unterstützung. Mit jedem einzelnen, der bewußt zu leben beginnt, überträgt sich dieses Bewußtsein zum nächsten und dann zum nächsten und so weiter.

Don: Vorhin sprachst du über Bedingungslosigkeit, und dieser Begriff mag für viele recht schwer zu verstehen sein. Kannst du darauf noch etwas ausführlicher eingehen und ein paar Beispiele für Bedingungslosigkeit geben?

Paul: Ja, die Bedingungslosigkeit ist schwierig zu verstehen. Laß mich zunächst auf etwas zurückkommen, was Bedingungslosigkeit mit einschließt. Wenn ich der Arzt bin und du der Patient und du hast Krebs, wird mein Herz mit dir sein. Ich würde dich gerne gesund sehen, aber ich bin wahlfrei damit. Vielleicht sollst du nicht gesund sein, vielleicht brauchst du genau diese Situation, und ich erkenne das nicht, aber wie auch immer, ich bin nicht besorgt um dich. Ich werde Fürsorge empfinden, und ich werde alles für dich tun, was ich kann. Und auch, wenn du beschließt, diese tägliche Selbstheilungsstunde nicht zu machen, werde ich trotzdem für dich tun, was ich kann. Aus der Bedingungslosigkeit in mir entwickelt sich Liebe zu dir. Mit meiner Liebe ist nicht die Bedingung verbunden, daß du die Stunde täglich einhalten mußt, und ich dich sonst nicht behandle. Ich werde nicht unachtsam mit dir sein, denn niemand macht einen Fehler oder tut etwas Falsches mit Absicht. Es ist nur Unbewußtheit, es ist nur unsere Konditionierung. Es ist die Liebe, die heilt. Wenn du also keine Stunde investieren willst, laß uns sehen, ob wir uns auf eine halbe Stunde einigen können. Wenn du keine halbe Stunde machen willst, können wir uns vielleicht auf fünfzehn Minuten einigen.

Don: Die Menschen ihre eigenen Entscheidungen fällen zu lassen und nicht zu versuchen, unsere Präferenzen durchzusetzen, ist ein unglaublicher Ansatz – nicht nur für Ärzte. Die meisten von uns Ärzten würden sagen: »Ich werde dich nicht weiter behandeln, wenn du diese Stunde nicht machst.« Wobei wir dabei etwas in uns spüren, das uns sagt, daß es nicht in Ordnung ist, sich so zu verhalten.

Paul: Ich wäre in dieser Situation einfach ehrlich und würde dem

Patienten sagen, wie ich die Sache sehe, und daß er, wenn er die Stunde nicht macht, es sich selbst und mir viel schwerer macht. »Ich empfehle dir das, was meiner Meinung nach für dich nötig ist, aber wenn du es nicht machen willst, ist auch das in Ordnung.« Schuld ist Gift. Jemandem Schuldgefühle zu machen, heißt, ihn zu vergiften. Es geht darum, einfach mit dem zu sein, was ist. Die Liebe ist der Heiler, und wenn du dich selbst liebst, strahlt Liebe von dir aus.

Don: Vielleicht magst du noch über diesen Ausdruck »Die Liebe ist der Heiler« und über die Verbindung mit der inneren Göttlichkeit sprechen. Wir ignorieren, daß wir so stur sind, wie du vorhin sagtest. Wir sind davon überzeugt, daß wir alle Sünder sind, aber wenn wir auch nur einen Schimmer von unserer inneren Göttlichkeit hätten, wären wir diesen Irrglauben los.

Paul: Bitte darum! Die altmodische Methode war zu beten, und ich finde sie häßlich. Beten ist häßlich, weil es bedeutet, jemanden anzubetteln. Betteln ist nicht nötig, es gibt nichts Größeres als dich. Es gibt zwar einen Gott, aber da ist nichts, das irgendwie größer ist als du, denn auch du bist Gott. Sage einfach: »Ich hätte gerne einen Ahnung davon, was jetzt für mich hilfreich ist. Mein Arzt hat mir geraten zu meditieren, aber ich kann es irgendwie nicht. Gibt es irgend jemanden oder irgend etwas, was mir da weiterhelfen kann?«

Versuche zu »sitzen«, versuche zu meditieren, besonders kurz vor dem Einschlafen. Schlaf hat in der jetzigen Zeit eine große Heilkraft. Wenn du krank und gerade kurz vor dem Einschlafen bist, kannst du zu dir sagen: »Ich bin offen für jegliche Empfehlung, ich bin offen für jegliche Hilfe.« Oft wirst du, wenn du morgens aufwachst, feststellen, daß du eine Botschaft bekommen hast, die dir helfen wird. Wenn du also Hilfe brauchst, kannst du um sie bitten.

Don: Was würdest du den Menschen sagen, wenn du der Präsident der Vereinigten Staaten oder so etwas ähnliches wärst? Was würdest du sagen, wie sie miteinander umgehen sollen, und insbesondere mit Aidskranken? Es scheint, daß Aids zur Zeit das Herz der Menschheit testet.

Paul: Zunächst einmal würde ich nicht zu jedem sprechen. Ich würde die intelligentesten Menschen ansprechen, die kristallisierten Menschen, die Menschen mit Macht, die Menschen mit Geld, die Menschen, die Einfluß haben. Diese Menschen sind es, die die Welt wirklich beeinflussen können, und wenn sie beginnen, hinzuschauen und liebevoll zu sein, wird ihre erwachende Energie sich sehr schnell ausbreiten. Wenn der König liebevoll ist, wird er liebevolle Menschen um sich haben.

Don: »Laß Frieden werden auf der Welt und laß ihn in mir beginnen«, wie es in einem Lied heißt. Wenn ich zusammenfasse, was du sagst, scheint es ausschließlich ums Aufwachen zu gehen, darum, bewußter, akzeptierender und liebevoller zu werden.

Paul: Und als Hypothese anzunehmen, daß es in deinem Leben noch etwas Entscheidendes gibt, zu dem du erwachen kannst. Du bist mehr, als du weißt.

Don: Wir sind also mehr als nur unsere kleinen Hüllen?

Paul: Viel, viel mehr!

Vierzehntes Kapitel

BEMERKUNGEN ZU JESUS

Es interviewt Monny Curzon

Monny: Ich bin manchmal etwas mißvergnügt darüber, wieviel Wert in spirituellen Kreisen auf die Aussagen östlicher Meister wie Buddha, Lao-Tse und der Zen-Meister im allgemeinen gelegt wird und wie vergleichsweise wenig Erwähnung Jesus findet. Mir scheint das darauf hinzuweisen, daß viele denken, die östliche Mystik sei besser als die westliche. Obwohl Jesus wohl kaum als westlicher Mystiker bezeichnet werden kann und kein Mitglied der europäischen Völkerfamilie war, wurde er doch in den letzten zweitausend Jahren zur maßgeblichen religiösen Leitfigur unserer westlichen Kultur erhoben. Nach seinem Tod wurde er verehrt und angebetet, und seine Lehre zunehmend mißinterpretiert. In seinem Namen wurde die westliche Welt mit den beeindruckendsten und schönsten mystischen Gebäuden beschenkt. Ich finde es daher ermutigend, wie oft du Jesus zitierst. Könntest du über einige seiner bekanntesten Aussagen sprechen?

Paul: Du sagst, daß Meister aus dem Osten sehr oft zitiert werden. Einer der Gründe dafür ist, daß es im Osten viel mehr verwirklichte Menschen gibt als im Westen und sich dort eine Tradition verwirklichter Menschen aufgebaut hat. Nehmen wir zum Beispiel Buddha: Er erlangte Erleuchtung, und andere »schnappten« sie von ihm auf, was wieder anderen auf die Sprünge half. So ergab sich eine über fünfhundert Jahre bestehende Kette aufeinanderfolgender erwachter Menschen. Dann brach diese Kette ab und baute sich später erneut auf. Diese Meister halfen sehr effektiv vielen anderen Menschen, sich auch zu verwirklichen. Das ist einer der Gründe, weshalb sich das New Age so stark am Osten orientiert.

Monny: Wie interpretierst du die Aussage von Jesus: »Suchet, und ihr werdet finden, klopfet an, und euch wird aufgetan«?

Paul: Ganz allgemein meine ich, daß Jesus bewußt in einer Sprache redete, die die Menschen zu seiner Zeit verstehen konnten. Ich selbst erlebe an mir, daß ich mich, wenn jemand mir eine Frage stellt, für die Antwort öffne und diese dann sehr klar empfange. Wenn ich die Antwort dann mit dem Zuhörer zu verbinden versuche, fühle ich oft, daß derjenige meine Worte mißdeuten wird. Sogar das Wort »Liebe«, ein Begriff, den wir so häufig verwenden, wird von verschiedenen Menschen völlig unterschiedlich und auf den verschiedensten Ebenen verstanden. Ich sehe, daß es Jesus ebenso wie allen realisierten Menschen gegangen ist und auch er Kompromisse machen mußte zwischen der Wahrheit und dem, was die Menschen zu ahnen und anzunehmen in der Lage waren.

Er sagt: »Klopfet an!«. Anzuklopfen ist in einem gewissen Sinn eine aggressive Handlung. Anklopfen ist nicht nötig. Ich sehe genau, was Jesus meint. Er spricht die Empfehlung aus: Bemühe dich, sei offen, sei verfügbar, und alles, was du suchst, ist bereits da. Wenn Jesus sagt: »Es wird dir aufgetan«, ist das insofern nicht ganz klar, weil die Tür nie geschlossen war. Seine Worte sind der Versuch, diese Wahrheit so auszudrücken, daß die Leute sie verstehen können. Nichts war jemals geschlossen, geschweige denn verschlossen, nichts war und ist jemals nicht das Eine.

Bankei war ein Zen-Meister. Seine Lehre hieß »Die Lehre vom Ungeborenen«. Ich verstehe aus dem, was Bankei sagt, daß das Reich Gottes, das Eine, nie geboren wurde und nie sterben wird – es *ist*. Unsere Körper werden geboren, unsere Körper sterben, aber diese göttliche Energie *ist*, und sie ist in jedem Wesen immer vorhanden. Anzuklopfen ist nicht nötig, und es ist nicht nötig zu suchen. Nötig ist, daß du dich dieser Energie öffnest, dich für sie verfügbar machst und sie einlädtst. Du sagst einfach: »Ich bin bereit.« Wenn du das sagst, sollte dein Bereitsein *bedingungslos* sein. Wenn du nämlich sagst: »Ich bin bereit – vorausgesetzt, ich brauche meinen Beruf oder meinen Partner, meine Kinder oder mein Geld nicht aufzugeben«, ist dir diese Bedingung im Weg. Ob du deine Familie oder deinen Besitz aufgeben mußt oder nicht, spielt keine Rolle. Du hast diese Bedingung, und sie ist dir im Weg.

Mir fällt gerade ein anderes Jesus-Zitat ein: »Bevor du deinen

Vater, deine Mutter, deine Schwestern, deine Brüder, deinen Partner und deine Kinder nicht verläßt, wirst du nicht ins Reich Gottes gelangen.« Jesus meinte nicht, daß du sie *wirklich* verlassen mußt. Er meinte, daß du dich von der Bindung an sie lösen mußt. So ist es beispielsweise heilsam für dich und für deine Familie, wenn du aufhörst, dich auf sie zu stützen und sie dazu zu benützen, eine Leere in dir auszufüllen.

Wenn Jesus also sagt: »Suchte« und »Klopfte«, deute ich das nicht so, daß wir an eine Tür hämmern oder losziehen und suchen müssen, denn »das Reich Gottes ist in dir«, es ist da, es ist *jetzt* da. Wir brauchen uns nur dafür zu öffnen.

Monny: Und heißt es nicht sinngemäß: »Nehmt die Kinder, wie sie sind; verbietet ihnen nicht zu sein. Solange ihr nicht wieder werdet wie die Kinder, werdet ihr nicht weise sein.«

Paul: Was für eine wunderschöne Art, dies auszudrücken! Um in der herrschenden Unbewußtheit zu überleben, sind wir alle berechnend und verschlagen, clever und manipulativ geworden. Wir sind in unseren verschiedenen Leben einen bestimmten Weg gegangen, der vorgesehen war, um jede Dimension, in der wir leben, in *alle* Richtungen zu erforschen. So sind wir auch in die Dunkelheit gegangen, um sie zu erfahren – jetzt sitzen wir allerdings in ihr fest. Jetzt ist die Zeit, aus der Dunkelheit ins Licht zurückzukehren.

Die Kinder sind die noch Unschuldigen, obwohl das nicht auf alle zutrifft. Die meisten Kinder sind nicht mehr so unschuldig, denn um zu überleben, mußten sie sehr listig werden. Ein Kind braucht totale Beachtung, bedingungslose Unterstützung und umfassenden Respekt, aber die Eltern sind dazu nicht fähig, weil sie weder die Zeit noch die Geduld dazu haben. Sie haben das an sich selbst nie erfahren und diese Fähigkeiten nicht gelernt. Das Kind will überleben, und dazu muß es die Aufmerksamkeit seiner Eltern gewinnen, denn zum Überleben braucht es nicht nur Nahrung, sondern auch Liebe. Das Kind braucht Fürsorge, weil es sich nicht selbst versorgen kann. Da es diese Fürsorge von seinen Eltern nicht auf bedingungslose Weise bekommt, wird es berechnend und gerissen. Oft wird es bestraft, wenn es sich einfach natürlich verhält und tut, was es möchte. Es wird bestraft, weil es zu laut oder zu schmutzig ist oder weil ihm Dinge beim Erkunden und Ausprobieren kaputtgehen. Also wird das Kind berechnend und beginnt zu denken: »Was darf ich machen und was nicht?« Damit hört es auf, das zu sein, was Jesus ein »Kind« nennt, und es kontrolliert sich statt dessen mehr und mehr in seinen Lebenssituationen.

Ein Kind ist im Grunde sehr unschuldig. Es denkt nicht, es *ist* einfach. Wie das auch der Cartoon mit dem Mann und der Katze verdeutlicht, den du mir vor einigen Tagen gezeigt hast. In der Sprechblase über dem Mann stand: »Denkt!« In der über der Katze – die auch ohne weiteres ein Kind sein könnte – stand: »Ist!« Die Katze und das Kind denken nicht.

»Laßt die Kinder zu mir kommen.« Die Unschuldigen, nicht die Dummen, nicht die Stumpfen oder Langweiligen, denn ein Kind ist ursprünglich weder langweilig noch dumm. Bevor es korrupt wird, ist es äußerst intelligent. Es hat einen Funken von Lebendigkeit und Abenteuer in sich, aber es ist unschuldig. Es *weiß* nicht. Jedes Mal, wenn es schaut, tut es das, ohne etwas zu wissen. Wenn ein Kind eine Blume anschaut, denkt es nicht: »Das ist eine Blume.« Es schaut einfach und wird eins mit der Blume. Es gibt keine Barriere zwischen dem Kind und dem, was außerhalb von ihm ist, es gibt kein Ich und kein Nicht-Ich. Das Kind *ist* einfach. Wenn Jesus sagt: »Laßt die Kinder zu mir kommen«, meint er die Menschen, die präsent sind, die hier sind, die nicht an der Barriere des Wissen- und Verstehenmüssens stehengeblieben sind.

Monny: Und das sind die, die in das Himmelreich kommen?

Paul: Sie sind bereits im Himmelreich! Wenn ein Wesen unschuldig ist, ist es im Himmel. Die Katze ist da, sie lebt in der Glückseligkeit, aber sie weiß es nicht. Wir haben, bevor wir auf die Erde kamen, beschlossen zu vergessen, wer und was wir wirklich sind, und uns unter dieser Bedingung unseren Weg zurück nach Hause zu erarbeiten. Der Grund dafür ist der, daß wir, wenn wir auf diese Art zurückgekehrt sind, uns der Glückseligkeit *bewußt* sein und somit eine ganz neue Dimension von Erkennen und Bewußtheit erreicht haben werden. Wir werden den Gegensatz von Unbewußtheit und Bewußtheit erfahren haben, ihn nicht nur aus der Entfernung gesehen oder davon berichtet bekommen haben, sondern auch das Elend des Getrenntseins selbst erlebt haben. Wir bahnen uns unseren Weg zurück nach Hause, aber das Kind ist bereits da. Es wird im Himmelreich geboren, aber es erkennt das noch nicht. Das Kind ist sich dessen also nicht bewußt und muß sein Zuhausesein erst verlieren, um es wiederzugewinnen und dann schätzen zu können. Der Fisch weiß nicht, daß er im Wasser ist, bis er aus dem Wasser herausgeholt wird. Wenn er draußen ist, weiß er, was Wasser ist, und wenn er wieder ins Wasser hineinkommt, weiß er es zu schätzen.

Monny: Du hast einmal die Schwierigkeiten erwähnt, die das Familienleben den Suchenden macht. Nach den Worten von Jesus muß der wahrhaft Suchende Vater und Mutter verlassen. Was ist dann mit dem Gebot: »Du sollst Vater und Mutter ehren«?

Paul: Wenn du eine tiefe Ebene von Selbstannahme erreicht hast, hörst du auf, dich selbst zu verurteilen und siehst dich einfach in jedem Augenblick als das Wesen, das du bist. Wenn das geschieht, beginnst du auch andere auf diese Weise zu sehen und sie nicht mehr zu verurteilen. Du hast immer wieder hingeschaut, hast wahrgenommen, hast erkannt und akzeptiert. Und so lösen sich deine Urteile einfach auf. Wenn du die Urteile, die du gegen dich selbst hast, akzeptierst und somit vergehen läßt, geschieht das gleiche mit den Urteilen gegenüber anderen Menschen. Wenn du diesen Prozeß fortsetzt, verwandelt sich dein Dich-Annehmen in Liebe. Du wirst annehmend, du wirst wahrhaft liebend.

In dem Moment, in dem das tief in dir geschieht, geschieht es auch anderen gegenüber. Dann findet üblicherweise ein Prozeß verstärkter Sensitivität in deinem Verstehen statt, und wenn du dann deine Eltern auf neue Weise *siehst*, empfindest du tiefe Dankbarkeit für alles, was sie für dich getan haben. Sie haben alles Mögliche auf sich genommen, um dieses Wesen, das du bist, in diese Welt zu bringen, damit du tun kannst, was du zu tun hast, damit du erleben kannst, was entweder für dich selbst oder für andere wichtig ist. Eine Erkenntnis, eine Öffnung, ein Sehen und eine Anerkennung finden in dir statt. Wenn wir das Wort »ehren« benutzen, bedeutet das üblicherweise, daß du jemand als höher und dich selbst als niedriger betrachtest. Das finde ich degradierend. Niemand ist oben, und niemand ist unten. Niemand! Weder der gewalttätige Mensch noch das sogenannte unschuldige Opfer, das von ihm angegriffen wird. In Wahrheit gibt es keine Unterschiede zwischen uns allen. Der einzige Unterschied besteht darin, ob wir uns bewußt sind, wer wir sind oder nicht. Ich interpretiere »ehren« als: den anderen *sehen*, so wie du eine Blume oder einen Vogel siehst und ehrst. »Ehren« hat nichts mit einem Status oder einer Ungleichheit zu tun.

Monny: Was du gerade über das Urteilen gesagt hast, erinnert mich an die Arbeit, die wir hier in Meditationen und Übungen tun. Hierbei versuchen wir, uns die Urteile, die wir über uns, andere Menschen und Situationen fällen, anzusehen. Was sagst du zu Jesus' Worten: »Richtet nicht, auf daß ihr nicht gerichtet werdet«?

Paul: Das ist wieder eine wunderbare Aussage, und sie hat enorme Tiefen. Um diese Tiefen zu verstehen, mußt du deinen Verstand leer werden lassen und neutraler werden. »Richtet ihr nicht, so werdet ihr nicht gerichtet werden.« Wenn du nicht verurteilst, wirst du nie verurteilt werden, selbst wenn jemand ein Urteil über dich fällt! Wenn er dich verurteilt und du sein Urteil nicht verurteilst, siehst du es nicht als Urteil an. Dieser Mensch ist einfach, wer er ist. Er tut sein Bestes gemäß seinem Bewußtseinszustand, gemäß seinem Wachheitsgrad.

Wenn du dieses Maß an Akzeptanz in dir selbst erreicht hast, erlebst du Entsprechendes auch mit anderen. Wenn du *hier* aufhörst zu verurteilen, hörst du auch *dort* damit auf; und dann siehst du gar keine Urteile mehr, weil sie für dich nicht mehr existieren. Dieser Mensch tut etwas, aber du wirst es nicht mit dem Etikett »Urteil« versehen, weil es Urteile für dich nicht mehr gibt. Dieser Mensch tut einfach, was immer er tut.

Monny: Ich erinnere mich, als ich sieben Jahre alt war, mußten wir in der Schule die Bergpredigt malen. Und da kam ich in Kontakt mit der Seligpreisung, die mich wie ein Blitz durchfuhr:

»Selig sind die, die reinen Herzens sind, denn sie werden im Angesicht Gottes sein«. Hast du einen Kommentar dazu?

Paul: Wir sind alle reinen Herzens, aber wir haben unser reines Herz unter lauter Schichten von Erfahrungen begraben. Wenn du eine Erfahrung einmal gemacht hast, ist sie *gemacht* und beendet, aber wir machen sie immer wieder und werden süchtig nach Erfahrungen. Diese unbewußten Erfahrungswiederholungen bilden die Schichten um unsere Herzen. »Die Reinen im Herzen.« Wie wir hier in unserer Bewußtwerdearbeit mit diesem Phänomen umgehen, ist, mit uns selbst und untereinander *wirklich* ehrlich und wahrhaftig zu sein. Wenn du also Gedanken oder Urteile hast, teilst du sie alle mit. Und du achtest darauf, sowohl dich als auch den anderen dabei so wenig wie möglich zu verurteilen, und auch den Teil in dir, der geurteilt hat, zu akzeptieren. Offenbare dich einfach. Wenn du das tust, beginnst du, dich zu akzeptieren, und dann hörst du damit auf, so viel vermeiden zu wollen. Du hörst auf, negative Gedanken zu vermeiden. Du läßt sie zu, aber du gibst ihnen keine Energie, und du unterdrückst sie auch nicht. Durch dieses Erlauben werden sie neutralisiert und vergehen nach und nach. Während dieses Prozesses wirst du stiller, ruhiger und sensitiver. In dieser Sensitivität wirst du dir all der kleinen Gedanken bewußt, die dein Wesen zugedeckt und die dein Herz verunreinigt haben.

Gerade diese Bewußtheit beginnt und bewirkt den von Jesus erwähnten Reinigungsprozeß des Herzens. In seiner Essenz ist das Herz rein, und so brauchst du nur die ganzen Schichten um es herum zu erkennen und sie abfallen zu lassen. Das Reine ist *immer* im Inneren eines jeden vorhanden, es ist immer da.

Du kommst tiefer durch diese Schichten zu deinem Herzen, und in dem Moment, in dem du die absolute Reinheit erreichst, bist du Gott! Du bist eins mit Gott, denn Gott ist Reinheit. Wenn du diese Reinheit in dir erreichst, erkennst du, daß du von *nichts* getrennt bist.

Jesus ist in *gewisser* Weise bereits eine Verunreinigung des Göttlichen, er ist eine etwas niedrigere Vibration als das rein Formlose. Jesus kam auf diese Ebene herab, um eine Kommunikation zwischen dieser und jener Ebene zu ermöglichen. Um diese Kommunikation zu ermöglichen, verlangsamte er seine

Schwingung so weit, daß er das wurde, was wir einen Menschen nennen. Nachdem er gestorben war, begann er seine Schwingung wieder zu erhöhen, bis sie so hoch wurde, daß er aufstieg »in den Himmel«. Er erlaubte seinen Schwingungen, sich zu beschleunigen, feiner und feiner zu werden, und als sie ein bestimmtes Niveau erreicht hatten, löste sich das solide Stoffliche auf. Das geschah nicht nach dem Prinzip »Staub zu Staub«, sondern eher nach dem energetischen Prinzip »Moleküle zu Molekülen«. Diese gingen einfach alle zu ihrem Ursprung, das heißt in ihren natürlichen nichtstofflichen Zustand zurück, und das Wesen von Jesus ging in ein feineres Stadium über.

Jesus ist noch immer um uns in dieser Dimension. Er äußert sich durch gewisse Menschen. Was wir hier tun, ist, Menschen anzuleiten, sich darin zu üben, für diese Energie erreichbar und verfügbar zu werden. Jesus ist noch immer hier, weil dieser Planet seine Wandlung noch nicht vollzogen hat. Wenn das geschehen ist, wird Jesus zulassen, daß sich seine Schwingungen noch weiter erhöhen, und er wird wieder vollständig in der Einheit, also ganz Gott sein.

Monny: »Ich bin der Weg, die Wahrheit und das Leben. Niemand kommt zum Vater, denn durch mich.«

Paul: Wovon Jesus hier spricht, ist ein Seinszustand. Er hat das nur auf eine Art ausgedrückt, die die Leute um ihn verstehen konnten. Ich meine, er hat seine Schwingung da ein bißchen zu weit gesenkt. Für die Leute, die seinerzeit um ihn waren, war das angemessen, aber es war nicht mehr so hilfreich für die Menschen, die später kamen. Das war, als Jesus zum Gegenstand eines Kults gemacht wurde und die Menschen begannen, nicht mehr *selbst* ihren Weg zu gehen, wozu er sie ermutigt hatte, sondern ihm als »jemandem« zu folgen, der für sie gegangen sei. Jesus ist kein Jemand! Christus ist ein Seinszustand, und dieser Zustand ist in uns allen. Was Jesus wirklich sagt, ist: »Bevor du es mir nicht gleichtust, bevor du diese Schwingungsebene nicht erreichst, die ich bin, und die ebenso in dir und in jedem anderen ist, bevor du diesen Zustand nicht in dir selbst realisierst, wirst du nicht ins Himmelreich gelangen.«

Er sagt damit, du kannst es nicht auf die Art erreichen, mit der du es bisher versucht hast. Du erreichst diesen Seinszustand nicht, solange du noch an deinen materialistischen Einstellungen festhältst oder indem du am Sabbat zur Synagoge oder am Sonntag in die Kirche gehst. Deine Haltung muß schon so sein, daß du in *jedem* Augenblick in und mit dir bist und dieser Reinigung nachgehst. Was ich Jesus also sagen höre, ist, daß der einzige Weg, nach Hause zurückzukommen, der ist, dich von diesen Schichten zu lösen, um so in den Zustand zu gelangen, dessen Repräsentant er, Jesus, ist.

Monny: Wenn ich mir anschaue, wie wir mit dir arbeiten und wie wir versuchen, deinen Seinszustand und das, was du mitteilst, möglichst vielen Menschen zugänglich zu machen, kommt mir eine der letzten Verkündigungen Jesus' in den Sinn: »Wenn zwei oder drei sich in meinem Namen versammeln, bin ich mitten unter ihnen.«

Paul: (...Schweigen...) Ich schwieg gerade, weil ich die Anwesenheit Jesu spüre. Und was ich spüre, ist nicht Jesus als Person, es ist sein Energiezustand. Jesus ist auch da, ich kann seine Einzigartigkeit wahrnehmen. Jesus unterscheidet sich durch eine etwas sanftere Vibration von Buddha oder Gurdjieff oder anderen Verwirklichten oder Sanat Kumara (eine Wesenheit, die sich für den Aufwachprozeß auf der Erde sehr engagiert und die Paul früher manchmal channelte). Jeder Verwirklichte hat seine Einzigartigkeit. Wenn du mich sprechen hörst, wie ich in dem Interview über Altern und Sterben sprach, das ist die Energie von Sanat Kumara. Wenn du mich wie jetzt sprechen hörst, ist das die Energie von Jesus. Seine Energie ist sehr sanft, sehr liebevoll und fürsorglich.

»Wenn zwei oder drei sich in meinem Namen versammeln.« Beim Zusammenkommen einiger Menschen entsteht ein Energiepotential, das sehr kraftvoll ist. Alleine verlieren wir uns immer wieder in unserem Verstand, alleine gelingt es uns nicht so leicht, diese lichtvolle Energie in uns und um uns herum zu manifestieren.

Wenn wir hier zusammenkommen, rufen wir nicht speziell Jesus oder Buddha oder sonst jemanden. Wir sind einfach verfügbar für höhere Schwingungsebenen. Und die Ebene, die dann kommt, ist genau die, die uns in der momentanen Situation angemessen ist. Wenn wir die Energie von Jesus brauchen, kommt Jesus. Wenn wir die Energie von Buddha brauchen, kommt Buddha. Krishnamurti ist inzwischen dem »Team« von Verwirklichten ebenfalls beigetreten, und er ist oft hier, um mit uns zu sein. Dieses Zusammenkommen ist ein Erinnern, ein Zusammenschluß dieser erwachten Energien, deren Einfluß immer stärker wird.

Die Energie ist stärker in einer Gruppe, aber es reicht nicht aus, wenn wir uns nur auf die Gruppe stützen. Es ist notwendig, so bewußt, so erreichbar und so gereinigt zu sein, daß ein Teil dieser Energie *immer* mit uns ist. Wohin auch immer wir dann kommen oder wem auch immer wir dann begegnen, wir sind in der Verbindung und dem Mitempfinden dieser Ebene. Und wir sind dann im Erleben und in der Ausstrahlung dieser Schwingungsebene. Dann geschieht Heilung, ob unser Gegenüber das merkt oder nicht. Dieser Mensch hat nur vergessen, wer er ist. Du begegnest ihm mit deiner Liebe, deiner Anteilnahme, Sanftheit und Fürsorge, und das hat eine bestimmte Wirkung auf ihn. Sie hilft ihm, zu dem zu erwachen, der er in Wirklichkeit ist.

Einer der kraftvollsten Aussprüche, die Jesus nach meinem Empfinden machte, ist: »Suche als erstes nach dem Reich Gottes, und alles andere wird dir hinzugegeben.« Auch dieser Ausspruch wird oft mißinterpretiert. Jesus sagt nicht, daß dir erst dann alles andere hinzugegeben wird, wenn du das Reich Gottes erreicht hast. Was er sagt, ist: »Fang an zu suchen, und du bist bereits da. Mach dich verfügbar, und es ist schon geschehen.« Jesus sagte nicht: »Wenn du es *erreicht* hast, dann hast du alles.« Er sagt: »Wenn du *wirklich* suchst, wird dir alles gegeben.« Du wirst gesegnet sein, du wirst überschüttet werden mit dem, was du brauchst. Du bist auf dem Heimweg, und somit wird für dich gesorgt. Jesus in seinem körperlosen Seinszustand wird für dich sorgen. Jesus wird darauf achten, daß alles dich unterstützt und dir hilfreich ist, weil du jetzt tatsächlich nach Hause unterwegs bist.

Solange dir noch irgend etwas anderes wichtiger ist als die Suche nach dem, der du in Wahrheit bist – und das ist nichts anderes als die Suche nach dem Reich Gottes –, bist du noch nicht auf dem Heimweg. Es spielt keine Rolle, wie oft du in die Kirche gehst oder wie oft du meditierst. Erst wenn dein Ankommenwollen *wirklich* deine Priorität ist, fängst du an, diese irdische Dimension zu genießen.

Monny: Wir haben schon ein paarmal über die Frage von Gut und Böse gesprochen, und die Kirche leitet ihren Absolutheitsanspruch aus einigen Bemerkungen von Jesus ab, wie diesem: »Niemand gelangt zum Vater, denn durch mich.« Die Kirche legt eine große Betonung auf die Dualität zwischen dem Pfad der Kirche und dem Pfad des Bösen. Das bringt uns zurück zu Jesus, der auch sagte: »Widersteht dem Bösen nicht.« Wie interpretierst du das?

Paul: Jeglicher Widerstand führt zu einer Unterdrückung, und jede unterdrückte Energie bleibt in deinem System. Zweierlei geschieht: Zum einen tötet das dein Leben, denn so entstehen Krankheiten wie beispielsweise Arthritis, Rheuma und Krebs. Krankheiten sind Energien, die nach Ausdruck verlangen. Energie wird materiell, Gedanken werden Materie. Alles ist solide – es ist nur mehr oder weniger solide. Ein unterdrückter Gedanke, ganz zu schweigen von einer unterdrückten Handlung, richtet sich nach innen und produziert dort einen Effekt und destruktive chemische Substanzen, die dich letztlich umbringen. Dein Widerstand verdichtet sich innerlich.

Zum anderen geschieht folgendes: Wenn du dich *gegen* etwas wehrst, setzt du dich nicht wirklich mit deinem Widerstand auseinander, sondern du steckst ihn irgendwo in dich hinein. Was Jesus sagt, ist, laß Widerstand zu, aber »urteile nicht«. Sei wahlfrei, erlaube, was geschieht, dann bist du im Augenblick. Du möchtest gerne denken, daß du nicht böse bist, aber du bist es. Nimm es wahr. Widersetz dich dem Bösen in dir nicht, sieh es dir an. Wenn du dir das Böse in dir ansiehst, es fühlst und es akzeptierst und es sein läßt, was es ist, wirst du merken, daß du es weniger verurteilst. Wenn du dem Bösen nicht ausweichst, wird es sich nach und nach auflösen. Gehe geradewegs in sein Zentrum, und bleibe da. Hab den Mut, all das Dunkle in dir zu sehen und geh da immer tiefer hinein – und dann findest du Licht!

Wenn du dann weiter durch das Licht hindurchgehst, erlebst du, daß es in Wahrheit weder Licht noch Dunkelheit gibt! Licht und Dunkelheit gehören zur Ebene der Dualität. Hinter dieser Ebene gibt es nur ein *Sein*, das nicht verstanden werden kann. Im Innersten ist nichts Böses. Das Böse existiert nirgends im ganzen Universum, außer in unserem Verstand! Denke böse, und du wirst Böses produzieren, sei mit dem Licht, und du bist im Licht. Was wir das Böse nennen, existiert nur in unserem Kopf. Jedes Mal, wenn jemand vom Bösen als etwas von außen Kommendes spricht, kreiert er in Wahrheit das sogenannte Böse nur in sich selbst. Wir sind die Schöpfer. Gott erschuf uns als sein Ebenbild. Wenn wir Böses denken oder an das Böse glauben, erschaffen *wir* es. Wenn wir mit der Liebe sind, werden wir erlauben, daß Liebe geschieht.

Monny: Du und ich und fast alle hier wurden in der christlichen Tradition erzogen. Ich würde nicht von dir erwarten, daß du dich als Christ oder als Mitglied irgendeiner Vereinigung betrachtest, aber ich frage mich, was du über Jesus als »Christus« empfindest.

Paul: Ich liebe Jesus. Ich liebe sein Mitgefühl, seine Sanftheit, seine Liebe, seine Fürsorge und seine unvorstellbare Geduld. Er hat eine sehr schwierige Aufgabe übernommen, die er nicht hätte übernehmen müssen. Er war von dieser irdischen Energie hier bereits geklärt. Er hatte kein Karma, und er kam freiwillig in diese Dimension. Er kam freiwillig, um zu sterben und um uns etwas zu zeigen. Jesus kam, um zu versuchen, uns aufzuwecken. Und einige wenige sind aufgewacht, aber bei der überwiegenden Mehrzahl der Menschen übernahm ihre dunkle Seite die Oberhand, und sie manipulierten seine Botschaft und schufen die dogmatischen christlichen Konfessionen.

Die christlichen Kirchen haben mit Christus nichts mehr zu tun! Es mag wohl einige wenige geben, die sich Christen nennen und sich mit Jesus wirklich in Kontakt erleben, aber die Kirche als solche hat den Kontakt mit ihm völlig verloren. Die Kirchen sind zu einer anderen Form von Politik geworden. Wie die meisten der sogenannten Weltreligionen begann auch das Christentum mit einem Verwirklichten, der rein war und dessen reine Lehre dann verunreinigt wurde. Wir lieben es, einer Leitfigur nachzufolgen, damit sich ein anderer um unsere Angelegenheiten kümmert und uns sagt, was wir zu tun haben. Wir zahlen dieser Leitfigur eine Art Gehalt, und dafür soll sie sich anstelle von uns selbst um unser Seelenheil kümmern. Jetzt haben wir die Verantwortung zurückzunehmen. Alles, was wir uns beibringen ließen, müssen wir uns jetzt genau ansehen. Wir müssen die Bibel mit dem Herzen und nicht mit dem Verstand lesen. Die heutige Bibel entspricht nicht mehr der Wahrheit. Sie wurde verunreinigt, Teile wurden herausgenommen, sie wurde mißinterpretiert. Das Reich Gottes ist in uns. Jetzt! Es ist in jedem von uns, und eigentlich gibt es auch kein Innen und kein Außen, es gibt nur ... *Sein.*

Wenn du wirklich sehen kannst, erkennst du das selbst, du wirst ein Christus und mehr sein können. Wenn du die Bibel liest, erlaube dir, daß ihre Essenz dich erreicht und du dich an etwas erinnerst, was du bereits weißt. Und akzeptiere nicht einfach, was ich sage! Nimm nichts automatisch von irgend jemand an. Höre mit deinem Herzen, nicht mit deinem Verstand! Dein Verstand ist konditioniert. In ihm sitzt, was du dir hast beibringen lassen, was angeblich richtig oder falsch, was gut oder böse und was nützlich oder schädlich sein soll. Vergiß das alles! Das, um was es jetzt geht, hat nichts mit dem Verstand zu tun. Dein Herz weiß. Dein Herz ist rein, weil das Herz nicht unrein sein kann. Es ist und war niemals unrein, es braucht nur erinnert zu werden. Sich zu erinnern, bedeutet einfach, durch die unbewußten Schichten hindurchzugehen, in Kontakt mit deinem Herzen zu sein und die volle Verantwortung für dich selbst zu übernehmen.

Suche selbst! »Suche, und du wirst finden.«

Monny: Amen!

Fünfzehntes Kapitel

DAS PHÄNOMEN CHANNELING

Es interviewt Lady Neale Chohan

Neale: Es scheint viele verschiedene Arten von Channeling zu geben. Zum Beispiel gibt es sogenannte Trance-Medien, die Wesen von anderen Dimensionen erlauben, ihr System zu übernehmen und dazu ihr Wachbewußtsein aufgeben, und es gibt Menschen, die zulassen, daß Wesen durch sie sprechen, während sie selbst bei Bewußtsein bleiben. Ich verstehe das Channeling, wie wir es hier anwenden, so, daß wir uns auf eine höhere Ebene unserer selbst einstimmen und zulassen, daß diese Ebene mit uns kommuniziert. Ich wüßte gerne, was du über das Phänomen des Channeling zu sagen hast.

Paul: Laß mich mit etwas Allgemeinem dazu beginnen. Ich sehe das Phänomen, das wir Channeling nennen, als eine Art Angelpunkt für den Bewußtseinswandel auf diesem Planeten. Ich sehe Channeling als ein Mittel, Menschen beim Aufwachen zu helfen. Alle Erlöser haben den Menschen – jeder auf seine Weise – gesagt, daß das, was sie suchen, nur im Innern zu finden ist und nicht im Außen. Aber statt auf den Erlöser *in* ihnen haben die Menschen auf die Erlöser im Außen gehört. Mit diesem neuen Phänomen des Channelings beginnen sich die Menschen mehr nach innen zu bewegen. Aber bei der Art von Channeling, von der du gerade sprichst, ist es noch immer jemand anderes, der irgendwie von außen durchkommt. Was wir hier praktizieren, ist, uns mit einer Dimension in uns zu verbinden.

Auch die Art des Channelings – bei der jemand channelt und dabei bewußt bleibt – zu beschreiben, ist nur der Versuch, etwas zu beschreiben, das wir nicht zu beschreiben wissen. Channeling ist nicht das, was die meisten Channels glauben, daß es sei. Es sieht so aus, als melde sich beim Channeln eine andere Wesenheit, aber in Wahrheit ist das nicht so. Und jetzt fragt sich, von welcher Ebene aus wir hier über das Phänomen Channeling sprechen wollen. In der höchstmöglichen Bewußtheit gibt es nur die Einheit, du kannst niemand *anderen* channeln, weil es niemand anderen gibt. In Wahrheit gibt es nur das Eine.

Auf welchen »Teil« der Einheit, auf welche Bewußtheit stimmen wir uns nun ein? Wir sind daran gewöhnt, mit unserem Verstand über die Einheit als »etwas« zu sprechen, als sei »es« jemand anderes. Aber *nichts* ist jemand oder etwas anderes, es gibt nur das Eine! Aber dann pressen wir »es« in ein Schema, damit wir irgendwie mit der Einheit umgehen können. Wir zerteilen gewissermaßen das Eine in Kategorien. So kommt es, daß wir bewußte Energien in Form von verwirklichten Menschen wie Jesus und Buddha, die aufgestiegenen Meister und andere haben. Sie bilden eine Kategorie. Eine andere Kategorie bilden die Wesen, die sich frei umherbewegen können, aber nicht in einem Körper sind. Eine dritte Kategorie sind Wesen in Körpern wie du und ich – wie wir alle hier. Das ist eine zweckdienliche Art, mit der wir es uns leichter machen, dieses Phänomen zu betrachten, aber mit der Wirklichkeit hat das nichts zu tun!

Dieses System (Paul deutet auf Neale) enthält *alles*, was es zu enthalten gibt, und das auf eine Weise, die der Verstand nicht verstehen kann. Es enthält die Sterne, es enthält die Planeten, es enthält die Galaxien. Es enthält alles, wenngleich auf einer bewußteren Ebene das Wort »enthalten« auch nicht korrekt ist, weil nichts »enthalten« sein kann.

»Du bist Es.« Das haben wir wieder und wieder von den Verwirklichten gesagt bekommen. Nun, wenn es hilft zu glauben, »Es« sei jemand oder etwas anderes, dann ist das in Ordung. Aber dieser Glaube sollte etwas Vorübergehendes sein, denn er drückt auf sehr subtile Weise doch wieder aus, daß »Es« im Außen sei und daß es im Außen statt im Innern geschehen kann. Worauf wir uns zubewegen, ist, zu erkennen, daß wir niemand anderen brauchen, um zu channeln. Du brauchst niemanden, der dir irgend etwas sagt, denn alles, was du wissen mußt, kann durch dein eigenes System kommen. Es spielt keine Rolle, ob du »Es« als aufgestiegenen Meister, als höheres Selbst, als geistigen Führer, als universales Bewußtsein oder als Akasha-Chronik bezeichnest. Jeder kann diese Dimension in einer Weise durch sich einführen, die auf dieser Ebene gehört werden kann.

Neale: Wenn du das sagst, werde ich ganz aufgeregt, und die Dinge und Möglichkeiten, die du da beschreibst, scheinen mir sehr ermutigend. Wenn ich mir vorstelle, eine andere Wesenheit zu channeln, empfinde ich dabei eine gewisse Aufregung und Hochachtung, aber ich sehe auch, daß ich dabei meine eigenes Potential weggebe. Wenn du Channeling als ein Sprungbrett ansiehst, auf dem wir gerade stehen, was kommt danach, was ist der nächste Schritt?

Paul: Ich sehe Channeling als eine Stufe, auf der du erkennst: »Es sind Dinge möglich, die jenseits dessen liegen, was ich bisher für normal hielt.« Die channelnde Person scheint zu verschwinden und ein anderes Wesen deren System zu übernehmen und Dinge zu sagen, die erstere Person auf keinen Fall wissen kann. Das Medium Edgar Cayce verschrieb medizinische Kuren, von deren heilender Wirksamkeit die medizinische Wissenschaft erst Jahre später erfuhr – und dabei hatte Cayce keine Ahnung von Medizin. Die Menschen erkennen so, daß Dinge geschehen, die jenseits dessen liegen, was wir mit unseren naturwissenschaftlichen Gesetzen und Theorien erklären können.

Was jenseits der Möglichkeit des Channelings liegt, ist das, was ich bereits sagte: Alles, was auf jeglichen Ebenen erfahrbar ist, ist *hier*. Es kann nicht hierhergebracht werden. Es *ist* hier. Es gibt keine Zeit, und es gibt keinen Raum. Alles ist jetzt!

Was wir Vergangenheit oder Zukunft nennen, ist jetzt. Wenn wir diese Möglichkeit zulassen, gibt es keine Entschuldigungen mehr. Ich brauche nicht zu dir zu gehen, um mir von dir sagen zu lassen, was ich tun muß. Das war bisher einer unserer Tricks, von unserem Potential wegzugehen. Bisher haben wir die Neigung, einen Channeler, ein Medium oder einen »Wahr-sager« aufzusuchen, und wenn uns das gefällt, was uns dort gesagt wird, tun wir es. Wenn es uns nicht gefällt, sagen wir: »Was weiß denn der schon!« So bewahren wir immer die Kontrolle.

Was mit dem Planet Erde zur Zeit geschieht, ist, daß das Experiment der Dualität, das wir in dieser irdischen Dimension unternommen haben, vorbei ist. Es ist zu Ende, und wir lösen das Experiment jetzt auf. Dieses Experiment bedeutete, uns von anderen, bewußteren Ebenen der Realität zu lösen, damit wir total in diese dualistische Ebene hier verwickelt sein konnten, als sei sie die einzig existierende. Wir schnitten uns also von allem ab. Jetzt aber werden wir das wieder rückgängig machen.

Wenn dein Wesen die Dinge, die es zu erledigen hatte, abgeschlossen hat, wird es fähig sein, zu »sitzen«, stiller zu werden, nach innen zu horchen und Antworten zu hören. In unserem sogenannten Inneren gibt es verschiedene Ebenen, und sie alle haben eine Stimme, wenngleich manche keine Worte haben. Jede Ebene entspricht einer Realitätsebene, und so gibt es viele, viele Ebenen von Realität. Einige Menschen werden sich so weit verfeinern, daß sie all diese Realitätsebenen wahrnehmen werden. Sie werden sich physisch reinigen in bezug darauf, was sie essen, wie sie leben, was sie denken, was sie tun, so daß ihre Schwingung sehr viel feiner wird. Wenn das in uns geschieht, erkennen wir, daß diese anderen Realitätsebenen alle hier verfügbar sind, und indem wir uns immer feiner stimmen, werden wir offen für die nächste Ebene und dann für weitere Ebenen. Schließlich wird sich unser Wesen dessen bewußt werden, daß wir gleichzeitig in vielen Dimensionen leben, die alle ihre eigene vollkommene Realität haben.

Wenn diese Dimensionen jetzt alle gleichzeitig zu dir durchkämen, würde dich das in deiner momentanen Situation nur total durcheinanderbringen. Das wäre, wie wenn du das Radio einschalten und alle Stationen gleichzeitig auf einer Frequenz empfangen würdest. Du wirst aber mit der Zeit in der Lage sein, für all diese Ebenen offen und verfügbar zu sein, und dir aussuchen zu können, in welcher Ebene du gerade sein willst. Wenn es dann angemessen ist, kannst du von einer Ebene zur anderen wechseln. Auf diese Weise wirst du zu einem leuchtenden Wesen. Die Menschen werden das Strahlen, das dich umgibt, sehen. Sie werden erkennen, daß du das strahlende Wesen bist, das in diesem Körper ist. Du bist nur gerade körperlich hier, aber in Wahrheit bist du an nichts mehr gebunden. Du kannst jeden Augenblick auf eine andere Ebene gehen. Und auf eine andere Ebene kannst du gelangen, indem du aufhörst, an dieser hier festzuhalten. Das geringste Sehnen, und du kommst wieder herunter auf eine andere Ebene.

Neale: Ich kann förmlich sehen, was du sagst. Es ist, als öffne sich eine Tür, und ich bekomme eine Ahnung von etwas

Unbeschreiblichen. Im Licht dieser Vision erscheint Channeling recht grob, es kommt mir wie ein kindliches Spiel vor. Wenn ich mich auf diese anderen Ebenen einstimme, kann ich sehen, daß wir uns auf ein Bewußtsein zubewegen, in dem zum Beispiel das Phänomen Telepathie und all diese anderen feinen Dimensionen ganz alltäglich werden. Es kann sein, daß Channeling von der Perspektive, wie wir darüber sprechen, reine Energie zur Bewußtwerdung sein könnte und diese Energie sich eher in Schwingungen als in Worten ausdrückt, denn Worte erscheinen mir aus meiner momentanen Sicht als ziemlich plump.

Paul: Denke zurück an die Wright-Brüder und ihre ersten Flugversuche und stell dir dann ein ultramodernes Aufklärungsflugzeug vor. Dann denke an eine Bewußtseinsdimension, in der Reisen schon durch den kleinsten Wunsch geschehen können. »Ich möchte in Australien sein.« Und schon bist du da. Ohne Zeit, du bist da. Keine Zeit, kein Raum, du wechselst einfach mit dem kleinsten Wunsch zwischen den Dimensionen hin und her.

Neale: Im Vergleich dazu scheint die Art, wie wir auf diesem Planeten leben, ziemlich grob.

Paul: Wenn du von grob sprichst, stimmt das. Diese Dimension ist sehr grob. Auf gewisse Ebenen bezogen, ist die Erde einer der schönsten Planeten, aber das Leben auf ihm ist auch sehr grob und rauh. Ich habe unsere Katze beobachtet, sie ist so schön, so graziös, aber sie ist auch ein »Killer«, und das ist nicht schön. Menschen töten. Fast alle Staaten stecken den größten Teil ihres Bruttosozialproduktes in die Rüstung, geben dieses Geld dafür aus, sich jederzeit gegenseitig umbringen zu können. Viele Menschen finden das sehr schrecklich. Und als »Re-aktion« gehen sie auf Friedensmärsche, um dagegen zu protestieren.

Aber wenn du dir eine Organisation der Friedens-»Kämpfer« ansiehst, stellst du fest, was für ein verbissener Wettstreit dort herrscht. Innerhalb dieser Organisationen findet auch ein Krieg statt. Wenn du dort hingehst, wo sie arbeiten, wirst du sehen, daß in ihren Büros ein Krieg herrscht. Wenn du dir ihre Familien anschaust, siehst du, daß dort Krieg herrscht. Der springende Punkt ist, daß in jedem Menschen in jedem Augenblick ein Krieg herrscht! Jeder von uns bekämpft sich so lange selbst, bis er an den Punkt der Selbstannahme kommt und dadurch zu der Liebe, die in ihm ist. Sobald das geschieht, ist auch der Krieg um uns herum zu Ende, und wohin auch immer wir gehen, tragen wir den in uns gefunden Frieden mit uns.

Neale: Was du da gerade beschreibst, ist gewissermaßen das, was Channeling sein könnte, wenn wir alle unsere Göttlichkeit manifestieren könnten. Wenn wir diesen Prozeß zulassen könnten, würde sich das Leben um uns herum total verändern.

Paul: Sobald der Verstand die *Möglichkeit* akzeptiert, daß es etwas Nichtverstehbares außerhalb von ihm selbst gibt, verändert sich alles. Der Verstand wird das nie akzeptieren, aber er kann die Möglichkeit als Möglichkeit annehmen. Er kann damit nicht einverstanden sein, weil das seiner Funktionsweise nicht entspricht. Wenn unser Wesen die Öffnung der blockierenden Verstandesbarriere einmal zu erleben beginnt, löst sich alles auf. Es gibt einen Moment, einen tiefen Atemzug, und plötzlich erkennen wir, daß alles ganz anders ist, als wir *denken*. Dann erwacht ein großer Respekt, eine große Hochachtung, und wenn wir dann weitergehen, wird alles ganz »selbst-verständlich«.

Neale: Wenn du vom Verstand sprichst, fällt mir ein, daß viele Leute sehr vernünftige Kritik am Channeling üben könnten, weil es nicht in den Rahmen unserer Vernunft paßt, auf den wir konditioniert worden sind. Der Verstand scheint die größte Barriere zu dem Prozeß zu sein, den viele von uns gerade erleben.

Paul: Du sprichst vom Verstand, als sei er eine von dir getrennte Wesenheit. Wir haben jederzeit die totale Kontrolle über unser System, *einschließlich* des Verstandes. Wenn wir nicht wollen, daß der Verstand so denkt, wie er denkt, kann er es nicht tun. Was wir getan haben, ist, dem Verstand enorm viel Raum gegeben zu haben, so daß nun er *allein* regiert. Aber wenn wir das nicht mehr wollen, wird er seine alles kontrollierende Vorherrschaft nicht mehr ausüben können. Du sprichst vom Verstand, der nicht akzeptiert – es sind die *Menschen*, die nicht akzeptieren! Sie wollen die Realität nicht akzeptieren, denn wenn sie es täten, müßten sie sich ihr ganzes Leben neu anschauen.

In der Geschichte wurden die Menschen, die channelten oder »mit Zungen redeten«, dafür umgebracht, über Dinge zu berichten, von denen heute jeder weiß, daß sie wahr sind. Das wird diesmal nicht geschehen. In der Vergangenheit wurde der Planet alleingelassen mit dem, was er erfahren mußte, und daß diese Menschen umgebracht wurden, war Teil des Experiments. Wenn jemand verfolgt wurde für das, was er tat, schuf das eine Erfahrung, von der der Rest des Universums profitierte.

Das Experiment dieses Lernprozesses ist jetzt vorbei, und nun wird uns das Weitermachen in Unbewußtheit und Ignoranz in der Weise entzogen, daß die Menschen auf die eine oder andere Art sehen *müssen*. Wenn Menschen offenen Herzens sind, können sie sich freuen, daß all diese Dimensionen jetzt hier verfügbar sind. Das bedeutet auch, daß die Menschen erkennen werden, daß sie nicht die überlegene Rasse im Universum sind – was anzunehmen in der Tat ein ziemlich kindischer Glaube ist.

Neale: Eine der Hilfen, die das Channeling uns bietet, ist das Empfinden, daß es andere Wesen außerhalb unserer eigenen Realität gibt und daß diese Wesen hier sind, um uns zu helfen. Für mich ist das ein sehr schönes Gefühl.

Paul: Für *dich* ist das ein sehr schönes Gefühl, aber für die meisten Menschen ist es das ganz und gar nicht, weil sie spüren, daß etwas größer ist als sie, daß da etwas ist, das mehr Macht hat als sie. Auf diesem Planeten ging es ums Überleben, und jedes System ist bereit zu töten, um zu überleben. Auf einer sehr offensichtlichen Ebene bringen sich Gruppierungen, Konfessionen und Nationen gegenseitig um, und wenn wir wirklich durch alle Schichten hindurchsehen, erkennen wir, daß wir uns auf die eine oder andere Art unaufhörlich gegenseitig und selbst umbringen.

Das vom Verstand beherrschte System möchte allem und jedem überlegen sein. Wenn es also etwas außerhalb seiner selbst sieht, das es nicht kontrollieren kann, fühlt es sich dadurch bedroht. Für dich ist das, wovon wir sprechen, aufregend, weil du bereits eine Bewußtseinserweiterung erlebt hast – du siehst jetzt manches anders. Solange du diese Realisation nicht hast, wenn du das noch nicht siehst, ist es für dich – in Wahrheit aber nur für dein vom Verstand beherrschtes System – sehr bedrohlich, etwas, das du nicht kontrollieren kannst, zu erleben.

Aber die Dinge entwickeln sich nun in einer Weise, daß sie nicht länger ignoriert werden können. Nimm zum Beispiel die Bücher, in denen Autoren Dokumente über Nah-Todes-Erlebnisse gesammelt haben. Sie berichten unbestreitbar, da medizinisch belegt, was Menschen, die klinisch tot waren, erlebt haben. Sie haben von Licht und Liebe und Verantwortlichkeit berichtet. Menschen von überall auf der Welt – gebildete und ungebildete – kommen aus solchen Grenzerfahrungen mit sehr sehr ähnlichen Erlebnissen zurück.

Ich sage nicht, das sei die einzig mögliche Sterbeerfahrung, denn dem ist nicht so. Diese Menschen sind schon auf einer bestimmten Bewußtseinsstufe. Andere Menschen, die sterben, werden auch an diesen Ort gehen und völlig andere Erfahrungen machen. Manche haben unangenehme Erlebnisse, und andere erleben viel höhere Schwingungen.

Die Menschen haben begonnen hinzuschauen. Es gibt etwas »anderes«, und dieses andere ist nicht getrennt, nicht dual, es ist Liebe, reine Liebe. Es ist reines »Ein-verstanden-Sein«, reine Unterstützung, und wenn wir uns darauf einstimmen, steht uns all das jederzeit zur Verfügung. Wenn wir uns von den Dingen lösen, die uns ständig davon wegziehen, wenn wir präsent sind und zuhören, ist »Es« da – in jedem. Es gibt keine Ausreden.

Du brauchst nicht alles aufzugeben und zum Atheisten zu werden. Du brauchst nicht einer Sekte, einer spirituellen Bewegung oder einer Kirche oder sonst etwas beizutreten. Du brauchst gar nichts, denn »Es« ist bereits da. Wenn du zu jemandem gehst, der das bereits in sich realisiert hat und in dieser Energie schwingt, wird es für dich leichter sein. Du wirst durch ihn leichter das Empfinden bekommen, daß »Es« in dir ist. Du wirst sehen, daß es möglich ist, diese Bewußtheit zu erreichen, weil du siehst, wie er lebt. Du wirst seine Anmut und Schönheit sehen und wirst »Es« fühlen. Das wird dir eine Ermutigung sein, aber du brauchst ihn nicht. Du brauchst nichts und niemanden. Alles, was es in allen Universen gibt, ist jetzt da und da und da – überall!

Sechzehntes Kapitel

BEWUSST LEBEN

Es interviewt Monny Curzon

Monny: Wenn ich dir in die Augen schaue, könnte ich mich in ihnen geradezu verlieren, aber man muß sich dabei nicht verlieren, und deshalb muß ich mich auch nicht zurückhalten.

Paul: Wenn ich dich anschaue, empfinde ich Liebe.

Monny: Liebe zu empfinden, das passiert hier offensichtlich, mit jedem, der sich in deiner Gegenwart befindet. Der Himmel weiß, was das für eine Ansammlung von Menschen hier ist, und ich frage mich, wie das Bemerkenswerte, das wir hier erreichen, sich mit der Welt draußen in Verbindung bringen läßt. Ich denke an all die Leute, die wir vom Fenster aus draußen sehen, all die, die keine Ahnung von uns haben und an die wir auch nicht oft denken. Wie siehst du deine Arbeit sich mit der Außenwelt verbinden?

Paul: Ich kann mich erinnern, daß ich schon als Kind die Situation der Menschen und die ganze Welt in einem großen Durcheinander und in einer echten Misere sah. Ich sah Menschen sich gegenseitig bekämpfen – aufgebracht, wütend, verängstigt. Ich hörte sie von Kriegen, Grausamkeiten und Gewalt berichten. Ich fragte mich damals immer wieder, wie sich das je ändern könnte und ob das Leben der Menschen so sein sollte, wie es war. Schon als Kind suchte ich danach, was ich ändern könnte. Zu dieser Zeit dachte und hoffte ich, daß ein großer politischer Führer diesen Zustand ändern könnte, einer, der aus seinem Herzen heraus handle und der sich wirklich für Menschen einsetzen würde. Aber wann immer ich mich umsah, mußte ich sehen, daß dieser Wunsch keine Aussicht hatte, in Erfüllung zu gehen. Nach und nach wurde mir klar, daß der einzige Weg, die Bewußtheit auf diesem Planeten zu verändern, der ist, daß jeder einzelne sich ändert. Es hat keinen Sinn, Menschen anzuweisen, Dinge zu tun, die sie nicht tun wollen, denn wenn Dinge ihnen fremd oder schwierig erscheinen, tun die Menschen sie nicht.

Veränderungen können nur von innen heraus geschehen, und Menschen müssen ihren inneren Wandel *wollen*. Es ist sinnlos, jemandem zu sagen, er solle niemanden verletzen, denn daß man das nicht tun sollte, ist so offensichtlich. Derjenige muß *selbst* erkennen, daß es unsinnig ist, jemanden zu verletzen.

Dann erlebte ich eine Zeit der Hoffnungslosigkeit, weil ich dachte, ein Wandel sei unmöglich. Ich suchte nach Wegen, die Dinge wenigsten ein bißchen zu verbessern, und ging deshalb nach Afrika, um den dort Verhungernden zu helfen. Ich sah, daß ich dadurch zwar wirklich ein bißchen helfen konnte, aber ich sah auch, daß die Hauptursache für den Hunger in der Dritten Welt in der sogenannten zivilisierten Welt liegt.

Schließlich wurde ich von dem sich in Amerika entwickelnden »Human Growth Movement« angezogen, und ich begann, mit Menschen zu arbeiten, die wie ich an sich arbeiten wollten. Als sich dann in mir etwas geöffnet hatte, wollte ich anderen Menschen zeigen, daß ihnen dieses Sichöffnen auch möglich ist. Ich erkannte, daß der einzige Weg, irgend etwas in größerem Ausmaß zu bewirken, der ist, daß jeder einzelne aufwacht zu dem, der er wirklich ist, und die Liebe realisiert, die in ihm ist. Liebe hat jeder in sich, selbst der, der einen Menschen foltert oder ermordet. Diese höchste Energie, die Gott genannt wird, ist in jedem Menschen. Sie ist immer da, sie ist nur mehr oder weniger zugedeckt.

Ich versuche also nicht, mit dem, was ich hier tue, die Welt zu verändern. Ich helfe Menschen, die Unterstützung dabei suchen, sich selbst klarer zu sehen und das Göttliche in sich zu erkennen.

Dieses Erkennen ist in dir, Monny, in den vergangenen beiden Wochen geschehen. Damit ist für mich das ganze Projekt hier bereits zu etwas Wertvollem geworden. Du beginnst, zu deiner individuellen Schönheit zu erwachen, und indem das geschieht, beginnen auch die anderen Leute, dich wirklich wahrzunehmen. Du bist dabei, dich zu verändern, und jeder, mit dem du in Kontakt kommst, wird das Hindurchschimmern der Liebe in dir sehen. Und die Menschen können diese Liebe in dir bereits sehen, denn du beginnst sie auszustrahlen. Du hast eine starke

Wirkung auf die Menschen um dich herum, und sie können diese natürliche Energie auf sich überspringen lassen. Dann beginnen diese Menschen wiederum, auf andere eine Wirkung zu haben, und das ist der Weg, auf dem sich Klarheit und Liebe immer weiter ausbreiten können.

Es ist möglich, daß all die apokalyptischen Voraussagen der Bibel und von Nostradamus eintreffen und die Zustände auf der Erde sehr viel schwieriger werden. Dann werden mehr Menschen anfangen, sich umzusehen. Wir bilden im Moment ein kleines Team von Menschen aus, die hinausgehen werden, um sich mitzuteilen. Ein Tages wird es vielleicht ein Team von Menschen geben, die ich als leuchtende Wesen bezeichnen würde; Menschen, die erkannt haben, wie schön sie sind. Diese Menschen können dann vor eine Fernsehkamera treten und so von Millionen von Menschen gesehen werden. Und zu sehen, daß ganz normale Menschen diesen leuchtenden Zustand erreicht haben, wird eine Ermutigung für die ganze Welt sein, und es kann für sehr viele Menschen eine Inspiration sein, insbesondere, wenn die Lage auf der Erde schlechter wird. Die Menschen werden sehen, daß, wenn wir es erreichen konnten, es auch für sie möglich ist. Es wird ihnen Hoffnung geben, und sie werden selbst zu suchen beginnen.

Monny: Ich kann sehen, wie das Überspringen dieses Bewußtseinsfunkens im individuellen Fall geschehen könnte und sollte, aber ich frage mich, wie dieses Überspringen auf politischer und gesellschaftlicher Ebene kollektiv funktionieren kann. Es gibt eine große Zahl von Gemeinschaften, die mit den höchsten Prinzipien und sehr hochentwickelten Menschen angefangen haben, und doch endeten alle mehr oder weniger unerfreulich. Vielleicht ist es nicht nötig, darüber nachzudenken, aber wie stellst du dir vor, wie es möglich sein wird, mit den Fehlvorstellungen der äußeren Welt umzugehen?

Paul: Das unerfreuliche Enden von Gemeinschaften ist *eine* Möglichkeit, und sie kann mich nicht davon abschrecken, jetzt hier zu sein, denn was ich jetzt tue, tue ich nicht für die Zukunft. Was ich jetzt tue, ist für jetzt. Und was ich jetzt tue, ist das, was ich im Moment zu tun habe. Was ich tue, ist genau das, was und wie ich es tun möchte. Und ich tue es nicht für irgend jemand anderen. Das ist auch, was ich Menschen immer wieder empfehle: Tu nichts, um ein leuchtendes Wesen zu werden – wenngleich das wahrscheinlich eintreten wird –, sondern sei einfach hier als der, der du jetzt bist. Wenn du in diesem Moment keine Freude hast, wirst du wahrscheinlich auch später keine haben. Es geht darum zu lernen, das zu tun, was du im jedem Augenblick *wirklich* tun möchtest.

Es ist wahr, ja, es sieht aus wie eine Tradition, daß Gemeinschaften oft entgleisen, aber vor langer Zeit gab es eine Periode, in der das nicht geschah. Es gab damals strahlende Gemeinschaften, in denen jeder in Liebe, Fürsorge und Licht arbeitete.

Es gibt so etwas wie eine »kritische Masse«. Es wird eine Zeit geben, in der genug Menschen – und das braucht nicht die Mehrheit der Menschheit, sondern nur die Mehrheit an Energie zu sein – einen bestimmten Punkt erreichen, an dem sich das Bewußtsein dieser Menschen auf alle Menschen auszuwirken beginnt und sich alles in Richtung Licht und Liebe in Bewegung setzen wird. Einer der Gründe, warum spirituelle und andere Gemeinschaften, die nach dem sogenannten höheren Weg des Lebens auf der Suche waren, in der Vergangenheit gescheitert sind und in der Gegenwart scheitern, lag und liegt an ihrer Struktur. Der Leiter oder Führer hat »Es«, und die anderen haben »Es« nicht. Das ist jedoch nicht wahr, *jeder* Mensch hat dieses leuchtende »Es« in sich.

Aus dem, was hier geschieht, entsteht keine Organisation, in der eine erwachte Person zu allen anderen sagt: »Folgt mir.« Hier ist jemand, der angefangen hat aufzuwachen, und der sagt: »Sei für dein Aufwachen deine eigene Autorität und höre nicht auf irgendeine andere Autorität. Wach auf und beginne, die Verantwortung für dich zu übernehmen! Höre anderen weiterhin zu, aber übernimm *immer* selbst die Verantwortung für dich.«

Natürlich wird es auch bei dieser neuen Art von Gemeinschaften eine Art Pyramide geben, aber anstatt nur eine erwachte Person an der Spitze zu haben, ist unsere Idee, daß viele Menschen gemeinsam zu erwachen beginnen. In den traditionellen Therapiekreisen arbeitet ein Leiter alleine; es gibt also immer einen Therapeuten, eine starke Persönlichkeit, und um ihn herum einige weniger starke. Sobald die Schwächeren dann eine gewisse Stärke erreicht haben, gehen sie weg – wie auch C. G. Jung von Sigmund Freud wegging – und starten ihre eigene kleine Therapiegruppe.

Was hier geschieht, ist etwas völlig anderes. Wir haben hier eine Gruppe sehr starker, sehr befähigter und reifer Menschen, die auf verschiedenen Ebenen sind – Ebenen, die sich während ihres Aufwachens ständig von Moment zu Moment verändern. Also statt nur einem Leiter gibt es viele, und diese werden mehr und mehr als Team arbeiten. Das ist ungewöhnlich, weil starke Menschen normalerweise ein starkes Ego haben und daher schlecht zusammenarbeiten können. Hier in dieser Gruppe schauen sich die Menschen wirklich ihre konkurrierenden Seiten an und lassen den Teil in ihnen, der alleine regieren will, los, so daß wir ein echtes Team sein können. Und das Team wird immer größer werden, aber wir werden zu keiner Organisation werden.

Verschiedene Zentren oder Gemeinschaften werden bereits gegründet, aber sie haben nichts mit diesem Projekt hier zu tun, außer daß eine tiefe Herzensverbindung zu ihnen besteht. Hier sind alle autonom und werden ermutigt, draußen in der Welt das gleiche zu tun, was sie hier machen: »Habt durchaus jemanden unter euch, der den Überblick behält, aber gebt niemanden die Alleinverantwortung und habt keinen Anführer.«

Monny: Das klingt natürlich radikal anders als bei den traditionellen Gemeinschaften, die hierarchisch strukturiert sind. Intellektuell gesehen, ist das, was hier geschieht, viel aufregender, weil es – wenn ich es richtig sehe – Mond und Sonne zusammen bedeutet. Ich frage mich, was mit der Welt draußen passieren wird, die noch weit jenseits unserer Erfahrungen ist. Wir haben zu einem früheren Zeitpunkt über das Böse gesprochen. Schlechtigkeit könnte ein einfacherer Ausdruck dafür sein. Wie empfiehlst du, mit der Schlechtigkeit der Welt umzugehen?

Paul: Ich meine nicht, daß wir mit ihr direkt umgehen werden, denn die Unbewußtheit der Welt betrifft uns nicht direkt. Wir sind nicht daran interssiert, jemanden zu verändern, der sich nicht ändern will. Wir sind nicht darauf aus, die Welt zu retten – außer wenn die Welt gerettet werden möchte. Und wenn wir von der Schlechtigkeit der Welt sprechen, sprechen wir von etwas

Allgemeinem.

Ich betrachte nichts allgemein! Ich sehe mir den einzelnen an und sehe, was diese Person will, wofür sie offen ist. Und die Menschen müssen nach Unterstützung fragen, weil ich von mir aus kein Bedürfnis habe und keinen Drang in mir erlebe, Menschen zu verändern, die sich nicht ändern wollen. Wenn Menschen unbewußt sind und es so aussieht, als wollten sie es auch bleiben, ist das in Ordnung. Wenn Menschen eine Ahnung bekommen oder etwas hören oder im Fernsehen sehen, das sie erreicht, sagen sie sich vielleicht: »Was ist denn das nun? Das möchte ich mir näher ansehen«, und dann bin ich offen, mich ihnen mitzuteilen. Aber ich werde nicht in Organisationen oder Regierungen eingreifen. Ich bin nicht an Situationen interessiert, in denen Menschen nicht an ihrem eigenen Inneren interessiert sind.

Monny: Kann es nicht sein, daß sich Organisationen von jemand wie dir gestört fühlen? Regierungen sind oft nicht abgeneigt, gegen etwas, das ihr Selbstverständnis stört, aktiv vorzugehen.

Paul: Mein Eindruck ist, daß eine Regierung dann eingreift, wenn sie sich bedroht fühlt, wenn jemand aggressiv gegen sie ist. Es ist zwar nicht einfach, diesen Zusammenhang zu sehen, aber ich habe diese Wechselwirkung von Energie zum Beispiel auch bei folgenden kleinen Begebenheiten beobachtet: Ich habe oft an Landesgrenzen beobachtet, wie die Autos von Leuten durchsucht wurden und sie darüber sehr aufgebracht und wütend waren. Ich aber sehe den Grenzbeamten nur seinen Job tun und empfinde keinerlei Aggressionen gegen ihn. Ich werde nicht ärgerlich, selbst wenn er mich bittet, im Regen auszusteigen und den Kofferraum zu öffnen. Gewöhnlich winkt er mich einfach durch, weil ich nicht von vorneherein etwas gegen ihn habe.

Wenn du von der Möglichkeit des Bösen oder von Bosheit sprichst, so ist das etwas, was nur im Verstand des Menschen existiert. Bosheit ist etwas, was wir in dieser Dimension produziert haben, und wir wollten sie produzieren. Wir beschlossen, Gutes und Böses zu tun, weil der einzige Weg, das Leben schätzenzulernen, der ist, es aufzuteilen, um somit auch sein Gegenteil sehen zu können. Wir haben jetzt die Extreme der

Aufteilung erreicht, und mein Gefühl ist, wir sind dabei, in die Einheit zurückzukehren.

Ich meine, diese Umkehr hat sich am Zusammenbruch politischer Machtblöcke gezeigt, und dieser wurde von einigen wenigen Mächtigen ausgelöst, bei denen diese Umkehr begonnen hat. Ich weiß, daß diese Umkehr noch nicht überall geschieht, aber vieles ist in Bewegung gekommen. Die Extreme werden erreicht, und damit wird auch die Liebe stärker. Es gibt mehr Menschen als je zuvor, die meditieren, mehr Menschen, die nach ihrem maximalen Potential suchen oder spirituelle Bücher lesen, jedenfalls immer mehr Menschen, die nach mehr Sinn für ihr Leben suchen.

Monny: Das ist die positive Seite des möglichen Wandels. Aber es gibt auch die Erwartung, daß es mehr Angst geben wird. Und daß diese Angst, wenn sie zum Ausbruch kommt, Strukturen schafft, die tödlich sein könnten.

Paul: Angst besitzt einen Wendepunkt. Angst kann sich entweder in Gewalt oder in Liebe verwandeln, denn Angst ist in der Tat das Gegenteil von Liebe. Angst und Panik haben tatsächlich die gleiche Grundschwingung wie Begeisterung und Euphorie. Diese spezielle Energie schwingt auf derselben Wellenlänge. Erst wenn du nein zu dieser Energie sagst, wird sie zur Angst. Wenn du ja zu ihr sagst, wird sie zur Begeisterung, zu einer aufregenden Möglichkeit. Viele Menschen fangen an zu erkennen, daß es neue Möglichkeiten für sie gibt und daß ihr Leben nicht in den alten Bahnen weiterlaufen muß. Ihr Leben könnte auch weiterhin so ablaufen wie bisher, und mir macht es nichts aus, welchen Lauf es nimmt, weil ich nicht darauf aus bin, irgend etwas zu verändern.

Etwas in mir ist aufgewacht. Ich kann »sehen«. Ich sehe die Dinge auf andere Weise, und ich kann sehen, daß andere auch auf diese Weise sehen können. Etwas ist in mir geschehen, und ich kann sehen, daß das in jedem geschehen kann. Es macht mir Vergnügen, das, was in mir aufgewacht ist, mit anderen zu teilen, die es teilen wollen, und wenn jemand das nicht will, ist es auch in Ordnung.

Monny: Im Vergleich zum Aufwachen ist nichts anderes wirklich interessant. Können genug Menschen das auch fühlen oder wenigstens eine Ahnung davon bekommen?

Paul: Wegen des Überflusses, den sie haben, spüren viele Menschen, daß die Dinge, die bisher so aufregend für sie waren – wie beispielsweise Prestige oder Besitz –, nicht mehr länger funktionieren. Innerhalb des Rahmens ihrer Konditionierung gibt es darüber hinaus auch nichts Erstrebenswertes. Vielleicht gibt es da vage so etwas wie ein religiöses Empfinden, aber in der nahen Vergangenheit gab es für echte religiöse Erfahrungen nicht viel Anregung. Denn die Leute, die philosophische und religiöse Dinge studierten, hatten selbst nie einen Seinszustand erreicht, der auf andere Menschen ermutigend gewirkt hätte.

Manche Menschen beginnen aufzuwachen, und sie sehen allmählich, daß es noch etwas anderes zu erreichen gibt, und das beginnt sie zu reizen. Noch ist es nicht wirklich in Mode, aber in absehbarer Zeit wird es noch mehr berühmte Leute wie Shirley McLaine geben, die verkünden: »Das ist jetzt die interessanteste Sache meines Lebens. Ich hatte Einblicke in andere Dimensionen und andere Welten. Ich habe es selbst erlebt. Ich weiß es.« Das sind Leute, denen sehr viel Glauben geschenkt wird. Wenn sie sagen: »Ich weiß etwas«, werden die Menschen hellhörig und sagen: »Wenn das so ist, will ich das auch erkunden.«

Wenn die Menschen sehen, daß normale Menschen wie du und ich und nicht nur solche, die von einer Jungfrau geboren wurden, diesen Platz der Liebe und Fürsorge und des echten Mitgefühls erreichen, wird sich etwas in ihnen öffnen. Sie werden daran interessiert sein, weil der alte Weg nicht mehr funktioniert, und irgendwo wissen sie das alle.

Monny: Es gab sowohl im Westen als auch im Osten diese hoch angesehene Tradition, in ein Kloster oder in einen Ashram zu gehen und ein Leben der Beschaulichkeit und Meditation zu führen, auch nachdem man ein weltliches Leben und weltlichen Erfolg erreicht hatte. Ich kann mir vorstellen, daß so etwas wieder kommt.

Du bezeichnest dich selbst als gewöhnlichen Menschen, und das ist wahr, aber oft sprichst du über Dinge, die höchst ungewöhnlich und esoterisch sind, und – wie du weißt – gehen dann bei mir die Alarmglocken an. Was deine Worte bei anderen Leuten in der Welt in Gang setzen würden, wage ich nicht, mir auszumalen. Ist es nicht wichtig, sehr vorsichtig zu sein und Schritt für Schritt diese Stufen zu nehmen, die du vielleicht hinter dir vergessen hast?

Paul: Hier handelt es sich um zweierlei. Zum einen gibt es im Westen traditionell einige Menschen, die in ein Kloster gehen, aber es gibt wirklich für niemanden einen großen Anreiz, das zu tun. Normalerweise ist das Klosterleben eine sehr ernste Angelegenheit, sehr unangenehm, und es gibt keine leuchtenden Erscheinungen dort, niemand kommt da herausgestürmt und sagt: »Ihr müßt das alle machen. Es ist phantastisch!« In unserer jüngsten Vergangenheit gab es keine Ermutigung für ein Leben in Orden und Klöstern. Was geschehen wird, ist, daß Leute aufwachen und leuchten werden, und sie werden dazu nicht in ein Kloster gehen müssen. Sie werden fähig sein, in der Welt aufzuwachen, vielleicht in einer etwas unterstützenden Umgebung, in kleinen Gemeinschaften, aber sie werden sich dazu nicht verstecken müssen. Für das wahre Menschsein halte ich den Rückzug vom Leben für nicht angemessen. Ich suche nach Menschen, die auf natürliche Weise in der Welt leben, ihre Verwirklichung innerhalb ihrer Gemeinschaften erleben, während sie in ihren Beziehungen leben, während sie ihrer Arbeit nachgehen; Menschen, die aufwachen, während alles mit einbezogen ist.

Die andere Sache, von der du sprichst, ist die »Kluft« zwischen dem normalen und dem erwachten Zustand. Und diese Kluft besteht in der Tat. Als ich aufzuwachen begann, habe ich versucht zu verhindern, daß ich mich zu schnell weiterentwickelte, denn indem ich aufwachte und diese anderen Dimensionen sah, konnte ich auch die Kluft sehen zu denen, die noch immer denken, diese Dinge seien »esoterisch«. Wenn diese Dinge geschehen, sind sie sehr gewöhnlich. Wenn du diese anderen Ebenen oder Dimensionen zu sehen beginnst, erkennst du, daß du sie die ganze Zeit gesehen hast. Das ist nicht leicht zu erklären, aber du weißt dann, daß du es schon immer wußtest und nur nicht erkannt hast. Mir ist klar, daß, indem mein System immer sensitiver wird und immer weiter in diese Bereiche vordringt, diese Kluft immer größer wird. Ich achte darauf, mich mit einer Geschwindigkeit zu entwickeln, bei der mir immer einige Menschen sehr dicht folgen können, und das ist das, was das »innere Team« unserer Aufwachprojekte tut. Wenn ich weitergehe, gehen auch die Menschen des inneren Teams weiter.

Das innere Team wiederum hat über die »Trainer« eine ständige Verbindung zu den Teilnehmern der Projekte. Wenn ich also zu allen Teilnehmer spreche, weiß ich, daß viele sagen: »Wovon redet der eigentlich? Das ist so weit weg, das ist ein Traum. Für mich ist das Science Fiction.« Aber dann kommen die Trainer, hören die »Bedenken« der Teilnehmer und erläutern das von mir Gesagte, und dann ist es für sie schon nicht mehr so unverständlich.

Mein Empfinden ist, daß sich eine Art Bewußtwerdungs-Netzwerk immer weiter aufbauen wird und so für alle Interessierten immer eine Verbindung möglich ist, weil diese Bewußtseinsebenen ständig um uns existieren. Wissenschaftler beginnen das inzwischen zu ahnen. Es gibt keinen Raum und keine Zeit. Raum und Zeit sind Konzepte, nur eine Art, die Dinge zu betrachten. Es ist der Weg des Verstandes, auf diese Art mit Dingen und Phänomenen umzugehen, aber es gibt keinen Raum und keine Zeit. Aller Raum ist hier und alles Geschehen ist jetzt. Hier in diesem Augenblick ist alles enthalten.

Es findet hier auf diesem Planeten ein Erwachen statt, und es gibt von überallher Kräfte, die uns dabei helfen. Einige Wesen oder Bewußtheiten haben beschlossen, so nah wie möglich an diese Dimension heranzukommen, ohne in einem Körper zu sein, und andere haben beschlossen, in einem Körper zu kommen. Die Wesen, die keinen Körper haben, können durch Menschen gechannelt werden, die sich in einen bestimmten Zustand versetzen und dann mit fremden Stimmen auf seltsame Art zu sprechen beginnen. Aber was diese Wesen sagen, ist oft sehr kraftvoll. Es ist der Stoff, der in den heiligen Büchern geschrieben steht. Aber das Gechannelte berührt die Menschen nicht so nah wie ein Jesus oder Buddha – die die gleichen Bewußtseinsebenen erreicht hatten, sich jedoch einen Körper gaben, um diese Dinge zu sagen. Indem sie ihre Botschaft aus einem Körper heraus mitteilen, können sie eine tiefere Verbindung zu den Menschen herstellen, weil sie das Leben in einem Körper besser verstehen und weil sie den Geburtsprozeß durchlebt haben. Sie kennen all die irdischen Probleme und können von daher die irdischen Dinge besser verstehen.

Aber wie du es sagst, je verfeinerter die Energie in einem Menschen wird, desto weniger Beziehung haben diese erwachten Menschen mit dem sogenannten normalen Menschlichen. Damit der Kontakt mit den Teilnehmern nicht abreißt, sind bei uns die »Trainer« eingesetzt. So ist auf jeden Fall für eine klare Verbindung gesorgt. Die Trainer sind in engem Kontakt mit dem »inneren Team«. Das innere Team ist in direktem Kontakt mit mir. Also gibt es durchgehend einen guten Kontakt auf allen Ebenen. Obwohl diese Verbindung besteht, mache ich euch immer wieder darauf aufmerksam, daß ihr sie nicht wirklich braucht. Das Reich Gottes ist im Innern. Alles ist dort enthalten!

Monny: Ich bin sehr beeindruckt, wie deutlich spürbar hier ist, daß du sehr viel Vergnügen und Freude erlebst. Um dich und die Menschen, die dir nahe sind, ist ein starke Ausstrahlung und eine Freude, die sich wie eine Art Waldbrand in der ganzen Gruppe hier ausbreitet und offensichtlich die Menschen ansteckt, die aus allen Himmelsrichtungen hierhergekommen sind.

Aber auch Menschen, die dich und uns hier nicht erlebt haben, werden von den Dingen, die du mitteilst und ausstrahlst, zu lesen oder zu hören bekommen. Sie werden sich denken, das sei doch alles ziemlich sonderbar, und es erscheint ihnen womöglich sogar verdächtig. Bestenfalls werden manche denken, wir wären mehr oder weniger verwirrt. Ich möchte unsere Aufmerksamkeit auf ihre Abwehrhaltung gegenüber dem, was du anbietest, richten. Ich finde, ihre vorschnelle Abwehr müßte verzögert werden, denn *alle* Menschen sind sehr wichtig und haben ein inneres Potential, das sie beitragen könnten.

Paul: Zunächst möchte ich auf das eingehen, was du über das sich ausbreitende Feuer gesagt hast. Das ist die Art, wie die Übertragung funktioniert. Was im letzten Kurs noch Wochen oder gar Monate brauchte, haben wir hier in wenigen Tagen erreicht, weil einige der Leute, die im Sechs-Monate-Projekt dabei waren, als Trainer hierhergekommen sind. Sie haben ihre

Energie hier eingebracht, und die Teilnehmer haben ihre Energie sehr schnell »aufgeschnappt«. Das ist also die Methode, die wir anwenden, sofern man das überhaupt als eine Methode bezeichnen kann. Wir wenden keine traditionellen Methoden an. Die wenigen Techniken, die wir einsetzen, dienen nur als Unterstützung. Du läßt die Energie wie das Feuer des Waldbrandes einfach auf dich überspringen.

Als nächstes möchte ich die Tatsache ansprechen, daß wir hier viel Spaß haben. Wenn wir bei dem, was wir tun, keine Freude haben, ist etwas faul, dann ist etwas blockiert. In gewisser Hinsicht ist die Hauptsache bei allem, was wir tun, daß wir genießen, was wir gerade tun. Sobald wir auch nur zu planen beginnen, was wir tun werden oder wie wir künftig sein wollen, sind wir nicht mehr in der Freude des Augenblicks. Aber alles außerhalb des jetzigen Augenblicks ist zweitrangig. Und die Hauptsache ist, Spaß zu haben, und, was auch immer geschieht, zu genießen.

Ich glaube, der Mangel an Freude war das Hindernis für viele der Schulen und Gemeinschaften der Vergangenheit. Wenn du dir ansiehst, was du alles durchmachen mußt, um dahinzukommen, wohin spirituelle Führer dir sagen, daß du hinkommen kannst, dann sieht der von ihnen vorgegebene Weg meist so ernsthaft und entbehrungsreich aus, daß der lebendige Sucher abgeschreckt wird. Wir sagen hier, daß Spaß zu haben in gewisser Weise das Wichtigste ist, denn sobald wir zu ernst werden, halten wir unser spirituelles Wachstum auf. Wenn das geschieht, müssen wir mit allem innehalten, denn dann sind wir vom direkten Weg abgekommen.

Laß uns jetzt die Menschen betrachten, die von uns hören, uns aber nicht unmittelbar kennen. Im menschlichen System – und nicht im Bewußtsein – steckt dieser Anteil, den du als Bosheit oder das Böse bezeichnest; wir könnten es auch Ignoranz oder Negativität nennen. Diese Eigenschaft wird in Menschen so leicht ausgelöst, weil das die Richtung war, in die sich die Erde lange Zeit bewegt hat. Die Hauptenergie war, zu zweifeln, abzuwerten, runterzuziehen, von vorneherein zu sagen: »Das ist alles nicht wahr.« Und meistens war das, was an uns herangetragen wurde, tatsächlich nicht wahr!

Wir kümmern uns nicht um ignorante Leute. Ich sage nicht,

wir empfinden keine Fürsorge für sie. Sich um jemand kümmern, heißt: »Du mußt dich ändern, damit ich mich besser fühlen kann.« Wir empfinden Fürsorge. Das bedeutet: »Ich würde mich freuen, wenn du dir erlauben könntest zu sehen, was wir sehen. Du kannst es auch sehen, sofern du das willst. Aber wenn du nicht sehen willst, hat das keinen Einfluß auf unsere Gefühle für dich. Unser Glück hängt nicht von deiner Zustimmung oder Ablehnung unseres Angebots an dich ab.«

Wenn Menschen etwas über uns und unsere Arbeit lesen, mag sich durchaus die ignorante oder zynische Seite ihres Verstandes zu Wort melden, weil sie die hier lebendige Energie nicht spüren. Es ist nicht möglich, in Worten auszudrücken, was hier geschieht, und auch du wirst es nicht können, wenn du in die normale »Welt« zurückgehst und dich dort jemand fragt: »Was ist da passiert?« Es gibt nichts, was du erklären könntest, außer daß wir eine schöne Zeit hatten und daß du auch einige unangenehme Augenblicke durchlebtest. Es ist sehr schwer zu erklären, was beim Bewußtwerden wirklich geschieht.

Wir bekommen Botschaften von anderen Dimensionen. Das ist eine Tatsache. Für manche Menschen ist das genauso eine Tatsache wie der Boden, den sie unter ihren Füßen spüren. Einige Leute hier channeln an ihrem Computer. Sie sitzen da, und Worten fließen durch sie hindurch, Mitteilungen, die sie sich unmöglich selbst sagen könnten, Berichte über Dinge, von denen sie keine Ahnung haben. Manchmal bezweifeln diese Channels, was geschieht, aber Tatsache ist, die Informationen kommen weiterhin zu ihnen durch. Wir haben sogar jemanden hier, der einen Entwurf für einen »Apparat« zum Auffangen und Verdichten von kosmischer Energie channelte. Er wußte nicht, was los war, während er das tat. Sogar während diese Informationen – von denen er absolut keine Ahnung hatte – durchkamen, war ein Teil von ihm noch immer skeptisch und fragte: »Was soll das? Woher kommt das? Erfinde *ich* das gerade?« Jeder hat diesen skeptischen Teil in seinem System. Wenn du diesen negativen Anteil, diesen Zweifler, weiterhin unterstützt, wirst du nie erkennen, wer du bist! Du bleibst dann nur in deinen altbekannten Strukturen stecken. Was dir weiterhilft, ist, dir zu sagen: »Ich weiß nicht, ob es wahr ist oder nicht, aber ich werde das, was ich hier höre oder lese, für eine Weile als eine Hypothese annehmen.« Dann kann etwas beginnen, für *dich* wahr zu werden. Und was kannst du dann darüber sagen, außer, daß es deine Wahrheit ist?

Monny: Wovon ich bei vielen Menschen gerne mehr sehen würde, ist diese Art kreativen Zweifels, den du eben bei dieser am Computer channelnden Person beschrieben hast. Das fühlt sich gesund an und nicht so krankhaft wie dieses skeptische Abwehren.

Paul: Diesen Zweifel bezeichne ich als fließenden Zweifel, und den braucht jeder. Ein solcher offenlassender Zweifel sagt: »Ich weiß nicht, was die Wahrheit ist, denn niemand weiß, was die Wahrheit ist. Es gibt einen Zustand der Erleuchtung, in dem die erleuchtete Person angeblich die Wahrheit erkennt, aber ich weiß nicht, ob das stimmt oder nicht. Ich vermute, ich werde es erst wissen, wenn ich selbst in diesem Zustand bin.« Also, wir wissen nicht. Das ist eine Tatsache, und wenn du dich in unserer Gesellschaft umsiehst, erkennst du, daß wir *alle* nicht wissen.

Im Moment haben wir noch immer Chirurgen, die Menschen aufschneiden und so Geschwulste herausnehmen. Gleichzeitig gibt es Menschen, die ihre Hände auf den Kranken legen und dadurch eine Geschwulst entfernen. Sie tun dasselbe, und das ist wissenschaftlich dokumentiert und zweifelsfrei bewiesen. Wir wissen nichts *wirklich.*

Wenn wir alle – besonders Menschen mit starken männlichen Anteilen – es wagen, diesem gesunden Zweifel Raum zu geben und durch ihn hindurch zu einem inneren Ort des Nichtwissens und des konstruktiven Zweifelns zu gehen, dann sind wir auf dem Weg nach Hause. Wenn du dann hörst, daß beispielsweise jemand eine andere Wesenheit channeln kann oder daß es eine andere Bewußtseinsebene innerhalb dieser hier geben soll, sagst du dir: »Ich weiß nicht, ob das wahr ist oder nicht. Ich werde es selbst herausfinden.« Das nenne ich einen gesunden Zweifel.

Wenn jemand in Rußland eine übersinnliche Fähigkeit hat, wird nicht versucht, sie als erstes wissenschaftlich nachzuweisen. Man versucht also nicht, eingefahrene Methoden und Konzepte anzuwenden, sondern es wird folgendermaßen an dieses Phänomen herangegangen: »Du hast offensichtlich eine Fähigkeit, die ich nicht habe. Wenn du diese Fähigkeit hast, habe ich sie wahrscheinlich auch.«

Ich empfehle dir: Versuche nicht, dir neue Phänomene mit einer Formel oder wissenschaftlichen Methode zu erklären, sondern laß es als Hypothese zu, daß solche Dinge geschehen. Wenn Uri Geller Metall verbiegen kann, ohne es zu berühren, kann es gut sein, daß andere Menschen das auch können. Laß uns damit spielen; laß uns sehen, wer von uns es fertigbringt. Das ist meiner Meinung nach eine gesunde Einstellung.

Monny: Und diese Phänomene klingen für den männlichen Verstand schon etwas akzeptabler, wenn er dazu eingeladen wird, mit ihnen zu spielen, denn bei direkter Konfrontation stürzt er sich sofort mit seinen logischen Projektionen auf sie. Letztendlich ist der männliche Verstand genauso ein Teil von uns wie unsere Zähne. Du kannst dein Essen nicht mit einem einzigen Bissen in deinen Magen befördern. Der Intellekt ist großartig im Kauen.

Paul: Da ist noch etwas. Ich habe gehört, daß Uri Geller kein Metall verbiegen kann, wenn jemand sehr skeptisch oder negativ dazu eingestellt ist. Es gibt eine Schwingungsebene, die sehr leicht beeinträchtigt wird, wenn jemand sehr negativ ist, und dann geschehen derartige Dinge nicht. Du sagst, du kannst das Nichtverstehbare nicht in einem Stück schlucken, aber das ist der einzige Weg!

Die Tätigkeit des Verstandes, so wie wir ihn kennen, ist, abzublocken. Wissenschaftlich betrachtet, wird der Verstand durch die linke Gehirnhälfte aktiviert, welche die mehr mechanische, analytische Seite ist, während die rechte Gehirnhälfte – wir sprechen hier vom Gehirn, nicht vom Verstand – die rezeptive Seite, die intuitive Seite ist. Wenn der Mensch die Dinge nur mit seinem Verstand, also nur durch die rein analytische Seite betrachtet, so nimmt er sie nur ungenau wahr und arbeitet in der Tat wie ein Computer. Dein Verstand wurde programmiert und ist jetzt fixiert. Daher können alle neuen Dinge und Phänomene nur unter größten Schwierigkeiten an dein Wesen herankommen. Dein Wesen hat aber mit dem Verstand nichts zu tun. Der Verstand stoppt also alles Neue mit seinen alten Programmen und versucht, sich auf die alte Art und Weise zu beweisen, was er gelten lassen kann und was nicht. Die andere Seite des Gehirns, die rechte, intuitive Seite, die mit diesen weiterführenden Ebenen in Kontakt ist, wird gewöhnlich auf diese intellektuelle Weise »mitgefüttert«. Realistisch eingestellte Meditationsschulen versuchen, dir nahezubringen: »Ja, es schon in Ordnung, du brauchst deinen Verstand für bestimmte Dinge, du mußt zum Beispiel deinen Namen kennen, aber laß das mal für einen Augenblick beiseite und sieh, ob du irgendwelche Dinge *direkt* empfangen kannst, sozusagen ohne zu kauen, ohne die Verstandeszähne. Schau, ob du sie einfach aufnehmen kannst.«

Das ist die Art, wie die weibliche Seite des Gehirns funktioniert, und das ist es auch, was oft die Reibung und das Mißverstehen zwischen den Geschlechtern erzeugt. Das Weibliche sagt: »Oh, ich weiß das«, und das Männliche sagt: »Woher willst du das wissen? Ich habe dir doch noch nicht einmal die Details gesagt.« Und das Weibliche sagt: »Ich weiß es einfach.« Die Frau hat einfach die ganze Sache in sich aufgenommen und empfangen, während der Mann sich durch alle Details Stück für Stück hindurcharbeitet. Darin liegt oft der Konflikt zwischen Mann und Frau. Sie funktionieren auf unterschiedliche Art und Weise. Die Frau kann leichter eine Eingebung haben. Das Telefon klingelt, und sie sagt: »Das ist meine Mutter.« Und er sagt dann: »Das kannst du doch unmöglich wissen.« Aber sie weiß es, weil sie diesen »Anruf« auf andere Weise empfangen hat. Das kann der männliche Teil des Verstandes nicht verstehen, weil er nicht so arbeitet.

Es ist eine bekannte Tatsache, daß die meisten Erfindungen nicht am Zeichenbrett entstanden und die größten Fortschritte nicht durch Berechnungen zustandegekommen sind. Das Zeichenbrett und die Berechnungen sind die erforderlichen Vorbereitungen, aber gewöhnlich kommt die Idee wie ein Blitz, zum Beispiel in der Badewanne oder unter der Dusche. Diese Eingebung hatte sich ihren Weg nicht durch den männlichen Teil des Verstandes bahnen müssen. Sie durchfuhr blitzartig den weiblichen Teil des Verstandes, und plötzlich *wußte* dieser Mensch. Dann konnte er an sein Zeichenbrett zurückgehen und die Details ausarbeiten und die Sache praktikabel und nutzbar machen.

Monny: Wenn die Menschen den männlichen Verstand nicht besäßen, würden sie vielleicht ständig von unsinnigen Geistesblitzen überfallen, von jeglicher Art irrationalen Blödsinns, der umherschwirrt.

Paul: Auch wenn es kein irrationaler Blödsinn ist, würden die Menschen Geistesblitze haben, die sie zwar nicht interpretieren könnten, die für sie auf ihrer Ebene jedoch nützlich wären. Es ist, wie wenn du ein neues Programm für deinen Computer bekommst, du kannst es zunächst nicht lesen, aber der männliche Verstand befaßt sich damit und macht es lesbar. Oft hat der weibliche Teil einfach eine Eingebung, die jedoch nicht praktikabel ist und daher des männlichen Teils zur Realisierung bedarf. Was wir aber in der Vergangenheit getan haben, ist, diese beiden Gehirnhälften – sowie die männliche und weibliche Seite in uns – gegeneinander einzusetzen. Daraus wurde: »Das ist richtig, und das ist falsch.«

Ganz allgemein muß das Männliche auf diesem Planeten etwas langsamer werden, und das Weibliche braucht etwas mehr Ermutigung. Wir fürchten uns davor, das zu tun, denn die weibliche Seite ist sehr, sehr kraftvoll. Und wenn der männliche Teil diese kraftvolle weibliche Seite spürt, denkt er, er verliert die Kontrolle. Was wir brauchen, ist Kooperation und ein Gleichgewicht *in* und somit zwischen uns. Wir müssen den Mut haben, in einen Bereich zu gehen, in den zu gehen wir in der Vergangenheit nie gewagt haben.

Es gab Gesellschaften, in denen Frauen die Herrschaft hatten, und das hat nicht funktioniert. Jetzt haben wir eine Gesellschaft, in der die Männer herrschen, und das funktioniert auch nicht. Jetzt steht der Entwicklungsschritt an, einen Ausgleich zwischen männlichen und weiblichen Qualitäten zu schaffen und anzufangen zusammenzuarbeiten. Dazu müssen wir an all unsere unangenehmen Eigenschaften herangehen. Von da aus schaffen wir diese Ausgeglichenheit, die Liebe und Fürsorge ist. Und dann können sich das Männliche und das Weibliche in wahrer Harmonie ergänzen.

Siebzehntes Kapitel

MEDITATION

Es interviewt Phoenicia Graham

Phoenicia: Ich habe viel über Meditation gehört und gelesen, und die Meinungen darüber, was Meditation eigentlich ist, scheinen weit auseinanderzugehen. Und doch habe ich das Gefühl, im Kern gibt es ein zentrales Erleben oder eine Art des Seins, welche Meditation ist und um die herum alles mögliche aufgebaut worden ist.

Paul: Es ist schwierig, über Meditation zu sprechen, denn Meditation ist »nichts«. Daher gibt es so viele verschiedene Beschreibungen, die alle auszudrücken versuchen, was Meditation ist, obwohl sie eigentlich »nichts« ist. Was die meisten Menschen praktizieren, sind Meditationstechniken, die sie möglicherweise in einen Zustand versetzen können, den Menschen Meditation nennen.

Es gibt viele verschiedene Richtungen und Schulen, die mit verschiedenen Techniken alle das gleiche anstreben. Manche Techniken geben dir ein Mantra, das heißt, daß du ständig das gleiche Wort oder den gleichen Ton wiederholst. Das soll dir helfen, eine ausgegliche und neutrale Schwingungsebene zu erreichen. Andere Techniken empfehlen dir, dazu deinem Atem zu folgen.

Die meisten dieser Techniken helfen dir, präsent zu sein, denn die meisten Menschen sind nicht wirklich hier. Sie denken, sie seien hier, aber in Wahrheit sind sie nicht *hier und jetzt*.

Es gibt zwei Hauptarten der Meditation. Die eine ist die klassisch-indische Technik, bei der du entweder ein Mantra bekommst, das du ständig wiederholst, oder bei der du immer wieder das gleiche tust, was dich in einen Zustand des Hier- und gleichzeitig Nicht-hier-Seins versetzt. Und es gibt die Zen-Techniken, bei denen du in einer strengen Sitzhaltung dem Atem folgst, was dir eine andere Art des Hierseins ermöglicht.

In den USA wurde ein Experiment mit Vertretern dieser beiden Meditationstechniken durchgeführt, die bereits ein sehr tiefes Stadium der Meditation erreichen konnten. Sie wurden in einen schalldichten Raum gesetzt und an Elektroden angeschlossen, damit genau festgestellt werden konnte, was in ihrem System vorging. Dann wurden sie in unterschiedlichen Abständen einem Geräusch ausgesetzt. Der Körper der Meditierenden aus Indien zuckte beim ersten Mal heftig. Beim zweiten Mal zeigte der Meditierende schon weniger Reaktion, und mit zunehmender Tiefe der Meditation nahm er von dem Geräusch keine Notiz mehr. Das schrille Geräusch ertönte, aber der Meditierende war nicht mehr da, er hatte seinen Körper verlassen und eine andere Bewußtseinsstufe erreicht. Dagegen zeigte der nach der Zen-Technik Meditierende bei jedem Ton die genau gleiche Reaktion.

Dieses Experiment über die beiden Meditationstechniken zeigt mir, daß der eine seinen Körper verlassen und entweder bewußt oder unbewußt in andere Welten gegangen ist, während der andere wach *hier* ist. Die meiner Meinung nach reinste Art der Meditation ist die, bei der du nichts tust und *total* hier bist. Ich sage nicht, daß dies die für jeden angemessenste oder die einfachste Art von Meditation ist. Sie bedeutet, wenn du einen Gedanken hast, bist du dir bewußt, daß du diesen Gedanken hast; wenn du eine Emotion hast, bist du dir bewußt, diese Emotion zu haben; wenn du gestört wirst, bist du dir bewußt, daß du gestört bist – und machst nichts damit. Du beobachtest nur.

Irgendwann geschehen in dir dieselben Dinge, unabhängig davon, ob du den Zen-Weg oder den indischen Weg der Meditation gewählt hast. Du beginnst zu erkennen, daß es andere Sphären oder Welten innerhalb dieser hier gibt. Dieser Augenblick enthält andere Augenblicke. Dieses Bewußtsein enthält andere Bewußtseinsstufen. Jeder Augenblick hat Tiefen unter Tiefen oder Höhen über Höhen – je nachdem, von wo aus du es betrachtest. In der Mediation beginnst du, all dies zu erkennen.

Manche Menschen fangen dann an, ihre früheren Leben zu sehen, und verlieren sich darin. Sie sehen, wie sie jemanden töten oder wie sie selbst umgebracht werden, und lassen sich in die Geschehnisse verwickeln, so daß ihnen der jetzige Augenblick entgeht. Oder sie sehen sich selbst als ihr aufgestiegenes Selbst, so wie sie vielleicht eines Tages wieder sein werden. Sie sehen sich als Lichtwesen und identifizieren sich so sehr damit, daß sie wiederum den Augenblick verpassen und sich als den Beobachtenden verlieren.

Am hilfreichsten empfinde ich, hier zu sein und einfach nur zu beobachten. Das ist zunächst äußerst schwierig. Aber das ist der Leitfaden, den uns die Meister zu allen Zeiten gegeben haben. Fast jeder von ihnen meditierte. Doch nur wenige Suchende »sitzen«, weil es so schwierig ist. Ich nenne das Meditieren lieber »Sitzen«. Sobald du sitzt, wirst du dir all jener Gedanken bewußt, die schon die ganze Zeit da waren, die du aber nicht wahrnehmen, nicht wahrhaben wolltest. Dein Verstand ist wie ein Orchester, das nicht in Harmonie ist und in dem jeder Musiker wild drauflos spielt, jedes Instrument tönt in einer anderen Tonart. Es herrscht ein entmutigendes Chaos.

Viele der Meditationsschulen sagen, daß es das Wichtigste sei, die Gedanken zu stoppen, aber niemand weiß, wie ihm das gelingen soll. Die meisten Meditierenden versuchen, ihr Denken zu unterdrücken, und fühlen sich dann noch unwohler als vorher. Ich habe herausgefunden, daß es am sinnvollsten ist, einfach nur *wahrzunehmen*. Du sitzt aufrecht, schließt deine Augen oder hast sie halb offen, schaust schräg nach unten und nimmst die ganze Situation wahr. Du hörst die Geräusche von draußen, du nimmst die Äußerungen deines Verstandes, die Störungen in deinem Körper und deine Emotionen wahr – und du beobachtest. Und du beobachtest. Und du beobachtest. Indem du das tust, wird nach und nach alles in dir ruhiger und langsamer.

Und es geschieht noch etwas anderes: Der aktive Teil des Verstandes, dem die linke Gehirnhälfte zugeschrieben wird, wird ebenfalls ruhiger und langsamer. Normalerweise ist dieser Verstandesteil immer nach außen orientiert. Er versucht ständig, Dinge einzuordnen und zu verstehen, und er schöpft dabei aus seinen Konditionierungen, aus seiner Vergangenheit. Das tut er, um sein Überleben zu sichern und alles abzuwehren, was seiner Vorherrschaft gefährlich werden könnte. Dabei ist er *sehr* aktiv.

Wenn du sitzt und beobachtest, wird diese so überaus aktive Gehirnhälfte ruhiger und ruhiger, denn dann gibt es nichts mehr für sie zu tun. Du beobachtest nur. Wenn du in einen Gedanken verwickelt wirst, wird die analytische linke Gehirnhälfte wieder aktiviert. Wenn ein Gedanke aufkommt, schaust du ihn dir einfach an und läßt ihn vorüberziehen, du »tust« nichts mit ihm. Da du den aktiven Teil deines Gehirns nicht benutzt, kommt er zur Ruhe. Indem er ruhiger wird, wird der Verstand der rechten Gehirnhälfte gewahr, die normalerweise kaum etwas zu sagen hat. Sie ist feminin; sie ist passiv, offen und empfänglich. Das ist die Seite deines Systems, die mit anderen Dimensionen und dem Wissen des gesamten Universums in Kontakt ist. Sie ist wie eine Empfangsstation für andere Dimensionen, aber sie ist weder aktiv und antreibend noch aggressiv. Normalerweise hört die aktive linke Gehirnhälfte *nie* zu, sie arbeitet sehr oberflächlich.

Wenn die aktive linke Gehirnhälfte ihre Geschwindigkeit verlangsamt, beginnt sie, sich der anderen Gehirnhälfte bewußt zu werden, und beide beginnen, sich auszugleichen. Wenn das geschieht, kann die offene, rezeptive rechte Seite des Gehirns, die Intuition, die über die Phänomene jenseits von Wissen und Intellekt Bescheid weiß, anfangen, der anderen Seite ihre Informationen zukommen zu lassen. Indem die linke Seite zur Ruhe kommt, gelingt es ihr zuzuhören. Die linke Gehirnhälfte ist diejenige, die Dinge in die Tat umsetzen kann. Die rechte Seite kann gar nichts tun, sie erhält die Informationen und gibt sie an die linke weiter. Und aus einem Zustand der Ruhe heraus können dann wunderschöne Dinge geschehen.

Den größten Nutzen von Meditation sehe ich darin, daß du im einfachen stillen Sitzen lernst, das zuzulassen, was ich gerade beschrieben habe. Und dann kann es sehr nützlich sein, regelmäßig zu jemandem zu gehen, dem du mitteilen kannst, was in dir vorgeht. Jemand, der dich aus seinen *Erfahrungen* heraus ermutigen und dir Empfehlungen geben kann. Außerdem ist es sehr hilfreich, etwas Anleitung darüber zu bekommen, wie du in einer entspannten Position sitzen kannst. Bei der Meditation sollte keinerlei Zwang, nicht dieser tödliche Ernst und diese Zielstrebigkeit im Spiel sein.

Meditation ist nicht dafür gedacht, irgend etwas zu *erreichen.* Es geht um das genaue Gegenteil: um das Loslassen. Die meisten Leute sitzen, um ihre Verwirklichung zu erreichen, also »tun« sie schon wieder etwas, und ihre linke Gehirnhälfte erzeugt ein Ungleichgewicht in ihnen. Bei der Meditation geht es um das Passivsein, einfach um das Sitzen und Alles-Erlauben. Wie Jesus und alle großen Meister gesagt haben: »Das Reich Gottes ist in dir.« Jetzt! Du mußt es nicht erst erschaffen. Es ist bereits da. Du brauchst nur lernen zuzuhören.

Phoenicia: Das erinnert mich an Bankei, der fast zwanzig Jahre lang in einer abgelegenen und kalten Berghütte mit blutenden Knien auf dem Steinboden saß. Es gab zwanzig Jahre lange für ihn nichts anderes als Sitzen und Beobachten. Dann schaue ich mich an, und im Vergleich dazu erscheint mir das, was Bankei tat, als unerreichbar. Wenn ich dich richtig verstanden habe, sprichst du davon, daß es bis zur Selbstverwirklichung keine zwanzig Jahre dauern muß, daß es nicht nötig ist, zwanzig Jahre lang zu sitzen.

Paul: Bankei brauchte in der Tat sogar länger als zwanzig Jahre, und das unter schrecklichen Bedingungen. Er saß und saß und saß, und schließlich erreichte er seine Freiheit. Seine Erkenntnis war eine sehr einfache Botschaft: »Es ist nicht notwendig, das alles zu tun, was ich getan habe. Was ich dadurch erreicht habe, hast du *jetzt* greifbar in dir.« Bei Bankei waren nicht die Zeit und die Umstände ausschlaggebend, sondern sein Wille. Und der einzige Weg, den er kannte, war zu sitzen. Jeder Meister, den er fragte, sagte ihm, er müsse sitzen. Später fand Bankei heraus, daß, außer einem, alle Meister, zu denen er gegangen war, selbst nicht verwirklicht waren und daher nicht wirklich wußten. Wir neigen dazu, all diese spirituellen Bücher zu lesen und zu denken, es wimmele nur so von Erleuchteten. Es gab eine Zeit, zu der es vielleicht insgesamt zehn Erleuchtete auf der ganzen Erde gab. Das war möglicherweise die größte Anzahl von Verwirklichten, die jemals gleichzeitig gelebt hat. Die meiste Zeit gab es überhaupt keine. Bankei hatte keine qualifizierte Anleitung, aber er hatte seine Entschlossenheit.

Es gibt viele Sufi-Geschichten über Schüler, die immer wieder von ihrem Meister gesagt bekamen: »Gib das auf und ziehe weiter.« Und sobald sie sich in irgendeiner Form etabliert hatten, hieß es wieder: »Gib das auf und ziehe weiter.« Und wenn sie erfolgreich und wohlhabend geworden waren, sagte der Meister wieder: »Gib das auf und ziehe weiter.« Es geht jedoch nicht um dein Aufgeben, sondern um deine Einstellung. Ist dir das, was du spirituell zu erreichen beabsichtigst, wichtiger als alles, was du dir aufgebaut hast? Wenn ja, hast du das Weiterziehen nicht nötig.

Phoenicia: Ich habe über Therapeuten gelesen, die an alternativen Heilmethoden für Krebs, Aids und Herzkrankheiten arbeiten, und ich fand bei ihnen einen gemeinsamen roten Faden. Sie alle bauen unter anderem auf etwas auf, das man Meditation oder den »Weg nach innen« nennen könnte. Ich empfinde, jeder von uns hat ein inneres Wissen davon, daß der Weg nach innen geht und daß alles andere Ablenkung oder letztlich Tod bedeutet und daß meditativ zu sein die einzig gesunde Art des Seins ist. Doch wenn ich mich dann umschaue, frage ich mich, wer ist bereit, das zu begreifen und in sein Leben wirklich einzubeziehen?

Paul: Du kennst sicherlich das Partyspiel, bei dem du jemandem eine Botschaft ins Ohr flüsterst und er sie an die nächste Person weitergibt und so weiter. Am Ende ist von der ursprünglichen Botschaft nichts mehr übrig.

Wir begannen das Experiment »Erde« als Wesen, die beschlossen hatten, einen Körper anzunehmen, aber dieser Körper war so fein, daß er kaum existierte. Krankheiten kamen gar nicht in Frage, denn der Körper hielt sich von selbst gesund. Er brauchte weder zu essen noch zu trinken. Er war nur eine sehr zarte Ansammlung von Molekülen, die beschlossen, gerade eben zusammenzuhalten, damit wir uns als Teil der Einheit erkennen und mit Dualität experimentieren konnten. Unser Körper war sehr fein. Dann wurde er an das nächste Wesen weitergegeben und wurde ein wenig solider und dann ein wenig mehr solide und dann noch ein wenig mehr solide und so weiter. Schließlich wurden wir alt. Altwerden ist nicht nötig, es ist eine Konditionierung. Andere Menschen werden alt, also denkst du, du wirst auch alt. Also wirst du alt.

Du siehst, wie Leute mit Krebs sterben, also denkst du, wenn du Krebs bekommst, mußt du auch sterben. Du siehst eine bestimmte Anzahl kranker Menschen und denkst deshalb, Kranksein sei auch für dich eine Möglichkeit, und so beginnst du, diese Möglichkeit in dir selbst zu kreieren. Wenn du sitzt und den Zustand von Leere erreichst, beginnst du zu erkennen, daß jede einzelne Zelle, jedes einzelne Molekül in dir ein eigenes Bewußtsein hat. Dein System wird in gegenseitigem Einvernehmen zusammengehalten. Dein Wesen wurde in diese Vorstellungen von Krankheit und Tod eingeschlossen durch die Art, wie die »Geschichte« weitergegeben wurde. Es weiß nicht, daß es frei ist. Wenn du sitzt, beginnst du das zu sehen. Du siehst, daß du dich selbst heilen kannst. Du brauchst dazu keinen Jesus, du brauchst niemanden, der dir seine Hände auflegt. Du kannst es selbst.

Es gibt viele dokumentierte Geschichten von Leuten, die unheilbar krank waren und sich selbst heilten. Sie visualisierten den kranken Körperteil und dann die Bestandteile dieses Teils und stellten sich dann diese Bestandteile als geheilt vor. Selbstheilung ist wirklich möglich! Wenn du *unbedingt* gesund werden willst, wirst du es wahrscheinlich nicht. Wenn du deine Gesundheit erzwingen willst, erschaffst du das Gegenteil von Heilung, weil du dich verengst: »Ich will nicht sterben. Ich will nicht krank sein.« Diese Kontraktion nimmt den Molekülen ihre Bewegungsfreiheit und ihre lebensnotwendige Versorgung. Und genau auf diese Art bist du krank geworden! Du hattest Widerstände, du hattest Werturteile. Es gab Dinge, die du nicht wirklich gefühlt, nicht ausgedrückt oder nicht getan hast, Dinge, die du abgelehnt und zu negieren versucht hast.

Du hast deinen Job nicht aufgegeben, als du es hättest tun müssen. Du hast ihn des Geldes und der vermeintlichen Sicherheit wegen behalten. Auf solche Art verspannst du dich, ziehst du dich zusammen. Das ist es, was dich krank macht. Wenn du sitzt, beginnst du, dich zu lockern, zu lösen und auszudehnen, und damit fängst du an, Unausgeglichenes auszugleichen. Du hast ein wunderbares, sich selbst heilendes System, das nicht krank sein möchte. Es ist nur krank, weil du festgehalten hast. Laß los, und du beginnst zu gesunden.

Wenn du mit genug Intention sitzt, beginnst du, die anderen Realitätsebenen dieses Augenblicks zu sehen. Du erkennst, daß du auf einer dieser Ebenen bereits geheilt bist, und du beschließt, dich mit dieser Bewußtseinsebene zu identifizieren.

Ich habe mit einer Reihe von Menschen gesprochen, die mit Krebskranken arbeiten, und sie alle sagten: »Wenn der Kranke ein bestimmtes fortgeschrittenes Stadium noch nicht erreicht hat, ist Krebs heilbar.« Die meisten Krebskranken werden nicht gesund, weil sie sterben *wollen*. Das ist ja der Grund, warum sie Krebs bekommen haben. Sie wollen das nicht erkennen, aber auf irgendeine Art haben sie ihr Leben aufgegeben. Viele Leute sagen das gleiche über Aidskranke. Ihnen war alles zuviel, sie haben aufgegeben, und das hat ihre Widerstandskraft herabgesetzt, und die die Krankheit auslösenden Faktoren konnten sich einschleichen. Krankheit ist eine Haltung, ein Gedanke, eine Vibration. Sie entsteht durch eine Einstellung, und sie kann auf dem gleichen Weg verschwinden.

Phoenicia: Wenn Menschen anfangen zu sitzen, scheinen sie sich zuerst ihrer Gedanken verstärkt bewußt zu werden. Dann kommt ein Stadium, in dem die Gedanken durch das wiederholte Sitzen allmählich zur Ruhe kommen. Danach scheinen wieder andere Stadien und neue Barrieren zu kommen. Bei mir gibt es zum Beispiel Augenblicke, in denen ich das Gefühl habe, als meditierte ich zum ersten Mal. Es ist, als sei ich wieder ganz am Anfang. Es gibt Zeiten, in denen mein Verstand absolut verrückt spielt, und ich frage mich, ob es anderen Menschen genauso ergeht wie mir. Macht jeder die gleichen Erfahrungen?

Paul: Es gibt keine zwei Menschen, für die etwas das gleiche ist. Es gibt auch kein: »Das gibt es nicht«. Was es für den einen gibt, muß es für den anderen noch lange nicht geben! Finde jemanden, der durch alle Ebenen gegangen ist. Meister und Lehrer sind dazu da, dich bei deiner Bewußtwerdung zu unterstützen. Sie kennen die verschiedenen Bewußtseinsebenen. Sie haben sie entweder in diesem Leben alle durchlebt oder sie sind zu ihren Erfahrungen früherer Leben erwacht und kennen sie daher. Wenn du zu so jemandem gehst, kann er dir nützliche Empfehlungen geben, aber die Hauptsache ist, er wird dich ermutigen. Ein paar Hinweise und vor allem Ermutigung, das ist alles, was du brauchst.

Es gibt bei der Meditation durchaus Stufen, aber es ist nicht nötig, durch all die Stufen zu gehen. Was zählt, ist deine Intention; die Stufen produzierst du durch dein Festhalten. Wenn du eines Tages sitzt, hast du vielleicht plötzlich die Erkenntnis, daß du den falschen Job hast, das ist dir plötzlich völlig klar. Wir haben eine Frau hier im »inneren Team«, die genau das erlebt hat, als sie noch in Australien lebte. Sie saß eines Tages und hatte eine Eingebung, die völlig klar war. Da gab es nicht den geringsten Zweifel. Sie »mußte« alles stehen- und liegenlassen und zu uns kommen. Das war ihr nächster Schritt. Sie kam aus ihrer Meditation und fing sofort an zu packen! In relativ kurzer Zeit schaltete sich dann ihr Verstand wieder ein: »Ich habe mir hier gerade einen guten Kundenkreis aufgebaut und tue einen nützlichen Job hier in Australien. Ich werde hier gebraucht, und wir haben gerade dieses Haus bezogen und es uns so richtig gemütlich gemacht.« Langsam begann die klare Botschaft zu verblassen. Diese vernünftigen Überlegungen sind nichts anderes als Widerstände!

Eines Tages könnte deine Botschaft lauten: »Löse dich von deinem Partner!« Wenn du darüber nachzudenken beginnst, ob du das tun sollst oder nicht, verzögerst du diesen Prozeß und produzierst so eine Stufe. Du versuchst, um diesen Schritt herumzukommen, und verschiebst ihn auf später. Oder du bezweifelst die Richtigkeit der Botschaft und wirst völlig ratlos. Indem du dich dem Zweifel überläßt, produzierst du Stufen. Wenn du total ja zu deinen Eingebungen sagst, bewegst du dich. Dann bewegst du dich ständig weiter und bist bereits zu Hause.

Es gibt Stufen, und sie treten zu unterschiedlichen Zeiten für verschiedene Menschen auf. Vergleiche dich nicht mit anderen! Einige Menschen sehen vielleicht schon engelsgleiche Wesen um sich herum, und du denkst, diese Menschen seien dir weit voraus, doch dann halten sie vielleicht an den Engeln fest und bleiben auf dieser Ebene stecken. Laß auch von ihnen los. Halte nichts mehr fest!

Andere Leute glauben, sie müssen sich mit unangenehmen früheren Leben herumplagen. Manchen erscheint das als ein Bewußtseinsfortschritt, weil sie bisher nie eine Erfahrung mit früheren Leben gemacht haben. Wieder andere sehen vielleicht goldene Erzengel. Du kannst nichts wirklich vergleichen. Jemand, der sehen kann, wird dir sagen: »Es stimmt so, wie *du* es erlebst.« Es spielt keine Rolle, was bei anderen Menschen los ist. Du brauchst vielleicht ein wenig Ermutigung, weil du glaubst, das, was sich dir zeigt, sei zuviel für dich. Probiere dieses oder jenes einfach aus. Tu nichts, sitze und sei offen, dann beginnst du, deine Botschaften zu erhalten. Und wenn du sie erhalten hast, befolge sie!

Einer der Gründe, warum manche Menschen ihre Botschaften nicht befolgen, ist, weil sie denken, diese kämen von anderen Wesenheiten, was aber nur in gewisser Weise wahr ist. Andere sehen diese Wesenheiten als ihr höheres oder inneres Selbst an. Oft ist die Botschaft ziemlich radikal, und wenn du aus diesem geöffneten Zustand, in dem du sie erhalten hast, zurückkommst, überprüfst du sie mit deinem Verstand, aber der Verstand ist natürlich nicht in demselben bewußten Zustand. Er hat keine Möglichkeit, diese Botschaften auf ihre Stimmigkeit zu prüfen! Nicht nur das, das Gehirn besteht aus zwei Teilen, und der eine kann ja und der andere nein zu ein und derselben Botschaft sagen. In diesem anderen geöffneten Zustand gibt es keine zwei Teile, dort gab es keinen Zweifel, dort war es ein klares Ja. Und dann will dein Verstand die Botschaft auf ihre Richtigkeit überprüfen. Aber er *kann* sie nicht überprüfen!

Meist haben übrigens Frauen solche Botschaften häufiger, weil sie enger mit ihrer Intuition in Kontakt sind.

Wir erreichen beim Sitzen andere Schwingungsebenen, Erkenntnisebenen, und wissen, *es ist so*, und dann kommen wir in unser Normalbewußtsein zurück und wollen uns oder einer Autoritätsinstanz – wie zum Beispiel unserem Vater – die Richtigkeit dieser Erkenntnis beweisen. Aber da läßt sich nichts beweisen, und wenn du es versuchst, verlierst du selbst deine Klarheit. Das Ego sucht Sicherheiten. Aber wenn du nach dem handelst, was du auf diesen Erkenntnisebenen erfährst, wird dein Leben zu einem echten Abenteuer – und das haßt das Ego.

Phoenicia: Das war bereits die Antwort auf eine Frage, die ich noch hatte. Wenn ich sitze, erreiche ich oft einen Bereich der Stille und absoluten Leere. Wenn die vierzig Minuten des Sitzens vorbei sind, stehe ich auf und bin sehr bald wieder in meinem alten Fahrwasser. Ich suche jetzt nach einem Weg, diese innere Stille in die Aktivitäten des Tages zu integrieren.

Paul: Als erstes laß uns dein Sitzen und das, was dabei mit dir geschieht, anerkennen. Wenn du für vierzig Minuten sitzt und still geworden bist, heilst du dich, und zwar auf allen Ebenen. Du heilst den Körper, die Emotionen und den Verstand. Wenn du dann aufstehst, hast du eine andere Qualität im Vergleich zu Leuten, die nicht sitzen. Du erkennst Menschen, die regelmäßig sitzen, sobald du sie triffst. Sie haben etwas Besonderes an sich, etwas ist mit ihnen geschehen. Also würdige, was in dem Zustand der Meditation geschieht.

Das zweite ist das eigentliche »Spiel«. Es hat nicht viel Sinn, diesen meditativen Zustand nur während der Zeit des Sitzens zu haben. Du solltest ihn in jeder Sekunde deines Tages aufrechterhalten – vierundzwanzig Stunden lang. Um das zu erreichen, mußt du langsamer werden. Wenn du gleich nach der Meditation losrennst, erschwerst du dir das Integrieren deiner inneren Erfahrungen. Komm einfach etwas langsamer aus dem Sitzen zurück. Wenn du mit jemandem sprichst, sei dir etwas bewußter, sei etwas langsamer, bleibe präsent und offen. Dann wirst du feststellen, daß die Dinge, die du in deiner Meditation erlebt hast, mehr Raum und Zeit dazu haben, dich zu durchdringen.

Wir können uns diese Integration wieder anhand der zwei Gehirnhälften, die in Harmonie miteinander kommen, vorstellen. Sie arbeiten miteinander. Die eine Seite hat das Konzept, und die andere setzt es in die Tat um. Wenn du zu schnell aus deiner Meditation zurückkommst, wird die eine Seite so aktiv, daß du den Kontakt zur anderen wieder verlierst. Mach langsamer, so daß du dich sanft von einem Zustand zum anderen hinüberbewegst.

Wenn du mit jemandem zusammen bist, sei mit ihm. Wenn du jemanden anschaust, schau ihn an. Wenn du auf einem Stuhl sitzt, fühle, wie du auf dem Stuhl sitzt. Höre die Geräusche. Dehne dich aus, und du wirst automatisch langsamer. Und schließlich beginnst du zu sehen, daß in jeder Dimension viele weitere Dimensionen existieren.

Wenn dich dann ein aggressiver Mensch angreift, siehst du, daß sich unter der Agressivität ein sehr ängstlicher Mensch verbirgt, der angreifen muß, weil er befürchtet, daß sonst *du* ihn angreifst. Unter dieser Angst verbirgt sich ein sehr liebevoller Mensch und darunter... und darunter... da ist Gott. In jedem!

Aber um das zu erkennem, ist es notwendig, langsamer zu werden und dich immer weiterzubewegen. Dein System versucht ständig, auf welche Weise auch immer, zu überleben. Es versucht immerzu, sich eine Bleibe, ein Nest, eine sichere

Beziehung aufzubauen. Es versucht, sein Geld, seine Anerkennung und seinen Ruhm zu vermehren, um daran festzuhalten. Wenn du das zuläßt, steckst du fest. Halte nicht fest, laß gehen, was gehen will. Laß los! Das ist es, was dir weiterhilft.

Es war Teil des Aufwachprozesses im Sechs-Monate-Projekt, daß wir aus der Villa ausgezogen sind. Wir waren an einem der schönsten Plätze der Welt, alles lief sehr erfolgreich, immer mehr Leute wollten kommen, alles war perfekt, aber alles wurde auch ein wenig schläfrig. Es wurde etwas zu etabliert, und das ließen wir nicht zu. Das ist, wie du weißt, was wir immer wieder tun. So zogen wir gelegentlich in andere Zimmer um, und jetzt zieht jeder von uns in ein anderes Land. Die Leute, die es sich gemütlich gemacht haben, bedauern das: »Es ist so schön hier, und wir haben so viel gelernt.« Aber deine Bewußtheit ist nutzlos, solange du nicht gelernt hast, sie in der Welt zu leben! Geh hinaus in die Welt und praktiziere deine Bewußtheit dort. Das hat einen zweifachen Sinn: Zum einen vertieft es, was du gelernt hast, und zum anderen hilft es anderen Menschen, weil sie sehen, was mit dir geschehen ist, und das gibt ihnen Auftrieb. Es ermutigt sie, in sich selbst ebenfalls nach Bewußtheit zu suchen.

Phoenicia: Meine letzte Frage hat noch einmal mit dem Weg der Meditation zu tun, und ich möchte zurückkommen auf Bankei. Es scheint mir, daß Bankeis Weg die Meditation war, und wenn ich mir uns als eine Gruppe von Menschen, die zusammenleben, anschaue, scheint Meditation nur *ein* Teil unseres Weges zu sein. Irgendwie ist der Weg, wie wir ihn gehen, umfassender als der Weg der Meditation.

Paul: Das stimmt, und gleichzeitig stimmt es nicht. Unser Weg *ist* Meditation. Sie hat nur eine andere Form. Was Bankei und Buddha und schließlich der buddhistische Weg allgemein intendierten, war Negation. Menschen wurden auf diesen Planeten geboren, sie hatten beschlossen, hierherzukommen, und beschlossen dann, das Leben zu verneinen. Nicht dies, nicht jenes, kein Gott – nichts.

Dieses Konzept war in der Vergangenheit sehr erfolgreich, aber ich finde es unschön. Ich finde das gesamte Konzept des Buddhismus unschön. Buddha war, nach dem, was ich gelesen habe, ein sehr schöner Mensch, und viel Schönes geschah durch und um ihn, aber er sagte zu allem »nein«. Ich empfehle: Beziehe alles mit ein. Du kamst hierher, und dies hier ist ein Teil vom Ganzen. Warum hierherkommen und dann diesen Teil verneinen? Warum sich hiervon abtrennen? Nichts ist getrennt. Komm und sei Teil von allem, beziehe alles mit ein und finde dabei die Stille und Klarheit in dir. In gewisser Weise war für Bankei, obwohl er für über zwanzig Jahre blutend und hungernd auf dem Steinboden saß, genau dies der einfachste Weg. Er schnitt sich von allem ab und fand seine Erleuchtung in der Isolation. Als er dann zu lehren begann, konnte er nie eine echte Verbindung zu den Menschen knüpfen, die zu ihm kamen, weil sie nicht die gleiche Intention hatten wie er. Sie hatten nicht seine Art von Engagement. Er fand seine Befreiung durch Isolation, wie viele andere Meister auch.

Mit Krishnamurti ist auf gewisse Weise ähnliches geschehen. Er fand seine Realisation, aber er fand sie auf künstliche Weise. Er konnte nie wirklich Verbindung zu Menschen knüpfen. Er fand keine Beziehung zu Menschen, denen Sexualität etwas bedeutet, weil er diesen Teil in sich selbst nicht durchlebt hatte.

Als ich mich in meiner Jugend für Autorennen interessierte, war Stirling Moss mein Idol. Er fuhr nie das neueste Modell, weil er sonst immer gewonnen hätte. Er fuhr gewöhnlich einen Wagen aus dem Vorjahr, weil er für eine Privatfirma fuhr, die nie das Geld für das neueste Modell hatte. Er fuhr einfach zu seinem Vergnügen. Er wollte sehen, ob er trotzdem gewinnen konnte.

Gib dir selbst ein Handicap! Kannst du trotzdem gewinnen? Was ich damit sagen will, ist: Sei in der Welt, habe all die Versuchungen und gehe voll hinein in deine Sexualität. Kannst du dennoch diesen Zustand von Stille, Freiheit und Bewußtheit in dir aufrechterhalten? Wenn nicht, ist er noch nicht echt. Das bedeutet dann, du erreichst diesen Zustand zwar in der Meditation, in einer gestellten Situation, und wenn du dann aus ihr herauskommst, hast du ihn vielleicht noch in dir, aber du schneidest dich von ihm ab.

Ich spreche von Ausdehnung und vom Finden dieses inneren Ortes, wie auch immer wir diesen Zustand nennen möchten: Meditation, Erkennen, Stille, »Friede jenseits allen Verstehens«. Es geht darum, diesen Platz zu finden *und* in der Welt zu sein.

Achtzehntes Kapitel

DIE KUNST DES SEHENS

Es interviewt Velusia van Horssen

Velusia: Im Laufe der vielen Jahre, die ich so eng mit dir zusammengearbeitet habe, habe ich mitverfolgen können, wie sich deine Art, Verbindung mit Menschen aufzunehmen und mit ihnen zu arbeiten, verändert hat. Gerade gestern habe ich daran gedacht, wie tief mich die Herzenswärme, mit der du auf Menschen zugingst, immer berührt hat. In letzter Zeit ist mir aufgefallen, daß dein Verhältnis zu Menschen viel unpersönlicher geworden ist, wenngleich die Wirkung, die du auf sie hast, mindestens ebenso stark ist wie früher. Wie empfindest du diese Veränderung in dir?

Paul: Wenn mir jemand mit einer gewissen Intensität und Aufrichtigkeit eine Frage stellt, ist es, als würde in mir ein Schalter betätigt. Irgend etwas in mir macht »klick«, und eine andere Schwingungsebene meines Wesens öffnet sich. Das hat viel mit der Person, die die Frage stellt, zu tun. Es ist beinahe, als sei ich selbst die fragende Person. Mit dem »Klick« gerate ich in einen anderen Bewußtseinszustand, und Informationen beginnen zu fließen. Ich hatte in mir die Fähigkeit entwickelt, die Menschen mit ihren Traumata aus diesem und aus früheren Leben zu sehen.

Dann stellte ich fest, daß sich etwas in mir weiterentwickeln wollte und ich nicht länger in diesem Stadium bleiben sollte. Ich konnte noch immer buchstäblich *in* die Menschen sehen, aber ich mußte dazu irgendwie von einer bestimmten Ebene herunterkommen, und eigentlich wollte ich weiter nach oben. Ich mußte mich entscheiden, dieses Talent, in die Menschen zu sehen und eine starke Herzensverbindung mit ihnen eingehen zu können, aufzugeben oder nicht.

Die Fähigkeit zu einer solchen intensiven Verbindung war eine außergewöhnliche Gabe, eine Fertigkeit, die sich bei mir im Laufe etlicher Jahre immer mehr verfeinert hatte. Schließlich machte es bereits »klick«, sobald die Person sich hinsetzte und noch bevor sie das erste Wort gesprochen hatte, und ich war »empfangsbereit«. Mit der Zeit merkte ich jedoch, daß ich beim Anwenden dieser Fähigkeit zunehmend unruhig wurde. Es kam mir vor, als hielte mich nun diese Fähigkeit von etwas anderem ab. Verstandesmäßig konnte ich nicht begreifen, was da in mir vorging, hatte ich doch fast mein ganzes Leben der Entfaltung dieser seherischen Fähigkeit gewidmet.

Ich hatte mir immer gewünscht, anderer Menschen Gedanken lesen und ihre vergangenen Leben sehen zu können. Die Idee, diese Fähigkeit nun aufzugeben oder nicht mehr anzuwenden, schien absurd. Es war, als steckte ich ein kostbares und lang ersehntes Geschenk in die Schublade, anstatt es zu benutzen. Dann kam eine Zeit, in der ich wahrnahm, daß ich gar nicht mehr zu Menschen sprechen wollte. Ich verstand selbst nicht, was los war, denn sobald ich mich dann zu den Menschen setzte, war das wie weggeblasen, und mein Talent funktionierte wie immer. Aber die Unruhe in mir blieb. Bis ich eines Tages beschloß, ihr Raum zu geben. Daraufhin wurde meine Fähigkeit allmählich schwächer, sie verschwand nicht ganz, aber wenn ich sie benutzen wollte, mußte ich mich anstrengen, um sie zurückzuholen. Und während dieser Anstrengung sank meine Schwingung ab. Erstaunlicherweise zog es mich jetzt herunter, von einer Fähigkeit Gebrauch zu machen, auf deren Entwicklung ich mein ganzes Leben lang hingearbeitet hatte. Als ich dann jedoch dieses Talent nicht mehr nutzte, begann meine Energie sich zu erhöhen und zu verfeinern. Sie wurde im Laufe dieser Umwandlung unpersönlicher, in bezug auf mich selbst, meine Wünsche, Vorlieben und Abneigungen, ja in bezug auf mein ganzes Erleben.

Bald konnte ich eine tiefere Ebene meiner selbst sehen, und ich sah die gleiche tiefe Ebene in anderen, auch wenn diese Menschen diese Ebene bei sich nicht wahrnehmen konnten.

Auf eine seltsame Weise liebe ich die Menschen jetzt sogar mehr als früher; aber es ist keine emotionale, warme Liebe, es ist eher eine »kühle« Liebe. Ich liebe den höheren, göttlichen Teil ihres Wesens, deren Existenz ihnen meist noch nicht einmal bewußt ist. Ich nenne diesen Teil ihr eigentliches Selbst. Ich spreche über das Licht, das in jedem immer da ist, aber kaum jemand weiß, wovon ich rede. Menschen sagen dann: »Oh ja, das ist durchaus möglich, daß es so etwas gibt. Ich glaube, ich weiß, was gemeint ist. Ich hatte so etwas Ähnliches in meiner Meditation gespürt. Und auf einem LSD-Trip habe ich sogar so etwas erlebt.« Wenn ich jemandem die eine oder andere Empfehlung gebe, sagt das höhere Selbst der Person zu mir: »Genau, das ist, was ich ihr die ganze Zeit klarzumachen versuche. Ich habe schon lange versucht, ihr diese Botschaft zu vermitteln. Mach weiter, sag du es ihr!« Das höhere Selbst ist der Teil in der Person, der wach ist, aber was es sagt, dringt nicht durch zu den unteren Schichten des Selbst, denn das »kleine« Selbst ist zu sehr mit dem Persönlichen, dem Charakter und den niederen Schichten verwickelt.

Früher ging ich gewöhnlich in diese niederen Schichten mit hinein, ging völlig in die Person ein und versuchte, sie höher zu heben. Ich sagte: »Schau dir das Leichte und Klare in dir an. Was empfindest du dabei? Probier jetzt selbst diesen wachen Zustand aus und komm dann wieder zurück.« Heute kann ich das nicht mehr, ohne mein eigenes System in gewisser Weise energetisch zu vergiften. Einer der Gründe, warum ich die Menschen hier um mich so intensiv trainiere, ist, damit sie diese Lücke füllen können, damit sie diese Verbindung zu den niederen Schichten derer, die aufwachen wollen, herstellen können.

Üblicherweise sage ich nun (und dabei zeigt Paul auf sich): »Dies hier lebt in diesem erwachten Bewußtseinsbereich, das ist meine Realität. Versuche das aufzunehmen. Verstehen kannst du dieses Bewußtsein nicht, aber du kannst es auf dich überspringen lassen.«

Wenn sich jemand bedingungslos öffnet, weder zustimmt noch widerspricht – denn das hat alles mit dem niederen Selbst zu tun – und aus einer hypothetischen Haltung des Nicht-Wissens heraus *wirklich* wissen und erfahren will, beginnt sich sein System zu öffnen, und er spürt diese wache Schwingung. Und je weniger Bedingungen jemand dabei stellt, desto schneller kann es geschehen. Sobald er diese Wachheit fühlt, wird ihm klar, daß er nicht mich, sondern dieselbe Schwingung in *sich* wahrnimmt. In dem Moment kann er auf seine Probleme und Schwierigkeiten herabsehen und über sie lachen! Auch wenn er diesen Bewußtseinsbereich dann wieder vergißt und sich in seiner Beziehung oder in seinen finanziellen Problemen erneut festfährt, wird er sich immer daran erinnern können, daß diese höhere Ebene von Bewußtsein in ihm existiert.

Velusia: Mir scheint, daß die Menschen, wenn sie auf diese Art Verbindung mit dir aufnehmen, ihre Emotionen für eine Weile verlieren, was ziemlich verwirrend für sie ist. Anscheinend sind wir so daran gewöhnt, uns nur auf die emotionale Empfindsamkeit und Berührtheit in unseren Herzen zu beziehen, obwohl uns das sehr aufwühlt und verletzbar macht. Es scheint mir, daß der Bereich, aus dem du jetzt eine Verbindung zu Menschen herstellst und aus dem du »dich« jetzt mitteilst, jenseits dieser emotionalen Ebene liegt.

Paul: Wie so oft, gibt es auch hierzu unterschiedliche Meinungen. Die einen erzählen dir, daß du dich durch jede einzelne Schicht durcharbeiten mußt, nichts umgehen kannst, alle problematischen Erfahrungen noch einmal durchleben mußt, um so dein Karma auszugleichen. Andere sind der Meinung, du kannst einfach auf eine andere wache Ebene springen, und alle Probleme haben sich erledigt. Keine der beiden Aussagen ist wahr. Wenn du auf diesen niederen Ebenen an deinen Problemen und Widerständen mit emotionalem Wiedererleben und Katharsen arbeitest, hast du schon allein mit dem Aufarbeiten *dieses* Lebens eine Menge zu tun. Wenn du das dann geschafft hast, mußt du durch dein Geburtstrauma hindurch, dann durch die Empfängnis und dann durch den Tod hindurch in deine letzte Inkarnation. Dann mußt du dich durch deine vorherigen Leben durcharbeiten. Es ist endlos. Du kannst es unmöglich schaffen, alle deine bisherigen Traumata aufzuarbeiten, denn indem du dies tust, baust du dir nur noch mehr Traumata in diesem Leben auf. Du bist so sehr mit der Vergangenheit beschäftigt, daß du in der Gegenwart unbewußt bleibst und du dich dann damit wieder in der sogenannten Zukunft herumplagen mußt.

Eine andere Lehre sagt: »Spring einfach, und du bist klar.« Das stimmt sogar, aber es gibt fast niemanden, der zu so einem großen Sprung in der Lage ist. Die meisten Menschen müssen einen bestimmten Sprung machen und kommen erst durch ihn in eine höhere Schwingungsebene. Dann müssen sie sich um die ungeklärten Dinge kümmern, die ihnen noch im Weg sind, aber das können sie dann von der neuen Ebene aus. Wenn du an Problemen auf der Ebene der Probleme arbeitest, drehst du dich im Kreis. Wenn du auf diese bewußtere Ebene überwechselst und erkennst, daß du durch das, was dir noch im Weg ist, hindurchmußt, bist du in einer anderen Schwingung. Wenn du auf diese Art an die Dinge herangehst, geht alles viel, viel schneller.

Velusia: Ich frage mich, ob nicht auch eine Gefahr darin liegt, daß du in deiner Arbeit nicht mehr so persönlich auf die Menschen eingehst. Wo du bist, da scheint es nur noch *eine* Wahrheit zu geben. Birgt das nicht die Gefahr, nur noch allgemeingültige Antworten zu geben? Oder kann der einzelne in die Antwort einbezogen werden? Von wo bekommst du deine Antworten?

Paul: Ich habe deine Frage nur halb gehört, weil ich meine Liebe zu dir gerade so intensiv spüre und merke, wie glücklich ich über deine Veränderungen bin. Ich fühle, daß du deinen Stolz und das Persönliche losgelassen hast und daß dein wahres Wesen jetzt durchschimmert. Es ist eine große Freude für mich, mit dir zusammenzusein.

Laß sehen, ob ich mich an deine Frage erinnern kann. Es gibt keine allgemeingültige Antwort, weil jeder Mensch auf so wunderbare Weise einzigartig ist. Diese Einzigartigkeit macht uns alle und damit das Universum so reich. Jeder einzelne ist auf unzähligen verschiedenen Pfaden gewandelt, um dahin zu kommen, wo er jetzt ist. Was wir heute erreicht haben, ist ein so unermeßlicher Reichtum und so wunderbar, weil wir so viele Dinge erprobt und durchlebt haben – alle sogenannten Fehler und bösen Taten eingeschlossen. All dies hat zu unserem Reichtum beigetragen, und die Menschen sind heute innerlich reicher denn je.

Jetzt ist die Zeit zur Heimkehr, das Experiment ist zu Ende. Es ist Zeit, das Leiden und die Mühsal aufzugeben und ins Licht zurückzukehren.

Jedes Wesen hat diesen Reichtum in sich und ist einzigartig. Daher kann es unmöglich eine allgemeingültige Antwort geben. Wenn auch meine Worte zu verschiedenen Menschen oft die gleichen sein mögen, so möchte jeder einzelne Mensch gefühlt, gesehen und erkannt werden. Hierzu ist großes Einfühlungsvermögen erforderlich. Wie ich bereits sagte, was ich jetzt erlebe, ist eine andere Art des Einfühlens. Es ist kein Einstimmen auf das Persönliche oder den Charakter des anderen, sondern auf eine höhere Ebene seiner Person. Und da geht es für jeden um das gleiche: Sei präsent, sei bewußt, sei ehrlich, hab Mut, sei bedingunglos offen. Das ist alles! Jeder wird das anders hören und aufnehmen, jeder wird es sich selbst in seine eigene Sprache übersetzen. Wenn ich zum Beispiel zu jemandem sage: »Wenn du wirklich weitergehen möchtest, laß alles los«, so meine ich nicht, er müsse augenblicklich von allem loslassen. Sein Verstand sagt aber sofort: »Jetzt muß ich meinen Job, meine Familie und alles mögliche aufgeben.« Der Verstand springt schnell von einem Extrem ins andere und muß erst gesagt bekommen, daß das nicht so gemeint ist. Ich sagte *loslassen*, nicht loswerden oder aufgeben; gemeint ist, die *Bindung* an diese Dinge loszulassen. Ein andere Person hört vielleicht wieder etwas ganz anderes aus meinen Worten heraus und stellt sich etwas völlig anderes darunter vor. Also sage ich zu ihr: »Komm hierher zurück, laß deine Gedanken los und fühle, was ich sage.« Auf dieser bewußten Ebene sagt mir ihr höheres Selbst: »Genau das ist es, was ich ihr schon ihr ganzes Leben lang zu sagen versuche, und das habe ich auch schon in ihrem letzten und vorletzten Leben versucht.«

Jeder weiß alles! Was immer dieses Universum enthält, ist in jedem Wesen enthalten. Jesus drückte das so aus: »Das Reich Gottes ist in dir.« Aber nicht nur das Reich Gottes ist in dir, Gott selbst ist in dir. Nicht nur Gott ist in jedem, jedes Wesen *ist* Gott – auf eine für den Verstand unbegreifliche Weise. Der Verstand denkt jetzt: »Aha, ich bin also Gott.« Aber so ist es nicht! Jeder ist göttlich, wenn er *hier und jetzt* ist, und das ist immer schon so gewesen. Es geht darum, jedem einzelnen diese unbegreifliche Tatsache so zu vermitteln, daß sie ihn erreichen kann. Die effektivste Art, die ich bisher gefunden habe, jemandem dabei zu helfen, ist die, ihn *wirklich* zu sehen und ihn fühlen zu lassen, daß er gesehen wird. Die totale Annahme eines Menschen ist für ihn die unmittelbarste Ermutigung dazu, daß er sich selbst seiner Göttlichkeit bewußt werden kann.

Wir haben uns einreden lassen, daß wir dieses und jenes falsch machen, daß wir besser so und nicht anders zu sein haben. Wir alle setzten uns mit unseren Urteilen darüber, wie wir sein möchten oder zu sein hätten, unter einen immensen Druck. Wenn dann jemand kommt und dir – einfach als reine Feststellung und nicht als Werturteil – sagt: »Ich sehe einen Teil in dir, der ist habgierig«, oder: »Du wirst leicht wütend«, und dann fortfährt: »Ich sehe da etwas in dir. Interessiert dich das? Wollen wir uns das mal näher ansehen?«, dann entspannt sich etwas in dir. Wenn eine Person so gesehen wird, fühlt sie sich geliebt und angenommen.

Es gibt diese Kunst des Sehens. Wie können wir diese Kunst erlernen? Wie können wir so sehen? – Zuerst müssen wir *uns selbst* sehen lernen. Was wir da sehen, wird uns zunächst ganz und gar nicht gefallen. Wir müssen es uns jedoch anschauen und einen Weg finden, damit einverstanden zu sein, daß wir manches nicht mögen, was wir da sehen. Finde einen Weg zu akzeptieren, was du siehst, und Liebe geschieht. In dem Moment, in dem du *dich selbst* lieben gelernt hast, erlebst du, daß du alle anderen Menschen auch liebst.

Velusia: Während du das sagst, habe ich das Gefühl, daß an diesem Punkt der ganze innere Kampf ein Ende findet. Stimmt das? Ist es mir möglich, nachdem ich an meinem Wachstum lange gearbeitet habe, einen Punkt zu erreichen, an dem der Kampf aufhört, meine Entwicklung jedoch weitergeht, einfach dadurch, indem ich ehrlich bin?

Paul: Eine gewisser Kampf ist notwendig, wenngleich Kampf eigentlich eine Form von Widerstand ist. Zu kämpfen heißt, den einen Fuß auf dem Gas und den anderen auf der Bremse zu haben. Eine bestimmte Anstrengung ist erforderlich, Bewußtwerdung ist Arbeit. Bewußtwerdung erfordert, *hier* zu sein, und das ist anfangs sehr schwierig. Aber nach einem gewissen Maß an Arbeit mußt du mit dem Arbeiten auch wieder aufhören können und loslassen, weil du dich von deinem eigentlichen Selbst entfernst, wenn du verbissen kämpfst. Wenn du von einem einzigen Menschen wirklich gesehen und als der, der du *bist*, angenommen wirst, verändert sich dein Leben. Dein Kämpfen

läßt nach, und du kannst beginnen, dich vom Kampf und dem dir selbst auferlegten Veränderungsdruck zu lösen.
Du bist vollkommen, so wie du jetzt bist, absolut vollkommen. Jeder ist perfekt – hier und jetzt!

»Aber ich bin doch zu dick, ich esse immer noch zu viel« oder »Ich werde noch immer wütend.« Wenn du damit einverstanden bist, wie du im Moment bist, ist es perfekt, wie du bist. Dadurch wird alles entkrampft, und die Dinge ändern sich wie von selbst. Alles ist perfekt. Was uns häßlich erscheint, erscheint uns häßlich nur aufgrund der Anschauungen und Wertungen, die wir von anderen übernommen und uns zu eigen gemacht haben.

Velusia: Du hast erzählt, du möchtest dich in Australien zur Ruhe setzen. Und wenn ich dir nun zuhöre, habe ich den Eindruck, du *lebst* in dieser Kunst, von der du gerade sprichst – der Kunst, Menschen wirklich zu sehen und zu lieben. Ich frage mich, ob nicht gerade darin deine Kreativität liegt und ob sie sich stoppen läßt.

Paul: Ich habe mich bereits zur Ruhe gesetzt. Ich habe aufgehört, an mir zu arbeiten, und damit habe ich gleichzeitig aufgehört, an anderen zu arbeiten. Es gibt zwischen dem, was jemand mit sich tut, und dem, was er mit anderen tut, keinen Unterschied. Ein Sexualtherapeut macht deshalb Sexualtherapie, weil Sexualiät für ihn selbst noch ein zentrales Thema ist. Der Grund für einen Menschen, Angsttherapie anzubieten, ist der, daß er selbst noch an seinen Ängsten zu arbeiten hat.

Irgendwie tun wir alle, was wir tun müssen, ob wir Seminare leiten oder daran teilnehmen. Wie du weißt, habe ich als letztes Meditationsgruppen geleitet, und auch das ist jetzt vorbei. Mein Leben ist zur Meditation geworden. Das Tun ist vorbei, ich bin zu Hause. Es gibt auch hierzu noch andere Ebenen, und ich bin offen für sie, aber ich brauche jetzt an nichts mehr zu arbeiten. Das Ankommen ist nur eine Frage des Präsent-und-offen-Seins, denn dann geschieht das, was angemessen ist, von alleine. Das ist es, was mit mir geschehen ist, und ich teile es liebend gerne mit denen, die empfänglich dafür sind. Wenn jemand nichts davon wissen will, ist das genauso perfekt – alles ist perfekt. Ich habe mich zur Ruhe gesetzt und stehe daher voll zur Verfügung.

Mein ganzes Leben und viele, viele andere Leben habe ich nach dem Zustand, in dem ich jetzt bin, gesucht. Nun, da ich ihn gefunden habe, möchte ich ihn mit anderen teilen. Mein Weg ist nicht zu Ende, es gibt noch viele weitere Ebenen, aber ich habe mich von der Arbeit an mir selbst zurückgezogen. Und ich habe mich von der Arbeit an anderen zurückgezogen. Es ist für mich nicht nötig, irgend jemanden zu überzeugen, denn ich weiß. Wenn du andere überzeugen mußt, beweist das, daß du nicht weißt. Sobald du *wirklich* weißt, weißt du.

Velusia: Hast du irgendwelche Vorstellungen von deinem Ruhestand? Siehst du dich Gartenarbeit oder sonst irgendetwas machen?

Paul: Früher machte ich alles selbst. Ich nähte meine Kleider selbst, wusch meine Wäsche und reparierte alles, was der Reparatur bedurfte, das Auto, das Radio... und jetzt schwindet das alles dahin. Es schwindet, weil ich die dazu nötige Schwingungsebene nicht mehr halten kann. Mein System vibriert in einer völlig anderen Schwingungsebene. Es strahlt ständig etwas aus. Wo immer dies hier (Paul zeigt auf sich) ist, hat es eine Wirkung auf seine gesamte Umgebung. Dies hier ist wie ein Radioempfänger, der auf eine höhere Frequenz eingestellt ist. Anstatt sich nun auf die niedrigen Ebenen – alle menschlichen Angelegenheiten eingeschlossen – einzustimmen, hat es angefangen, in viel höheren Frequenzbereichen zu schwingen und sie hierher zu übertragen und auszustrahlen.

Ich erlebe mich als eine Art Empfangsstation und bringe diese Schwingungen auf die Erde. Das geschieht mit jedem Menschen, der diese Ebene erreicht. Deshalb ist Meditation so wichtig. Nicht nur, daß die Menschen in der Meditation sich selbst sehen, sondern während dieser Zeit bringen sie außerdem diese feineren Bewußtseinsebenen auf diesen Planeten, und dies hat auf alles eine Wirkung. Dieses Bewußtsein bringt dir selbst Heilung und heilt gleichzeitig den Planeten. Und dieser hier (Paul deutet auf sich) hat noch eine Aufgabe zu erfüllen. Er hat, bevor er diesmal hierherkam, mit einem Team von Wesen die Vereinbarung getroffen, ihnen hier auf der Erde beim Erwachen zu denen, die sie sind, zu helfen, damit sie wiederum anderen helfen können, aufzuwachen zu denen, die sie sind. Eine große Zahl erwachter Menschen wird in der jetzigen Phase gebraucht, denn dieser Planet befindet sich in einem grundlegenden Bewußtseinswandel. Je mehr Menschen erwacht sind, desto mehr Lebewesen können aus diesem Wechsel des energetischen Schwingungsfeldes Nutzen ziehen, und umso angenehmer wird es für alle auf der Erde sein.

Also dieser hier, der Paul genannt wird, sitzt oder liegt oder schreibt etwas. Er hat aufgehört, Musik zu hören, und ab und zu liest er ein wenig. Und irgendwo sagt etwas in ihm: »Sei verfügbar.« Er ist verfügbar. Wohin auch immer er gerufen wird, er wird hingehen. Wenn er irgendwo zu einer Konferenz eingeladen wird, er wird hingehen. Wenn er wirklich gerufen wird, wird er kommen. Er steht zur Verfügung. Wie ich schon gesagt habe, er hat sich von sich selbst zurückgezogen, er hat sich davon zurückgezogen, Veränderungen zu bewirken, ist aber total verfügbar.

Velusia: Deinen Worten entnehme ich, daß du von dir aus kein Bedürfnis mehr hast, irgendwo hinzugehen und etwas zu »tun«. Du bist aber offen dafür zu kommen, wenn jemand dich ruft?

Paul: Es ist genau so, wie wenn die Menschen hier mich rufen. Wie du weißt, sagte vor einigen Tagen jemand aus dem Team: »Ich möchte unbedingt mit dir auf Reisen gehen und bei dir sein. Ich möchte wirklich bei allem, was du tust, dabeisein.« Und wenn jemand etwas *wirklich* möchte, dann bin ich bedingungslos dafür offen. Wenn diese Person es sich so sehr wünscht, kann es geschehen, dann bin ich da und stehe zur Verfügung.

Und andererseits, wenn jemand sich verschließt oder beschließt, für einige Zeit von seiner Bewußtheit Urlaub zu nehmen, dann ist es das, was er machen muß. Dann bin ich nicht gefordert, dann braucht er mich für diese Zeit nicht. Wenn jemand das, was mit mir geschehen ist, mit mir teilen möchte, ist das, wie wenn eine Katze gestreichelt wird. Eine Katze mag es, wenn sie berührt wird; aber sie liebt es, wenn sie gestreichelt wird, denn die Streichelbewegung setzt für beide etwas sehr Beglückendes in Bewegung. Es ist wunderbar, wenn jemand an dem, was mit mir geschehen ist, wirklich Anteil nehmen möchte.

Es ist wunderbar, weil wir im Grunde alle *eins* sind, und jedes Mal, wenn jemand heimkehrt, sind wir alle berührt. Jedes Mal, wenn jemand einen Teil von sich verwirklicht hat, hat auch ein Teil von mir eine Realisation, denn durch ihn habe auch ich mich realisiert. Ich bin zwar bereits zu Hause, aber endgültig kann auch ich erst zu Hause sein, wenn wir alle zu Hause sind. Also, jedes Mal, wenn jemand »Oh ja« sagt, bin ich das. Und genauso, wenn jemand »Oh nein« sagt, bin ich das auch.

Laß mich noch einmal sagen, was ich immer wieder sage. Was mit mir geschehen ist, war nie *nicht* geschehen. Es ist immer da gewesen. Ich bin nur zu der Tatsache erwacht, daß ich schon immer wach war. Ich hatte nur meine Augen vor dieser Tatsache verschlossen. Heute weiß ich, daß dasselbe auf jeden einzelnen zutrifft, daß dieses Licht, diese Vibration, diese Liebe, diese Großartigkeit, Gott, oder wie immer du »Es« nennen willst, in *jedem* ist. Es war nie nicht da. Es ist nur eine Frage der Wahl, eine Frage der Ausrichtung und eine Frage der Entschiedenheit: Ist dein Wunsch, »Es« zu finden, groß genug? – Wenn ja, gibt es nichts mehr, was dich aufhalten könnte. Wir erschaffen uns unsere Realität *wirklich* von Augenblick zu Augenblick! Wenn du sagst: »Ich will es wirklich wissen. Ich will wissen, wer ich bin«, wirst du es herausfinden! Wenn du das zu deinem Hauptanliegen machst, wirst du plötzlich hören, wo du zu sein hast, was am förderlichsten und hilfreichsten, was am schönsten und liebevollsten für dich ist. Du wirst es hören und dich dort hingezogen fühlen. Dann brauchst du nur noch deinen Mut zu benutzen und zu sagen: »Okay, let's go!«

Paul Lowe – Februar 1993 – Australien

Grace und ich erleben, daß etwas sehr Kraftvolles und Klares mit uns geschieht und empfinden das als weiteren Teil des Wandels der Energie, die sich auf diesem Planeten ausbreitet. Obwohl wir uns nicht sicher sind, worum es sich bei dem Kraftvollen und Klaren genau handelt, genießen wir es und sehen, wie es auch in den Menschen wirkt, die um uns sind.

Üblicherweise rüttelt es die Menschen auf, wenn sie uns hören und erleben. Schon die Tatsache, das wir kein festes Zuhause haben und wirklich von Moment zu Moment leben, bringt die gewohnten Denkstrukturen der Menschen durcheinander. Wir wünschen uns seit einiger Zeit einen Platz als Basis, von dem aus wir auf unsere Reisen gehen können, und wenn die Zeit dazu reif sein wird, werden wir ihn auch finden.

Wir sind nicht *gegen* irgend etwas, und wir wollen auch nichts verändern. Wir teilen nur mit, auf welche Weise wir die Dinge sehen, und leben unser Leben. Und es ist im Grunde nichts Neues, was wir mitteilen. Wir haben viel Resonanz von Menschen bekommen, die begonnen haben, sich mit dem zu verbinden, worüber wir berichten. Und immer mehr Menschen erkennen jetzt deutlicher, daß in dieser irdischen Dimension nichts, aber auch gar nichts funktioniert – solange Menschen getrennt von ihrem eigentlichen Potential sind. Was sich derzeit verändert, ist, daß ein Wahrnehmen darüber zunimmt, daß das Leben nicht das ist, was es den Menschen zu sein scheint. Durch dieses neue Wahrnehmen verstärkt sich nun ein Offensein für das Ausprobieren wirklicher Alternativen und für eine bewußtes Leben.

Aber andererseits läßt das traditionelle Denken in den Menschen nicht locker. Dieses Festhalten zeigt sich darin, wie die Menschen noch immer den größten Teil ihres Geldes, ihrer Zeit und ihrer Energie dazu einsetzen, die Dinge »draußen« zum Funktionieren zu bringen.

Ich fühle, daß sich die Zeit genähert hat, in der die Menschen realisieren *müssen*, daß nichts im Außen gelingt oder funktioniert, solange ihr Bewußtsein nicht erwacht ist. Wenn das Bewußtsein jedoch erwacht ist, gelingt alles! Es stellt sich die Frage, warum die Menschen ihre Zeit, ihr Geld und ihre Energie nicht *jetzt* für die Erweiterung ihres Bewußtseins einsetzen.

Veranstaltungen mit Paul?

Um Seminare oder Konferenzen mit Paul abzustimmen, kannst du dich an folgende »Permanent-Adresse« wenden:

Paul Lowe c/o Ryan Lowe
14 Wilton Road
GB - London N10 1LB, England

Kassetten mit aktuellen Vorträgen von Paul:

Paul spricht ein klares, einfaches Englisch.

1. »Everthing is for you« 120 min talk
2. »Interested in your maximum potential?« 90 min talk
3. »It is possible, now« 100 min talk
4. »What is in the way« 100 min talk
5. »Sex and Relationships« 100 min talk
6. »Toning and Talking« 30 min Obertöne von Paul mit meditativer Übung und 30 min talk

Bestellung über:
Verlag Marco Aldinger
Gartenstraße 18
D-7800 Freiburg (neue Postleitzahl 79098)

Leben in einer Gemeinschaft?

Möchtest du in einer Gemeinschaft leben, in der die Essenz dessen, was Paul und bisher nur wenige Menschen vermitteln und leben, die Menschen weiterbewegt und miteinander verbindet? Kannst du dir vorstellen, dich total und eigenverantwortlich in eine solche Gemeinschaft einzubringen? Ist das etwas, was dich reizt und wozu du dich mit einem Ja für dein volles Potential und für dein Ankommen *wirklich* bereit fühlst? Oder kennst du ähnliche Initiativen oder planst du selbst den Aufbau einer solchen Gemeinschaft? Dann schreib unter dem Kennwort »moving on« über den Verlag Marco Aldinger an Camdeo. Du erhältst dann Informationen über die aktuellen Möglichkeiten für solche Projekte in Europa und gegebenenfalls über internationale Initiativen.
Bitte lege deiner Anfrage DM 5,- in Briefmarken bei.

Einige Kassetten mit Vorträgen von Paul aus der Zeit 1989 bis 1990 vor Pauls Retreat, sowie das englischsprachige Buch von Roxi McNay »CLOSE ENCOUNTERS - A Journey of Spiritual Discovery and Adventure« sind beziehbar über ROXIMILLION PUBLICATIONS. Kataloganforderung und Bestellung an:

ROXIMILLION PUBLICATIONS
A Division of Cherry Red Records Ltd.
Bishops Park House
25/29 Fulham High Street
GB-London SW6 3JH, England